신 의
죽음 그리고
문화

신 의
죽음
문화

그리고

테리 이글턴
TERRY EAGLETON

조은경 옮김

서문

종교가 지루하고 삶과 관련이 없으며 불쾌하다고 생각하는 독자라도 이 책의 제목을 보고 거부감을 느낄 필요는 없다. 이 책은 신에 대한 이야기라기보다 신이 사라짐으로 인해 발생한 위기에 대해 이야기한다. 이 논점을 개진하기 위해 이 책은 계몽주의로 시작해 급진 이슬람 그리고 테러와의 전쟁으로 끝을 맺는다. 나는 어떻게 신이 18세기의 합리주의에서 살아남아 믿음이 실종된 것으로 여겨지는 우리 시대에 극적으로 재등장했는지 이야기하려 한다. 무엇보다 내가 전달하고자 하는 바는 무신론은 결코 보이는 것처럼 쉬운 개념이 아니라는 것이다.

지금까지 종교는 정치적 통치권을 정당화하는 강력한 도구 중 하나였다. 종교를 그런 기능으로 이용하는 것은 분명 불합리하다. 종교는 권력을 추구한 것에 대해 비굴하게 사과를 한 적이 있고, 그 자체가 권력의 고질적인 문제가 되기도 했다. 그러나 정치적 권위를 유지하는 데 신이 필수적인 역할을 해왔기 때문에 세속의 시대에도 신의 영향력이 줄어든다는 것은 신에 대한 믿음이 아주 미약한 대다수의 사람들조차 받아들이기 쉽지 않은 일이다. 계몽주의의 이성에서부터 모더니스트의 예술까지 모든 지적 현상이 한때 신이 있던 자리의 틈을 메우려 시도하며 초월적 존재의 대체 역할을 수행했다. 내 논지의 일부분은 신의 대리 역할 중 가장 풍부한 자원을 가진 것이 넓은 맥락에서의 문화라는 점이다.

임시로 신의 대리 역할을 했던 모든 지적 현상은 해결해야 할 당면 과제가 있었다. 그저 단순히 신성을 대신하는 형식이 아니었던 것이다. 종교는 교활하고 손쉬운 위장을 통해서가 아니라 세속화의 길을 걸어서 살아남았다. 예술, 이성, 문화 등이 모두 번성했지만 이따금씩 종교가 짊어졌던 이념적 부담을 져야 했다. 하지만 그 짐을 제대로 감당하지는 못했다. 그 어떤 것도 신의 대체자 역할을 해내지 못했다는 것이 나의 입장이다. '전능한 신'은 진정 없애버리기 힘든 존재임이 증명되었다. 사실 이 책이 전달하고자 하는 메시지 중 가장 특별한 부분이 바로 이 점이다. 포스트모더니즘이 도래하기 전까지는 진정한 의미의 무신론이 없었다. 무신론처럼 보이지만 실은 아닌 것이 반복되었을 뿐이다.

이 책의 또다른 쟁점은 문화는 이론과 실제, 엘리트와 일반 대중, 정신과 감각을 통합하는 종교의 능력을 결코 따라갈 수 없다는 것이다. 이런 특징은 종교야말로 가장 보편적이고 지속적인 형태의 민간 문화라는 점을 손쉽게 증명하는 몇 가지 이유 중 하나다. 대학의 문화 연구 논문 몇 개를 조금만 훑어봐도 이 점을 의심하지 않을 것이다. 이런 자료에는 '종교'라는 단어가 "우리는 지저분한 대중의 손에서 문명화된 엘리트의 가치를 반드시 보호해야 한다"라는 문장만큼 자주 나온다.

오늘날 거의 모든 문화 이론가들은 그저 개인적인 취향에 맞지 않는다는 이유로 수십억 일반 대중에게 가장 중요한 믿음이자 활동을 조용히 무시한다. 그런 행동을 하는 그들이 또한 대부분 편견을 극렬히 반대한다.

이 책은 2012년 노팅엄대학에서 주최한 퍼스 강연Firth Lectures을 토대로 시작되었다. 퍼스 강의를 주최한 토머스 롤린 교수께 감사드린다. 롤린 교수는 온화하고 효율적인 강의 진행을 해주었다.

차례

1

계몽주의의 한계

종교를 완전히 없애버릴 때가 아니라 종교 때문에 특별히 동요하게 되는 일이 더이상 발생하지 않을 때 사회는 세속화된다.[1] 2011년 영국에서 실시한 조사에 의하면 응답자 중 61퍼센트가 종교를 가지고 있지만 그중 29퍼센트만이 자신이 종교적이라고 대답했다. 짐작컨대 이는 자신이 특정 종교 그룹에 속해 있지만 특별히 열성적이지는 않다는 의미다. 이렇듯 종교가 당신의 일상생활을 간섭하기 시작한다면 바로 그때 종교를 버려야 한다. 이 점에서 종교는 술과 어느 정도 비슷하다. 또한 교회 출석률이 급격하게 떨어지거나 가톨릭교도들에게는 희한하게도 자녀가 없는 현상 그리고 종교적 믿음 때문에 정치 영역이 극도로 위급해지지 않게 되는 현상이 나타날 때가 세속화를 가리키는 또다른 지표다. 이런 것이 종교가 정치적 상태와 분리되어 공식적으로 사생활의 영역이 되었다는 것을 의미하지는 않는다. 하지만 사생활 활동으로 간주되지는 않았다고 해도 종교는 공공의 영역으로부터는 실질적으로 분리되어 애완용 몽고쥐를 기르거나 도자기를 수집하는 것처럼 일종의 개인 여가 생활 정도로 축소되었고 공적 세상에서는 점점 더 공감을 잃어가고 있다. 막스 베버Max Weber(독일의 법률가, 정치가, 정치학자, 경제학자, 사회학자로 사회학 성립에 막대한 영향을 끼친 인물—옮긴이)는 서글픈 어조로 근대는 "궁극적이고 가장 고상한 가치가 공적인 삶에서 멀어져 초월적인 신비주의적 삶의 영역 혹은 직접적이고 개인적인 형제애의 영역으로 들어갔다"[2]고 말한다. 말하자면 블룸즈버리 그룹Bloomsbury Group(1906년부터 1930년경까지 런던과 케임브리지를 중심으로 활동한 영국의 지식인·예술가들의 모임—옮긴이)이 하느님의 왕국을 대체해버린 셈이다.

이런 맥락을 따라 종교는 소위 상징적 영역의 두 가지 주요 구성 인자로 불리는 예술과 섹슈얼리티sexuality(성적 욕망, 심리, 이데올로기 등 성적인 모든 것을 지칭함—옮긴이)의 궤적을 따른다. 예술과 섹슈얼리티도 근대가 깊어짐에 따라 공적 소유의 영역에서 벗어나 사적 영역화의 길을 걸었다. 한때 하느님을 찬양하고, 후원자에게 아첨하고, 군주를 즐겁게 하고, 한 종족의 군사적 업적을 축하하던 예술이 이제는 대부분 개인의 자아표현 수단이 되었다. 예술이 작고 어두컴컴한 다락방에 감금되어 있는 것은 아니지만 부산스러운 법정, 교회, 궁정 또는 공공 광장에서 활동하지는 않는다. 동시에 개신교는 개인의 삶 가장 깊은 곳에서 하느님을 찾는다. 주교들과 마찬가지로 예술가들도 교수형에 처해지지 않게 되는 시기가 오면 그때 우리는 근대성이 확실하게 자리를 잡았다고 확신할 수 있다. 더이상은 예술가가 중요한 존재가 아닌 것이다. 영국의 경우 교회와 국가의 합의로 1688년 이후로는 종교적 논쟁을 해도 정치적으로 탄압을 받거나 개인의 자유를 박탈당할 염려를 거의 하지 않게 되었다. 파리에서라면 선동적이라고 여겨질 사상을 런던에서는 자유롭게 이야기할 수 있었다. 종교적 열정은 국가 기반에 전혀 도전이 되지 않았다. '도를 지나치지 마시오'가 좌우명이었고 종교 회의주의자들이 반역적인 성향을 보이는 일도 없었다. 영국의 계몽주의는 그 성향이 공격적이지 않았기 때문에 사회 지배층과 정치 기득권층 안에서 전반적으로 편안하게 자리잡았다.

철학적 측면에서 영국의 계몽주의는 합리주의적이라기보다는 경험주의적으로, 스피노자보다 로크에 가까웠다. 급진적인 반半지하 semi-underground 계몽주의자들은 합리주의에서 영감을 얻었고 명예혁명을 이룩한 주류 문화는 경험주의를 본받았다. 섀프츠베리Shaftesbury 백작 같은 귀족 휘그 당원에게 신은 본질적으로 영국의 젠틀맨이었다. 섀프츠베리는 "정신질환적 열정"(당시 어떤 논평가가 한 표현이다)으로 입에 거품을 물고 구호를 외치는 몇몇 17세기 평민들의 추앙을 받는 심술궂은 광신도가 아니었다.[3] 볼테르는 "영국인들은 파산한 사람만 이단자라고 불렀다"고 평가했다.[4] 이와 같이 종교에 대한 열정을 숨기는 정서는 오늘날의 영국에도 존재한다. 여왕 전속 목사가 누군가에게 "당신은 어린 양의 피로 죄를 씻김받았습니까?"라고 물어볼 거라고 생각하는 사람은 아무도 없다.

상징적 영역의 사유화는 지극히 상대적인 일이다. 일례로 빅토리아 시대의 과학과 종교, 문화 산업, 국가의 성 규제, 기타 문제에 대한 다양한 논쟁이 있었던 점을 고려해볼 수 있다. 오늘날 종교가 공적 생활에서 사라졌다는 점에 대해 가장 극렬한 논박이 이루어지는 곳은 미국이다. 후기 근대late modernity(또는 혹자가 선호하듯 포스트모더니즘postmodernity)는 이런 상징적 관습을 어느 정도 공적 소유의 장으로 끌어낸다. 여기에 종교가 포함되는데, 다양한 부흥 운동과 원리주의 형태의 종교가 다시 한 번 무시할 수 없는 정치권력이 된다. 사회 주변부에 자리하던 미학은 점차 사회 중심으로 들어와 일상생활에 영향력을 확장한다. 섹슈얼리티 역시 굳이 여성 운동과 성 소수자들의 공격적인 봉기 형태는 아니라도 다시 한 번 정치적으로 변한다. 이와는 대조적으로 하이 모더니즘high modernism(과학과 기술에 대한 자신감으로 사회와 자연 세계의 질서를 재편할 수 있다고 믿는 사조—옮긴이)이 상징과 정치-경제 영역의 분리로 인해 두드러지게 나타난다. 하이 모더니즘은 새로운 가능성을 위해 상징적 활동을 자유롭게 풀어준 다음 한쪽 구석으로 배제해버리는데 이에 따른 득과 실이 동시에 발생한다. 경찰이 당신의 침실을 급습해 성 생활을 규제하는 일이 더이상 발생하지 않는다면 그 이유는 부분적으로 개인주의 문화에서 섹슈얼리티는 다른 사람이 아닌 바로 당신의 문제이기 때문이다.

18세기 프랑스, 독일, 네덜란드 그리고 유럽 기타 지역의 계몽주의는 분명 종교적 믿음과 관련된 질문 때문에 불안해했다.[5] 이는 앞선 수 세기에 걸쳐 유럽 대륙을 피로 물들이며 분열로 몰고 간 광포한 종파주의가 많이 순화됨으로써 지속된 현상이다. 하지만 18세기 들어 이는 가톨릭 대 개신교의 대립이 아닌 믿음 대 이성의 문제, 즉 대격전이 아닌 격렬한 논쟁의 문제가 되었다. 계몽주의가 과학, 자연, 이성, 진보, 사회 재건에 골몰하기는 했지만 그 심장에 가장 근접해 극렬한 증오와 반감, 도덕적 분개를 야기한 주제가 종교였다는 점은 지성사에서 상투적으로 회자된다. 조너선 이즈리얼Jonathan Israel(영국의 저자, 네덜란드 역사, 계몽주의, 유럽 유대인에 관한 주제로 책을 썼다—옮긴이)은 "계몽주의가 도래한 이후 처음 한 세기 반 동안 사람들이 가장 많이 몰두하고, 출간된 관련 서적들이 심취한 주제는 기독교의 권위, 신학적 견지에서 세상을 보는 것, 정치·사회 조직과 압제의 도구로 비춰진 종교와 벌이는 맹렬한 전쟁이었다"고 주장한다.[6] 미국의 역사가 프랑크 매뉴얼Frank Manuel은 "믿음과 불신감 둘 다에서 계몽주의자들은 종교로 인간의 본성을 탐구한다는 점에 심히 불안해했다"[7]고 말한다. 또한 영국의 철학자 J. G. 코팅엄J. G. Cottingham도 "계몽주의의 일관성과 자신감은 종교적 토대에 근거한다"[8]는 입장을 견지한다. 모든 역사는 세속과 사제 또는 권력에 굶주린 신분제도 간의 투쟁이었다. 헤겔은 《정신현상학Phänomenologie des Geistes》에서 종교적 믿음이 어떤 경우든 이론적 지식의 본체로서 또는 신이라는 과학으로서 명제적 상태로 축소되었기 때문에 그 모든 면면이 종교적 믿음을 포위하고 있는 합리주의처럼 빈곤해졌다고 주장한다. 하지만 그러면서도 계몽주의가 가진 지속적 관심은 종교와의 전투라고 언급한다. 이 주제에 대해서는 이번 장의 뒷부분에서 다시 논의할 것이다.

급진적 계몽주의의 대한 권위서를 저술한 조너선 이즈리얼은 "신학적 논쟁이 초기 계몽주의의 중심을 차지했다"고 말한다. 이즈리얼에 의하면, "논쟁의 중심은 과학, 새로운 지리상의 발견, 철학이 아닌 신학적 조건에서 신구新舊의 타협이 대단히 어렵다는 것이었다. 결국 1740년대 들어 신학, 철학, 정치 그리고 과학을 종합하는 새로운 이론을 만들어내려는 모든 시도와 노력은 명백한 실패로 드러났다. 그로 인해 종교적 믿음과 가치가 흔들렸고 믿음의 문제에 전례 없는 위기를 초래하며 근대 서구의 세속화가 진행되었다"[9]. 이즈리얼은 이런 영적 위기가 전적으로 17세기 후반에서 18세기 초반에 걸쳐 일어난 유럽의 상업주의와 제국주의의 팽창, 국제적 독점의 급격한 진행, 디아스포라의 분열 효과, 새로운 사회적 유동성과 다양성, 신기술의 영향, 전통 사회 위계질서의 부분적 와해와 그에 동반되는 상징체계 그리고 기타 동류의 유물론적 역사에 뿌리를 두고 있다고 지적한다.

계몽주의가 믿음의 문제 때문에 불안감을 느꼈을 수 있지만 결코 반反종교적이지는 않았다. 유대계 독일 철학자 에른스트 카시러 Ernst Cassirer는 "계몽주의 시대가 비종교적이고 종교에 적대적이었다고 볼 수 있는지 의심스럽다. 특히 독일 계몽주의에서 근본적인 목적은 종교의 소멸이 아니라 종교의 초월적 정당성과 토대를 해체하는 것이다"[10]라고 말한다. 우리는 '무신론atheism'이라는 단어가 16세기까지 근대 유럽 언어에 등장하지 않았고 그 이후로도 상당히 오랫동안 실제로 무신론을 옹호할 수 있는지 의문시되었다는 점을 상기해야 한다. 미술 사학자 맬컴 불Malcolm Bull도 "무신론은 어디에서나 비난받았고 동시에 그 존재 자체가 불가능한 것으로 간주되었다"[11]고 비꼬듯 말한다(하지만 1666년 영국 하원이 토머스 홉스의 무신론이 런던의 화재와 전염병의 원인이라고 인용한 점을 지적하는 사람도 있을 것이다).[12] 종교 교단으로부터 맹비난을 받으며 화형에 처해진 무신론자라 불린 수많은 사람들은 실제로 신을 저버린 게 아니었다. 맬컴 불이 언급한 바와 같이 무신론자라는 용어가 생긴 후 한 세기가 지나서야 근대적 무신론자가 처음 등장했고, 18세기로 접어든 후 오랜 시간이 흐른 뒤에야 비로소 '무신론'이라는 단어가 일반적으로 사용되었다. 맬컴 불은 실제 무정부주의자가 나타나기 시작하기 훨씬 전에 무정부주의라는 개념이 생겼고 허무주의자들이 등장하기 전에 허무주의가 생겼듯 무신론자보다 훨씬 이전에 무신론이 생겼다는 점을 지적한다.

그렇다면 계몽주의를 옹호하는 몇몇 근대인들이 추정하듯 과연 계몽주의가 공격적인 세속 운동의 형태를 띠었는지 궁금할 것이다. 종교 문제를 논할 때 이런 대담한 지적 프로젝트의 상당 부분은 처음에 우리가 있던 곳에서 그리 멀지 않은 곳, 새로우면서도 더욱 그럴듯해 보이는 근거를 갖춘 곳으로 우리를 이끈다. 계몽주의 프로젝트는 신을 끌어내리기 위해서라기보다는 무지몽매한 종교적 믿음을 런던 스트랜드 가의 커피 하우스에서 일어날 법한 대화로 대체하려는 것이었다. 계몽주의 운동이 목표로 삼은 것은 전능한 신이 아닌 (속계俗界에서 세력을 퍼뜨리려는) 성직자의 정략政略이라는 의미다.[13] 정치 영역에서 교회가 하는 역할에 대한 적대감 때문에 기독교를 극렬히 반대하는 현상이 곪아 터질 듯 들끓었다.[14] 사실 오스트레일리아의 역사학자 피터 해리슨Peter Harrison은 사회적 관습 체계로서의 종교 개념은 그 자체가 계몽주의의 산물이라고 주장한다. 전통적으로 그리고 특히 중세 시대에 유의미한 용어는 '종교religion'가 아니라 '믿음faith'이었다. 우리가 가지고 있는 종교 개념은 제도적 연구의 맥락에서 생겨난다. 비교학적으로 접근(종교 비교 연구는 계몽주의 사상의 중추였다)하는 것은 물론 외부에서 과학적으로 조사되는 사회학적 현상이다.[15] 이런 조건은 신중하게 상황으로부터 일정한 거리를 두게 만든다. 이런 의미에서 종교의 근대적 개념과 역사적 기원 그리고 영향에 대한 이성적 연구는 처음부터 긴밀히 연결되어 있다.

대부분의 철학자들이 목표로 삼는 것은 이렇게 제도적 의미에서의 종교였다. 그늘 숭 넝백인 무신론기가 거의 없다는 점이 익히 알려진 사실이다. 달리 표현하면 오늘날 유럽 최고의 지성인들이 트로츠키주의자로 판명되기라도 한 것처럼 놀라울 것이다. 물론 유럽 최상층 지식인들 중 신을 믿지 않는 사람들이 있었다. 이것은 사실이다. 고드윈, 돌바크, 엘베시우스, 디드로, 라메트리, 몽테스키외, 벤저민 프랭클린 그리고 (아마도) 흄이 여기에 해당된다. 그러나 다른 수많은 사상가들은 믿음이 부재한 상황에 그다지 설득당하지 않았다. 종교를 광신이나 전염병으로 본 돌바크Paul Henri Dietrich d'Holbach(18세기 프랑스의 계몽사상가—옮긴이)주의자들이 있었지만, 종교가 시민에게 필요한 점 또는 종교의 자비로움을 주장하는 사람들도 있었다. 자발적 무신론은 계몽주의가 탄생을 도운 자연주의적 사회 질서의 전형이었지만 계몽주의 자체의 일반적인 특징은 아니었다. 일반인들의 경우 대부분 천사의 존재를 믿었고 무신론을 믿는 사람은 거의 아무도 없었다(하지만 18세기가 끝나가며 마녀의 존재를 믿는 사람들이 줄어들었다). 일반적으로 믿음을 버리는 현상은 계몽주의가 발흥한 후에 일어났지만 그 근본적 이유가 계몽주의 때문은 아니었다. 이런 회의론의 뿌리는 사회 조건에 있다. 이후 살펴보겠지만 근대 사회는 본래 믿음을 갖지 않는 것을 특징으로 한다. 대주교나 열렬한 세속주의 과학자의 주장이 중요한 게 아니라 일상의 관습에 믿음이 체화되어 있느냐, 그렇지 않느냐가 관건이었다. 뤼시앵 골드만Lucien Goldmann(루마니아 출신의 철학자이자 사회학자—옮긴이)은 중간 계급은 역사상 "단순히 전반적으로 믿음을 버린 게 아니라 행하는 관습과 생각, 공식적인 종교가 무엇이건 간에 (경제와 같이) 중요한 영역에서 기본적으로 반종교적이고 (…) 신성의 영역과는 전혀 맞지 않았던 최초의 계급"[16]이라고 주장한다.

　　니체가 인정했듯 중간 계급 사회의 최선의 의도와 달리 종교에 오명을 씌운 것은 바로 중간 계급 사회였다. 이 점에 있어서 과학, 기술, 교육, 사회적 이동성, 시장의 힘 등의 기타 세속화 요소가 몽테스키외나 디드로보다 훨씬 더 결정적인 역할을 했다. 사정이 이렇다는 것이 철학자들 자신에게는 전반적으로 명확하게 다가오지 않았다. 그들은 공적 일에 교권敎權이 개입하는 것에 반대해 맹공을 펼치는 데 실패한 이유를 성직자들의 기득권과 하층민들의 무지함 탓으로 돌리는 경향이 있었다. 아주 오래된 삶의 형태 안에 배어 있는 경건함과 원칙은 몇 마디 달변이 섞인 논쟁으로 뿌리 뽑히지 않는다는 사실을 부인하면서 말이다. 인간은 이상을 좇아 살아간다는 순진한 합리주의적 믿음이 교회에 대항하는 계몽주의의 활동에 방해가 되었을 수 있다. 또한 계몽주의는 세속화를 진행시키는 사회적 힘이 여전히 진화의 초기 단계였다는 사실 때문에 좌절하기도 했다.

　관념이 고립된 역사를 바꾸지는 않지만 계몽주의 시대만큼 관념이 사회에 미친 영향이 강렬했던 시대는 찾아보기 힘들다. 조녀선 이즈리얼에 의하면 "1650년부터 1750년 사이 서구 유럽과 미국에서 일어난 세속화, 관용, 평등, 민주주의, 개인의 자유 그리고 표현의 자유를 추구하는 흐름은 '철학' 그리고 철학이 정치와 사회 영역에 성공적으로 보급된 사실에 의해 강력한 동력을 받았다"[17]. 이즈리얼은 이런 관념들이 권위와 전통에 저항하도록 민중을 자극하려는 의도로 새로운 반란의 수사학을 양성했다고 주장한다. 계몽주의는 철학적인 '글'에 국한되지 않는 하나의 정치적 문화였다. 사회 전복적이고 신을 믿지 않는 사람의 대명사가 되어버린 스피노자의 이름은 학계와는 멀리 떨어진 곳에서 찬양을 받기노 이고 협오되기두 했다. 계몽주의 운동이 종교적 믿음을 근절할 능력이 없었거나 없애고 싶다는 욕망을 가지지 않았을 수도 있지만 어느 경우든 계몽주의자들은 결코 단순한 반체제 지성인으로 이루어진 소수 집단이 아니었다.

　이성에 열광한 계몽주의자들 대부분이 여전히 일정한 형태로 종교적 신념을 품고 있었다. 뉴턴과 조지프 프리스틀리Joseph Priestley는 기독교도였고 존 로크, 섀프츠베리 백작, 볼테르, 틴달Matthew Tindal, 톨런드John Toland, 페인Thomas Paine 그리고 제퍼슨Thomas Jefferson은 이신론자(하느님이 우주를 창조하긴 했지만 관여는 하지 않고 우주는 자체의 법칙에 따라 움직인다고 믿는 사람—옮긴이)였다. 스코틀랜드의 계몽주의는 대부분 무신론과 유물론에 적대적이었다.[18] 루소는 유신론자였고 역사가 에드워드 기번Edward Gibbon은 종교에 대한 회의주의로 악명 높았지만 그럼에도 종교의 일면이 사회생활에 생산적일 수 있으며, 특히 신을 저버린 자코뱅파(프랑스 혁명기에 급진적인 사회혁명을 추진했던 분파—옮긴이) 같은 부류에 대항하는 방어벽 역할을 한다는 견해를 가졌다. 심지어 기번은 만년에 종교 단체에 귀의했다는 소문까지 돌았다.[19] 헤르더Johann Gottfried Herder(18세기 독일 질풍노도 시대의 대표적 사상가, 신학자, 문예 비평가—옮긴이)는 성직자면서도 개인적인 신의 개념을 거부한 일종의 스피노자주의자로 초자연주의 신앙과 유물론 사이를 오갔다. 그러면서도 그는 종교가 문화의 정중앙에 있다고 봤다.[20] 피에르 벨Pierre Bayle(17세기 프랑스의 회의주의 철학자—옮긴이)은 저서 《역사적, 비평적 사전Historical and Critical Dictionary》에서 편견이라는 재앙, 미신, 성직자의 폭정은 사실상 일종의 정신병으로 존재하고 있는 종교라고 보며, "테러에 시달리는 야만인과 고대의 이교도는 모두 정신적으로 병들었다"고 믿었다.[21] 하지만 그러면서도 신의 존재는 받아들였다. 가장 위대한 계몽주의자인 칸트도 종교에 적대적이지 않았다.

계몽주의는 합리성을 토대로 도덕을 재건하고자 했다. 그러나 알래스데어 매킨타이어Alasdair MacIntyre(스코틀랜드 출신의 철학자—옮긴이)가 지적하듯 논의되고 있는 도덕은 거의 기독교에서 유래한다.[22] 계몽주의 사상을 맹렬하게 비판한 철학자 존 그레이John Gray는 "도덕의 합리적 재구성이라는 기치에 근거해 모든 가치를 통합하려는 프로젝트는 기독교의 초월적 믿음이 천천히 그 빛을 잃어가는 데 드리워지는 긴 그림자일 뿐"이라고 말한 니체의 주장에 주목한다.[23] 이런 합리주의 윤리학은 절대 진리와 초월적 권위를 향한 호소와 더불어 기독교 도덕주의의 보편적이고 기본적인 특성을 보유한다. 그레이가 평가하듯 니체는 신은 누가 봐도 알 수 있는 세속 사회의 암살을 피해 살아남았다고 봤다. 신은 여러 가지 가명을 이용하며 숨었는데, 그 가명 중 하나가 도덕이었다.

유사한 방식으로 프리드리히 야코비Friedrick Jacobi(독일의 철학자, 신앙 철학, 감정 철학을 주창함—옮긴이)는 계몽주의의 이성 개념에는 바로 기독교가 도전하는 요소를 포함한 어떤 사건의 역사가 있다는 점을 인식했다. 우리 시대에는 위르겐 하버마스Jürgen Habermas가 자유, 자율성, 평등주의 그리고 보편적 권리의 가치는 유대의 정의 윤리와 사랑에 대한 기독교 윤리에서 파생되었다고 주장했다.[24] 자율성은 근대의 가치로 소중히 여겨질 수 있지만 사실상 신 자신이 전통적으로 순수한 자결 능력을 가진 존재로 여겨지기 때문에 존경받는 신학적 혈통의 덕목이다. 자율성을 가진 이성과 자급자족하는 신의 유사성은 이미 고대의 스토아주의에서 주목한 바 있다. 세네카Seneca는 "이성이 외부의 것을 탐구하게 두라. 세상의 모든 것을 아우르는 우주의 지배자인 신 또한 외부의 것을 향해 손을 뻗지만 모든 곳에서 후퇴해 자기 자신에게로 되돌아온다"[25]고 말했다.

다른 수많은 학자들과 더불어 고트홀트 레싱Gotthold Lessing(독일의 극작가, 비평가―옮긴이)은 이성과 계시의 연합을 주장했다. 미래의 복음은 이성에 근거했지만 구약과 신약에 의해 더욱 역겹고 원시적인 모습으로 예시되었다.[26] 그럼에도 불구하고 레싱은 일종의 기독교도였고 종교를 이성적으로 논증할 수 있는 것이라기보다 내적 신념의 문제로 보았기 때문에 감탄스러울 정도로 관용적이었다.[27] 전 영역의 사상가들이 자연 종교(계몽주의 시대에 있었던 합리주의 종교로 인간의 자연적 이성이나 통찰에만 바탕을 둔 종교―옮긴이)의 미덕을 전파했는데 이들에게 기독교적 계시는 단순하게 말하면 다소 불필요한 표현이었다. 어떤 논평가는 이런 사상가들이 "기독교는 정확하게 불필요한 정도까지만 진실이라고 믿는"[28] 무리에 속한다고 비꼬며 언급하기도 했다. 특히 이신론자들은 알려진 바 없는 곳에 살던 추레하고 평범한 1세기 유대인의 말에 주목하기를 주저했다. J. G. 피히테도 이런 편견을 받아들였다. 매슈 틴달(영국의 이신론자, 저자―옮긴이)의 저서 중 가장 널리 알려진 연구서인 《창조만큼 오랜 기원의 기독교Christianity as Old as Creation》는 제목만 보면 기독교의 주장을 과장하는 것처럼 보이지만 실은 축소시키고 있다. 간단히 말해 기독교 교리는 이성의 빛에 접근할 수 있는 불멸의 인간의 진리를 말해주는 한 가지 이야기일 뿐이다. 처버리의 에드워드 허버트Edward Herbert of Cherbury(영국의 외교관, 군인, 역사가, 시인―옮긴이)는 이성적 원칙에 입각해 십계명을 추론해낼 수 있다고 믿었다.

17세기의 한 논평가가 "공개적으로 자유사상을 논하는 일이 전반적으로 증가하고, 은밀하게 무신론이 유행하고, 대담하게 아르미니우스설(그리스도의 죽음은 선택받은 자들만을 위한 것이 아니라 만인의 구원을 위한 것이라는 학설—옮긴이)을 이야기하며, 속죄와 삼위일체설을 부정하는 소치니주의Socinianism, 어리석은 재세례교로 점철되었다"[29]고 기술했듯이 점잖은 18세기 사상계는 앞선 세기 종파 간에 드러난 증오보다는 힘 빠진 유형의 기독교가 훨씬 더 바람직하다는 것을 알았다. 섀프츠베리 백작은 "현 상태에 대한 만족감, 사교적이고 멋진 유머가 종교에 있다"고 탄원했지만 이는 올리버 크롬웰의 취향에는 전혀 맞지 않았다.[30] (아마도) 무신론자 혹은 가벼운 이신론자이자 순혈 자연주의자인 데이비드 흄은 이렇게 완전히 인간화된 종교도 거부했다. 흄은 이성의 근원에 대한 믿음이 없었고 형이상학적 신비를 간파하는 일은 불가능하다는 입장이었다.[31] 흄이 보기에 이성이 인과 관계의 특성을 완벽하게 설명을 할 수 있다면 대천사 가브리엘을 해명하는 일은 일어날 수 없었다. 지식은 믿음의 대상으로 확장될 수 없었다. 특히나 흄의 관점에서 지식은 그 자체가 일종의 믿음이기 때문이다. 믿음이란 습관과 관습의 산물이고 마찬가지로 도덕도 형이상학적 토대가 없는 인간이 만든 교묘한 장치일 뿐이었다. 흄은 자연 종교에 인간 공통의 특성이 있다고 추정하며 자연 종교를 호되게 나무랐다. 최소한 이런 점에서 합리주의는 충분히 회의적이지 않았다.

* * *

계몽주의는 신학적 차원에서라기보다 정치적 이유에서 종교를 공격했다. 전반적으로 볼 때 계몽주의의 종교 공격은 초자연적인 것을 자연적인 것으로 바꾸기 위해서가 아니라 야만적이고 미개한 믿음을 추방하고 그 자리를 합리적이고 문명화된 믿음으로 대체하기 위해서였다. 구체제를 축성하는 것이 교권의 역할이었고 왕권과 교회의 성스럽지 못한 연합은 당시 급부상하는 중간 계급의 지적 화신인 학자들을 심히 분개하게 만들었다. 그중 몇몇은 근대적 의미에서 철학자라기보다 이론적 지도자나 지적 선동가들이었다. 즉 그들은 공적으로 활동하는 지성인들이지 세속에서 떨어진 세상에서 연구를 하는 학자가 아니었다. 그들이 고취한 합리성이 소독제 역할을 충분히 할 수 있었다면, 대의에 있어서 그들은 놀라우리만치 열정적이었다고 할 수 있다. 그들에게 영감을 불어넣은 충동은 지적 영역뿐만 아니라 실용적인 면도 강했다. 그들의 상상력을 사로잡은 것은 지식과 힘을 이용한 베이컨식 프로젝트를 도입하여 과학적 이성을 이용해 발견한 사실을 사회 개혁과 인간 해방 작업에 적용시키는 것이었다. 계몽주의의 사도들은 이성에 대해 충분히 고귀한 견해를 가지고 있었지만 그들이 말하는 합리성은 대부분 실용적이며 일상적이었다. 이성은 세속적 일과 격리된 의미에서가 아니라 해로운 기득권에 대해 책임이 없다는 의미에서 자율성을 띤다. 인식론조차 인간의 행복이라는 대의에 이용될 수 있었다. 정신은 원래 빈 서판이라고 주장한 존 로크의 사상은 원죄의 유령을 쫓아내는 데 사용할 수 있었고, 그러므로 사람을 덕성의 틀에 집어넣는 사회적 공학의 힘으로 인해 낙천적인 믿음을 태생적으로 박탈당한다는 견해에 반박했다. 기독교도에게 죄는 이신론자에게는 실수였다.

기독교가 주장하는 인류의 도덕적 타락과는 대조적으로 계몽주의가 인류에 대해 보편적으로 긍정적인 평가를 한다는 생각은 이 사상이 극렬히 반종교적이라는 가정만큼 그 근거가 미약하다. 인류의 타락에 대해 안일한 생각을 하는 계몽주의 사상가들도 있었다. 장로교 목사였던 프랜시스 허친슨Francis Hutcheson은 인간 정신은 "보편적 선, 온화함, 인류애, 관용에 강렬한 편견을 보이며 개인의 소유물을 무시하는 성향이 있다"[32]고 주장한다. 그러나 조너선 스위프트와 에드워드 기번은 그런 견해를 감상주의자의 환상으로 간주했을 것이다. 영국의 소설가 헨리 필딩Henry Fielding은 인간이 덕스럽게 행동할 때 자연스럽고 자발적이지만 그런 덕성이 너무 부족하다고 생각하는 것 같다. 선한 것이 우리의 본성 중에 있지만 우리들 대부분은 자연스럽지 않다. 위대한 계몽주의자 임마누엘 칸트는 진보를 확신했지만 동료 인간에 대해서는 그다지 밝은 견해를 보이지 않았다. 역사와 사회에 대한 칸트의 저작을 언급한 영문학자 데이비드 심프슨David Simpson도 이런 기준에서 그다지 멀지 않다. 심슨은 칸트의 역사와 사회에 대한 저작이 그의 계승자 중 그 누구도 아닌 쇼펜하우어의 정신에 가까운 비관주의를 품고 있다고 말한다.[33] 칸트는 《이성의 한계 안에서의 종교Die Religion innerhalb der Grenzen der bloßen Vernunft》에서 인간은 선천적으로 악에 끌리는 성향을 갖는다고 말한다.[34]

　인간이 선천적으로 사교적이고 합리적이며, 다정하고 선하다는 고상한 신조를 가지고 있는 이신론자는 계몽주의 사상가들 중에서는 소수였는데 이들은 헨리 필딩의 소설 《톰 존스Tom Jones》의 스퀘어 선생(소설 속에서 톰 존스의 선생인 철학자로 나오는 인물―옮긴이) 같은 인물로 그려지며 무자비하게 조롱당한다. 이런 사상가들 모두가 명백하게 진보라는 관념에 헌신하지는 않았다. 이에 대해 후일 보들레르는 이렇게 말했다. "이 어두운 불빛, 자연이나 신의 보증을 받지 않고 허가를 받은 이 근대의 제등提燈이 모든 지식의 대상에 한줄기 어둠을 던진다."[35] 보들레르는 진보를 "근대의 자족감이라는 썩은 토양에 번성하는 기괴한 관념"[36]으로 간주했다. 계몽주의 사상가 중에 미래 행복의 필연성을 확신하는 완벽주의 신봉자들도 있기는 했다. 그들 중 고드윈William Godwin, 튀르고Anne Robert Jacques Turgot 그리고 콩도르세Nicolas de Condorcet가 유명하다. 조지프 프리스틀리는 인류의 최종 상태는 "영광스러우며 이상향"과 같을 것이라고 말했는데, 인생의 상당 부분을 버밍엄에서 보낸 사람치고는 놀라울 정도의 신념이다.[37] 보편적 참정권을 실시하고, 여성에게 동등한 권리를 부여하며, 비폭력적 정치 혁명, 모든 이에게 주어지는 동등한 교육, 표현의 자유, 복지국가, 식민지 해방, 종교적 관용과 독재 타도를 설파한 콩도르세도 인류가 완벽주의를 발휘할 무한한 능력을 가졌다고 믿었다.[38] 콩도르세가 꿈꾼 이상향을 건설하는 데 쓰이는 재료의 실질적 조달자인 자코뱅파를 피해 도주하면서 이런 장대한 이상향을 스케치했다는 점은 지성사에서 손꼽히는 모순 중 하나다. 악의 존재는 인간이 퇴락한 탓이 아니라 관찰자의 근시안 때문이라고 생각하는 사람들이 있었다. 우주적 맥락에서 이것을 볼 수 있는 사람이 있다면 그는 그 필요성을 인식할 수 있으리라. 맨더빌Bernard Mandeville(영국계 네덜란드 철학자, 정치 경제학자, 풍자 작가—옮긴이), 스피노자, 알렉산더 포프Alexander Pope(영국의 시인—옮긴이) 그리고 애덤 스미스 같은 작가들은 개인의 사리 추구를 인정했지만 그것이 궁극적으로 공동의 선에 기여한다고 봤다. 악의 존재를 신의 섭리로 보는 신정론 혹은 악의 정당성은 신학적 사고방식의 조류 중 한 가지로 수많은 계몽주의자들이 포기하지 못하고 주저했던 부분이다. 다윈주의는 확실한 질서 속에서 무작위성을 보지만 계몽주의는 그 반대로 행동했다.

그러나 다른 사람들은 인간이 완벽해질 수 있다는 생각에 잘 설득되지 않았기 때문에 정통 종교와 사이가 벌어지는 일이 덜했다. 18세기 수많은 영국의 사상가들 중 믿음을 가진 사람을 발견하기는 어려웠다. 모든 철학자가 미래에 집착하고 미래를 숭배하는 것은 아니었다. 볼테르는 역사를 하찮고 야만적인 것으로 간주했다. 역사는 부자가 가난한 자의 피를 이용해 부를 축적한 방법을 보여주는 연대기였다. 애덤 퍼거슨Adam Ferguson(스코틀랜드의 철학자이자 역사학자—옮긴이)도 비슷하게 인류의 역사에 대해 암울한 견해를 피력했다. 돌바크와 디드로는 인류의 선천적 개선 가능성을 부정했다. 선을 베푸는 우주라는 라이프니츠식 비전을 견지하는 알렉산더 포프의 《인간론Essay on Man》은 영국인의 작품으로는 두드러지게 비전형적이다. 이런 우주적 왕당주의에 대해 조너선 스위프트는 포프에게 그가 형이상학에 그토록 깊이 빠져 있는지 몰랐다고 말했다. 이 말은 칭찬이 아니었다. 스위프트 자신도 이성을 믿지 않는 합리주의자라는 그럴듯한 평가를 받았다. 지크문트 프로이트 역시 마찬가지였다. 영국 출신의 계몽주의자 새뮤얼 존슨Samual Johnson은 역사는 발전하기보다 썩어가고 있으며 모든 변화는 커다란 악이라는 입장을 견지했다. 그 시대에 몇 편 안 되는 가장 처절한 비극인 새뮤얼 리처드슨Samual Richardson의 소설《클라리사Clarissa》가 탄생한 곳은 다름 아닌 영국이었다.

흄과 기번에게 문명은 비합리적 힘과 지배 열정에 둘러싸인 깨지기 쉬운 현상이었다. 두 사람이 자신이 처한 문명화된 환경에 대해 상당히 만족했다는 사실이 특별히 이런 불안감을 해소시키지는 않왔다. 고대 로마 제국도 멸망했는데 근대 유럽이 망하지 말라는 법이 있단 말인가? 역사의 추세를 진행시키는 것이 무엇이건 간에 분명 이성은 아니었다. 사실 기번은 이성을 거의 항상 합리화라고 봤다. 그는 이성은 무의식적으로 허울만 그럴듯한 가능성으로 신임할 수 없는 동기에 신빙성을 더한다고 생각했다. 이와 똑같이 우울하게 칸트도 인간의 추론 능력에는 자만심에 찬 충동이 내재한다고 생각했다.[39] 철학에서 언어론적 전환의 주인主因이면서 민족주의, 역사주의, 문화주의 그리고 낭만주의의 위대한 창시자 중 한 명인 헤르더는 역사에서 진보를 봤지만 그것을 단수가 아닌 복수 형태로 표현했다. 다시 말하면 국가는 저마다의 방식으로 자기만의 속도에 맞춰 진화했으며 하나의 일관되고 선형적인 개선은 없었다. 민중Volk은 자기만의 특별한 방법으로 자아실현을 추구했다. 한스 블루멘베르그Hans Blumenberg(독일의 철학자이자 사상사 역사가―옮긴이)는 진보가 계몽주의의 가치이기는 하지만 기독교 종말론의 기능을 계승하라는 압박으로 인해 과도하게 부풀려졌다고 주장한다. 역사의 의미라는 질문에 대해서는 결코 답을 할 의도가 없었지만 부득이하게 그 임무를 수행하게 된 형국이다.[40]

미국의 역사학자 카를 베커Carl Becker가《18세기 철학자들의 천국 The Heavenly City of the Eighteenth−Century Philosophers》을 통해 지적했듯 대부분의 계몽주의 사상가들은 종교적 세계관과 완전히 절연하지는 못했고 그저 맹비판을 한 것 같다. 베커는 "그들은 하느님을 경외하며 두려워하는 것은 싫어했지만 신을 존경하는 태도만큼은 계속 유지했다"[41]고 말한다. 일견 모순된 그의 책 제목이 암시하듯 베커는 결코 편견 없는 논평가가 아니다. 마르크스주의에 대해 "보잘것없는 인간의 의지가 아닌 본궤도의 별들이 사회 혁명을 일으킬 것이다"[42]라고 평한 그의 말은 복음으로 받아들여지지도 않는다. 그래도 베커는 일관성 없는 철학자들의 종교적 관점을 짓궂게 계속 환기시킨다. 베커는 그들 중 일부는 창조에 관한 성서의 교리를 비웃으면서 아름답게 조율된 디자인에 의해 우주가 만들어졌고 그것이 신의 존재를 증명한다고 믿었다고 평한다. 계몽주의 사상가 중에 신에게서 자연으로 옮겨갔다가 자연에서 지성의 징후를 발견하고 다시 신에게 돌아간 이가 있다는 것도 사실이다. 베커의 지적대로 종교를 비판하는 사람들은 에덴동산은 근거가 없다고 일축했지만 고대 로마의 황금 시기는 아쉬워했다. 또한 스스로 창조하고 결정하는 전능한 힘에 매달린 사람들도 있었는데 그 힘의 이름은 이제 신이 아닌 이성이었다고 회고했다. 그들은 교회의 통치권과 성서를 버렸지만 자연과 이성의 권위에 대한 순진한 믿음을 무심코 드러냈다. 천국을 해체했지만 완벽한 인간의 미래를 기대했고, 관용을 외치면서 사제에게는 공격적인 언사를 퍼부었으며 기적은 조롱하면서 인류의 완성 능력을 믿었다. 또한 신에 대한 사랑의 자리를 인류에 대한 헌신으로 대체했다. 신성한 은총은 시민의 덕성으로 바꿔놓았다. 마지막 남은 성직자의 내장을 이용해 마지막 왕을 매달자는 그들의 과감한 발언에 대해 베커는 "우리 역사가 지금까지 꿈꿔온 것보다 더 많은 기독교 철학이 철학자들의 저작에 있다"[43]고 말한다.

이 모든 언급에는 어느 정도 자신에게 유리한 주장과 더불어 진실도 있다. 베커의 설명은 계몽주의 프로젝트의 대담함과 독창성을 과소평가하지만 한편으로는 이념적 한계를 적절하게 강조하고 있다. 이성이라는 교리는 아직 시작 단계였기 때문에 공격적이고, 강력하며, 감탄스러울 정도로 야심에 차 있었다. 그러나 똑같은 이유에서 기존 질서는 이성에게 기성 체계가 추정하는 것들을 따르라고 압박하면서 거기에 가공할 만한 점이 있음을 증명할 수 있었다. 이사야 벌린Isaiah Berlin(라트비아 출신의 정치, 사회 이론가, 철학자—옮긴이)은 계몽주의의 '전체주의적' 성향에는 신경과민 증상을 보이면서도 "지적 능력, 정직성, 명료함, 용기 그리고 18세기 최고의 재능을 지닌 수많은 사상가들의 진리에 대한 사심 없는 사랑은 오늘날까지 유례가 없다"[44]고 평하며 적절히 칭찬한다. 이 특별한 사상의 흐름은 근대 역사의 진로를 만드는 것은 물론 미국과 프랑스 혁명에도 일정 역할을 했다. 계몽주의 이론의 지도자들은 현 상태를 관리하는 이들을 선동하고 분노케 할 능력이 있었다. 그러나 계몽주의는 군주제를 지지하고 군중을 두려워하는 지식인들이 만들어낸 산물로, 사회 계급의 가치 그리고 자연의 섭리에 따른 디자인, 신분제의 가치를 계속해서 믿었고 우둔한 하층민들은 자기 자신의 판단만 믿고 저항한다고 생각했다.

예를 들어 뉴턴주의자들은 귀족적 문화를 형성했는데 이는 궁정에 원활하게 자리 잡았다. 여기에 두드러진 모순은 그들의 기계적 우주 이론이 영적 권위를 지지하는 데 사용될 수 있다는 점이다. 뉴턴식 표현으로 물질이 '폭력적이고 어리석다면' 그것은 오로지 신성한 의지에 의해서만 발동할 수 있다. 왕이나 폭군이 국가를 다스리듯 정신적 힘이 높은 곳에서 자연을 다스릴 수 있다는 것이다. 데카르트, 라이프니츠 그리고 뉴턴 모두 자국에 있는 기존 교회를 옹호했고 군주제도 찬성했다. 이와 관련해 마거릿 제이컵Margaret Jacob(UCLA대학 역사학과 교수이자 저술가—옮긴이)은 "17세기 기계론적 세계를 지지한 사람들은 강력한 독재 형태의 정부와 신약의 정통성이 떠받치는 이념적 봉사 목록에 등재된 과학의 원칙과 방법적 통찰을 매우 알고 싶어 했다"[45]고 말한다. 정신과 자연이 별개라면, 정신이 자연을 자유롭게 지배했다. 기계적 유물론과 고압적 의지는 이념적 측면에서 연관성이 있다. 하지만 이와 대조적으로 스피노자나 디드로 같은 유물론자는 물질이 스스로 활동한다면 물질의 경계 너머에 초월성을 상정할 필요가 없다고 주장했다. 급진적 계몽주의는 18세기 유럽에서 아마도 가장 심하게 매도당한 철학자인 스피노자의 범신론적 결정론을 따랐다. 자연과 정신이 하나라면 전능한 의지가 물질의 세상에 군림하는 것을 상상할 필요가 없다. 따라서 범신론은 정치적 급진주의와 연결되어 있다.

사회적 배경도 계몽주의의 보수적 성향에 일정한 역할을 했다. 계몽주의 옹호자들은 대부분이 사회 신분상 중간 계급에서 상류층이었다. 돌바크와 몽테스키외는 남작이었고, 콩도르세는 후작, 콩디야크Étienne Bonnot de Condillac은 대수도원장이었다. 볼테르는 부유한 집안에서 태어나 귀족 같은 삶을 살았다. 백만장자의 아들이었던 엘베시우스는 법조계에서 세리로 막대한 재산을 모았다. 제러미 벤담Jeremy Bentham은 물려받은 유산으로 살았고 기번은 국회의원이자 부유한 지주의 아들이었다. 피터 게이Peter Gay(독일 출신의 유대계 미국인, 근대사상가이자 문화사학자—옮긴이)가 언급했듯 이들은 "믿음직하고 훌륭한 혁명단"[46]으로 가장 점잖은 논조로 문명을 맹렬히 비판했다. 계몽주의 사상가들 중 한미한 집안 출신의 사상가는 루소와 디드로 정도였다. 일반 대중의 환영을 받은 가장 널리 알려진 사상가로는 토머스 제퍼슨이 있다. 우리가 나중에 살펴볼 독일 관념주의자들과 낭만주의 사상가들과는 극명한 대조를 이룬다. 칸트, 실러, 노발리스, 헤르더, 헤겔, 하만, 피히테, 야코비, 티크Ludwig Tieck, 그리고 횔덜린의 출신 성분은 훨씬 더 미천하다. 프랑스 혁명을 기초한 문서인《백과전서Encyclopaedia》의 독자들은 대부분이 귀족, 지주, 고위 성직자, 지방 고관, 법률가, 행정가 같은 사람들이었다.

사회 계급과 정치적 관점 사이의 관계는 결코 간단하지 않다. 영국의 명예혁명은 어느 정도 지주 계급 중 진보적 집단의 작품이었고 그들의 후손들 중 몇몇은 산업 중간 계급의 이익을 위해 목소리를 냈다. 프랑스의 계몽주의는 많은 부분 추상적인 용어로 자유와 평등을 논한 귀족과 고급 부르주아 진보층이 만들어낸 결과물로 이것이 나중에 거리로 나가 일반 대중에게 전파되었다. 그러나 명예혁명과 마찬가지로 프랑스의 계몽주의 프로젝트도 미완성이었다. 프랑스 계몽주의자들이 유럽에서 최초로 세속화된 지성인이 독립적인 정치 세력이 된 시점을 나타낸다는 주장이 있었다.[47] 하지만 그렇다고 해도 이런 지배 계층의 자손들 대부분은 자신의 권력을 합법화하는 데 도움이 되는 가장 인기 있는 이념(종교)을 없애려 하지 않았다. 오히려 그들은 종교와 새로운 세속적 형태의 합리성이 화해하기를 바랐고 신성이 정치적 독재 또는 그들이 못마땅해하는 형태의 독재를 촉진하지 않기를 원했다. 이들 중에는 그리 심하지 않은 독재라면 굳이 반대하지 않는 이도 있었다.

몇몇 계몽주의 지식인들은 그들의 이미지에 맞춰 지배 계층이 개조되길 바랐다. 그러나 지배 계층이 일정한 세계관을 가지고 있는데 아랫사람들은 상전과 다른 세계관을 보유한다면 정치적 안정에는 거의 도움이 되지 않는다. 지배 계층이 이성을 숭배하는데 백성들은 성모 마리아에게 경의를 표하는 것은 현명하지 못한 일이다. 또한 일반 대중도 계몽시키는 것이 바람직하다고 생각한 이들이 있었다. 그런데 문제는 일반 대중은 이성에 귀를 기울이려 하지 않는다는 의식이 팽배해 있었다는 점이다. 좀더 급진적 계몽주의자인 페인이나 고드윈은 일반인들을 계몽시킬 수 있다는 입장을 고수했다. 하지만 좀더 보수적인 그들의 동료는 그런 생각을 하지 않았고, 그래서 '이중 진리론'(신앙의 진리와 이성의 진리는 별개의 것이고 따라서 진리는 두 개라는 이론—옮긴이)에 찬성해버리는 사람들도 있었다.[48] 이중 진리론에 의하면 교육받은 자의 회의론은 대중이 믿는 미신을 잠재우는 법을 배워야 한다. 미신은 정치 불안정을 야기할 수 있으므로 일반 대중이 미신을 믿지 않게 조치해야 한다. 이성적인 존재와 종교적 믿음을 가진 야만인 사이에 공통점이 있을 수 없다. 18세기의 신사와 고대 이교도 무리의 관계도 이와 마찬가지라고 생각되었고 비슷한 맥락에서 교육받은 지배층과 그들보다 특혜를 받지 못한 동시대인들 사이에 공통분모는 없다고 여겨졌다. 물론 덜 부정적인 시선으로 과거를 보는 사람들도 있었다. 이들은 타락 이전의 아담과 이브를 본질적으로 옷을 입지 않은 18세기의 합리주의자로 봤다. 그렇다고 해도 그들은 괴물 같은 우상숭배자들의 자손, 교활한 사제, 잔혹한 광신자 그리고 발광하는 신비주의자들의 시대를 양산해냈다.

사제와 매춘부 사이에서 사생아로 태어났다고 알려진 존 톨런드John Toland는 저서 《범신론Pantheisticon》에서 이성의 진리와 폭도들의 억견(어떤 근거에 의하지 아니하고 자기 나름대로 상상해서 말하는 것—옮긴이)을 명백하게 구분해야 한다고 주장하면서 일반 대중에 대해 비관적인 견해를 보였다. 부자를 위한 신이 있고 가난한 자의 신이 있

는 것이 틀림없다. 사랑, 정의 그리고 전능한 신을 숭배하는 고상한
종교가 있듯 미개하고 피에 목말라하는 사제들의 이단이 있는 것이
다. 정통 종교는 원시적 공포와 권력을 향한 사제의 욕망에 대한 문
제다. 데이비드 흄도 지식인층이 발전시킨 종교적 믿음의 이성과 무
지한 자들이 말하는 종교적 믿음 사이에 큰 격차가 있다고 주장한
다.[49] 그러나 이성의 진리가 민중의 근거 없는 신화로부터 보호를 받
고 대중이 믿는 경건함이 이성의 체제 전복적 진리로부터 보존되려
면, 양 진영은 서로 바짝 붙어서 한쪽이 다른 쪽을 간섭하지 않으면
서 사는 방법을 배워야 했다. 찰스 테일러Charles Taylor(캐나다의 철학자.
마이클 샌델, 알래스데어 매킨타이어 등과 함께 대표적인 공동체주의자로
꼽히며 보편적이고 공동체적인 규범을 중시한다—옮긴이)는 "약간의 미
신은 반항심을 심어주지 않으면서 종교적 충동을 만족시키므로 일
반 대중에게 이로울 수 있다"[50]고 평했다. 또한 토머스 제퍼슨의 경
우 자신은 신에 대한 믿음을 지키지 못했음에도 신에 대한 믿음이 없
는 대중에게는 공화주의의 미덕이 있을 수 없다고 여겼다. 이렇게 양
분된 생각을 (일반 대중은 잘못된 믿음 속에서 헤매며 힘들어하지만 거기
에서 벗어나 밝은 빛을 보기 원한다고 생각하는) 바뤼흐 스피노자의 공
화주의적 견해와 대비시킬 사람이 있을 것이다. 스피노자는 사람들
을 교육할 수 있고, 욕구도 바꿔 개조할 수 있을 만큼 유연성이 있다
고 생각했다. 따라서 거짓말로 사람들을 위로하고 정치적으로 편리
한 이야기를 만들어내기보다 교육을 하는 것이 철학자의 임무라고
믿었다.

　이와 대조적으로 존 톨런드는 합리주의적 방식으로 진리는 명
백하고 분명하기 때문에 교육받지 못한 이들의 더러운 손으로부터

스스로를 보호하려면 자발적으로 어두워져야 한다고 생각했다. 이
것은 톨런드의 저작이 왜 합리주의와 난해함이 섞여 있는지 이야
기해주는 여러 가지 이유 중 하나다. 톨런드의 가장 유명한 작품은
《비非신비적인 기독교Christianity Not Mysterious》인데 그는 또한《드루이
드의 역사History of the Druids》도 썼다. 톨런드는 '환희의 기사단Knights of
Jubilation'이라고 알려진 네덜란드의 비밀 결사 단체 회원이었던 것으
로 추정된다. 이 단체는 프리메이슨처럼 은둔적이고 비밀스러우며
가장 중요한 진리는 전문가 집단만 다룰 수 있다고 여겼다. 톨런드가
만들어냈다고 여겨지는 명칭인 '자유사상가free thinker'는 그가 혐오하
는 사제들이 누린 특권과 비슷한 권리를 즐긴다.

콩도르세는 계몽된 현재가 아닌 무지몽매한 과거를 혐오하기는
했지만 동시에 이런 지적 이중성을 혐오했다. 콩도르세는 이런 질문
을 던졌다. "계몽된 사람들이 다른 사람들에게 쓸모 있는 오류를 제
공하고 그 오류를 정당화해 하나로 묶어두고 필요에 따라 풀 수 있다
고 가정한다면 계몽된 사람들이 다른 사람들을 속여도 괜찮은 체계,
잘못된 견해에 근거한 도덕성이 원칙 중 하나인 체계에서 어떻게 도
덕성을 기대할 수 있겠는가?"[51] 점진적으로 콩도르세의 시각에서 볼
때 "돼지우리 같은 노예의 집에 침투해 압제 받는 영혼에게 지속적
인 모멸감과 두려움이 아닌 천천히 타오르는 분노를 불어넣는 것"이
진보의 원칙으로서 필수적이고 바람직했다. 이것은 몇몇 포스트모
더니즘 사상가들이 통탄할 만한 권위주의의 발생이라고 매도한 사
상 운동의 목소리다.

콩도르세의 동료 모두가 그의 견해를 인정하지는 않았다. 미국
의 철학자이자 역사가인 A. O. 러브조이Arthur Oncken Lovejoy는 "이신론

자들은 맹신盲信을 대상으로 하는 전쟁에 참여했으므로 종종 일반 대중과 싸움을 벌였다"[53]고 말한다. 국민 주권론에 놀란 실러도 대중을 대상으로 한 교양Bildung 또는 정신 교육에 대해 대단히 부정적이었다. 실러는 프랑스 혁명에 회의적으로 반응했고 현 상태의 민중이 공화국에 필요한 시민의 덕성을 발휘할 능력이 있는지 의심했다. 한 평론가는 "실러는 자신의 미학 교육으로 혁명을 안정시키는 정도가 아니라 아예 교체하려는 의도를 보였다"[54]고 날카롭게 지적한다. 볼테르는 일반 대중은 언제나 무지하다고 생각했다. 그는 국가를 전복시키지 않는 한 대중을 문명화시킬 수 없다고 봤다. 볼테르는 심지어 애초에 대중이 그런 권리를 누릴 자격이 있는지 의심했다. 스위프트 또한 볼테르와 거의 똑같은 견해를 표현했다.

　이성은 보편적이어야 하지만 한 나라 안에서조차 보편화될 수 없었다. 이성은 마르지 않는 지혜의 원천이지만 어리숙하고 잘 속아넘어가는 백성은 이성의 취약성을 상기시키는 부끄러운 존재였다. 일반 대중의 어리숙함은 지배자가 통치를 지속하는 데 도움이 될 수 있지만 동시에 그가 통치를 할 때 지키는 가치에 대한 모욕이 되기도 한다. 지적 측면에서 종교는 모욕적일 수 있으나 희망과 평온함을 제공하는 중요한 원천이었고 그런 점에서는 정치적으로 반드시 필요함을 증명할 수 있었다. 프리드리히 니체는 "우리가 종교와 형이상학의 독단을 믿을 수 없다는 것이 비극이다. 하지만 우리에게는 구원과 위안을 얻을 최고의 수단이 필요하다"[55]고 말했다. 니체는《즐거운 학문La Gaya Scienza》[56]에서 "우월한 인간"에게 "이성을 비밀에 부쳐라!"라고 호소한다. 대중에게 이성을 알게 하려는 노력은 의미가 없다. 그들은 이성 없는 믿음을 가지고 있고 그래서 그들의 의견은 이성의 반박에 영향을 받지 않는다. 일반 대중은 "항상 거짓말을 한다" 그리고 이성적인 논박에는 단순하게 동요되고 불안해 할 것이다. 그러니 그들은 무지함의 주스를 마시게 두는 게 낫다. 그렇게 하면 최소한 반대를 억압하기가 쉽다. 누군가에게 계몽의 기초는 아마도 다른 이를 노예로 만드는 것이다. 니체도 이 점을 부끄럼 없이 옹호한다. 그가 말한 '초인Übermensch'을 만들어내는 데 수 세대에 걸쳐 고생과 비참함을 감수해야 한다면, 그래도 좋다. 오로지 이 위대한 짐승만이 잔혹한 실존의 부조리, 형이상학적으로 의식을 가지고 의미를 갈망하는 대중을 피해 어쩔 수 없이 숨어 있는 공포와 대면할 수 있다. 어떤 사람들은 단순히 진리를 위해 죽는데, 이는 입센이 주장한 정신적 귀족주의의 계승자 중 몇몇이 물려받은 견해다.

여기에는 확실히 딜레마가 있었다. 당신은 퇴행적인 종교관을 가지고 이성의 보편성에 근거한 당신의 믿음에 절대적으로 의문을 제기하는, 정치적으로 온순한 민중을 선호할 수 있다. 아니면 이성의 영역 내에서 당신의 믿음을 확신시켜주지만 정치적으로는 불만을 가질 잠재성이 있는 이성적인 시민을 선택할 수도 있다. 학자들은 스스로를 시간이 지나면 모두가 알게 될 진리를 수호하는 선구자로 볼까? 아니면 그런 교리를 일반 대중에게는 알리지 않는 엘리트로 볼까?

카를 베커는 "그들은 용기있게 무신론을 논의했다. 그러나 하인들 앞에서는 아니다"[57]라고 말하며 일단의 계몽주의 사상가들을 신랄하게 비판한다. 볼테르는 특히 자신의 이단적 견해가 하인들에게 미치는 영향에 대해 매우 불안해했다. 수많은 동료들과 마찬가지로 볼테르에게 종교는 도덕을 보존하고 그만큼 사회 조화에도 도움이 되는 유용한 수단이었다. 계몽주의는 보편적 빛을 발하길 동경했지만, 그 비슷한 것도 욕망하지 않았다. 무신론자로 생을 마감한 것으로 추정되는 디드로는 예수가 신부 들러리의 가슴을 애무하고 성 요한의 엉덩이를 쓰다듬었다면 기독교는 먹구름 같은 침울함 대신 커다란 기쁨의 정신을 전파했을 거라고 천박하고 악의적인 글을 남겼다.[58] 하지만 그러면서 디드로는 사회 통합의 효과가 있다며 자연 종교를 지지했다. 몽테스키외도 이와 유사하게 신을 믿지 않았지만, 다른 사람들은 믿는 것이 신중한 처신이라고 간주했다.

　일반 대중이 신을 불신하는 게 위험하다는 견해는 아마도 과장되었을 것이다. 데이비드 흄은 종교는 일반적인 통념보다 일상생활에 영향을 덜 미친다고 봤다.[59] 흄은 이성은 물론 기독교도 믿지 못했으므로 이성적 기독교에 정착할 준비가 되어 있지 않았다. 사실 흄은 거의 모든 종교가 정치적 덕목에는 해롭다고 간주했다. 섀프츠베리 역시 저서 《미덕에 관한 연구Inquiry Concerning Virtue》를 통해 흄과 같은 입장을 표명했다. 미덕은 자율적이어야 하고 전략적이어서는 안 된다. 종교는 사리사욕(처벌의 두려움, 불멸을 향한 열망)을 추구하고 정의와 자비를 향한 우리의 타고난 열정의 근원을 고갈시켜 도덕을 부패하게 만들었다. 흄의 종교 평가가 사회에 심대한 위험이 된다고 생각하는 논평가도 있었다.[60] 그러나 흄은 온건하고 미신적이지 않은 종교는 정치 안정에 도움이 된다고 본 듯하다. 수많은 계몽주의의 현인들이 그랬듯 종교는 기본적으로 유용성에 근거해 평가받는다. 종교는 종교가 없는 사람이라도 인정할 수 있는 도덕성을 증진할 때만 받아들여진다. 흄에게는 이것이야말로 다수 대중의 역겨운 꿈이라고 그가 조롱한 것과 반대인, 교양 있는 소수를 위한 '진정한' 종교였다. 사회적 유용성과 관련해 흄이 가진 사회적 보수주의는 그의 지적 회의주의보다 더 심했다. 사실 흄은 기초주의(기정사실을 처음부터 옳다고 믿고 다루는 사고방식—옮긴이)에 반대하는 자신의 전복적인 입장을 잠시 유보하고 사회적 관례를 위해 일상의 삶에서 이중 진리론을 직접 연출했다.

돌바크는 종교는 사회 질서를 지탱하는 사제라기보다 사형 집행인이라고 평하며 정치적 이념으로서 종교의 가치를 낮게 본 흄의 의견에 동의했다. 그는 철학자를 이해할 사람이 누가 있느냐고 경멸조로 반문하기도 했다. 조제프 드 메스트르Joseph de Maistre(19세기 초 프랑스의 소설가, 철학자, 정치가 프랑스 전통주의를 대표하는 사상가—옮긴이)도 공공의 질서는 결국 사형 집행인에 의존한다고 말했다. 그에게 성스러운 삼위일체는 교황, 왕 그리고 사형 집행인이었다. 드 메스트르에게 인간은 사악하고, 공격적이며, 자기파괴적이다. 또한 절대 주권에 비겁하게 굴복당해야 할 필요가 있는 야만스럽고 비이성적인 창조물이므로 공개 처형의 사형 집행인은 그의 정치적 상상력에서 결코 작은 역할을 하는 게 아니었다. 심지어 그는 모든 힘은 신성하다고 믿으며 자코뱅이 사용하는 기요틴을 남몰래 숭배하기까지 했다. 본능, 편견, 전쟁, 신비주의, 절대주의, 불평등 그리고 미신을 숭배한 드 메스트르는 계몽주의가 척결하고자 한 모든 것의 생생한 사례다.[61]

아마도 사회에는 시민 종교가 필요했던 것 같다. 기번은 이 목적에는 기독교보다 이슬람교가 더욱 적합하다고 보았지만 그 역시 종교를 사회적 유용성의 측면에서 고려했다. 그의 작품 중 널리 알려진 문구도 같은 점을 지적한다. "로마 제국에서 성행한 다양한 예배 형식을 백성들은 진실로, 철학자들은 거짓으로, 행정관은 유용하다고 받아들였다."[62] 이와는 대조적으로 급진적 성향의 철학자들은 무신론을 신봉하는 사회가 기독교를 믿는 사회보다 도덕적으로 우러러볼 만한 점을 증명할 거라고 주장하며 종교와 도덕을 완전히 분리해야 한다고 말했다. 아마 고집 센 신자들보다 무신론자들이 훨씬 더 평화롭게 잘 지낼 수 있을지도 모른다. 결국 계몽주의가 (종교가 타락하면 도덕이 무너질 것이고 이는 정치적 화합에 치명적인 방해가 될 거라는) 도미노 효과를 두려워한 것은 근거 없는 것으로 드러났다. 종교적 믿음이든 다른 것에 대한 신념이든 믿음은 자유주의적 자본주의 사회를 하나로 묶지 못한다. 마르크스가 지적했듯 노동에 대한 지루한 충동이 일반적으로 믿음의 역할을 충분히 한다. 종교적 믿음은 모더니즘 후반부까지 살아남아 일반 대중의 삶에서 계속해서 번성했다. 그러나 정치적 측면에서 보면 종교는 세속적 관리와 행정을 위한 쇼윈도 장식용, 토대라기보다 얼굴 마담 역할로 이용되는 사례가 많았다. 이런 측면에서 종교의 위상은 총리보다는 군주에 가까웠다.

* * *

베이컨주의 성향에 충실하게 계몽주의는 몇 가지 엄청나게 실용적인 발전을 이뤘다고 주장할 수 있었다. 근대 문명의 흐름에 미친 헤아릴 수 없을 정도로 큰 영향은 차치한다 해도 계몽주의는 일련의 정치 혁명에 관여했고, 농노와 노예 제도를 없애는 데 일정 역할을 했으며, 식민 세력을 내쫓는 작업을 지원했다. 또한 스코틀랜드의 계몽주의 정치경제학자들을 통해 영국 정부 형태에 영구적인 족적을 남졌다. 제러미 벤담의 공리주의는 19세기 영국의 지배 이념의 초석이 되었다. 계몽주의적 사고는 공적 분별력을 변화시켰고 그것을 일상 생활 속에 스며들게 했다. '누구나 자신의 의견을 말할 자격이 있다' '사람들 모두 똑같이 생각하는 세상은 이상한 곳이다' '세상을 만들려면 친절이 필요하다'(루트비히 비트겐슈타인이 가장 아름답고 친절한 말이라고 한 좌우명이다)와 같은 선술집에서 배우는 지혜는 일상에서의 계몽주의의 영향을 증명하는 사례다.

폭넓은 사상의 소용돌이 속에서 철학자들 자신은 단순히 걸출한 이름일 뿐이었다. 계몽주의는 상류 사회에 국한되지 않고 전체 문화로서 번성했다. 또한 이성과 자연이 범신론, 신플라톤주의, 신비주의, 프리메이슨, 스피노자주의, 자연주의, 천년 왕국설, 공화주의 그 밖에 다수의 이단적 사상과 혼합되어 난립해 있던 헤이그에서 계몽주의는 지적 자본을 갖추고 급진적인 지하조직을 숨겨주기도 했다. 마거릿 제이컵은 "유럽이 후기 계몽주의로 넘어가기 전에 급진적 계몽주의가 있었다"[63]고 말한다. 이 파란 많은 하위문화는 로크의 인식론보다 디거스Diggers(영국의 청교도 혁명 때 좌파 성향이 가장 강했던 당파)의 평등주의에 더 많은 빚을 졌다. 후일 스피노자주의 방식으로 관념주의자와 낭만주의자들이 그랬던 것처럼 급진적 계몽주의는 자연 자체가 정신과 함께 살아 있다고 주장했다. 토머스 페인의 베스트셀러 《인간론The Rights of Man》은 학자와 귀족들이 계몽주의를 독점했다는 가정이 거짓임을 드러낸다. 또한 나중에 우리가 다루게 될 사실, 일반 대중은 먼저 우상이나 신화적 조건에 맞게 개조되어야만 식견을 얻을 수 있다는 편견에 반박하는 역할을 했다.

존 톨런드의 특별한 이력을 보면 이 혁명적 지하 세계의 독특한 풍미가 드러난다. 아일랜드 도네갈에서 목동의 삶을 살다가 유럽 계몽주의에 강력한 영향을 미치는 인물로 부상한 존 톨런드는 라이프니츠의 존경과 볼테르의 숭배[64]를 받았다. 그는 글래스고에서는 극렬 장로교도, 레이덴에서는 자유사상가들의 동료, 옥스퍼드의 카페에서는 덩치 큰 지식인, 런던에서는 무명 문사이자 급진 모임의 단골, 아일랜드 좌파 지식인의 후견인인 더블린의 로버트 몰즈워스 Robert Molesworth의 제자였다. 그가 조지 1세의 여동생과 밀회를 가졌다는 소문도 있었다. 오만방자하고 무절제하며 병적으로 경솔하고, 유대교를 지지하며 이슬람을 옹호한 존 톨런드가 '자유사상가'와 '범신론자pantheist'라는 용어를 만들어냈다고 추정된다. 또한 장난삼아 신비주의에 손을 대고 세간의 평에 의하면 9개 언어를 통달했으며 급진적 공화주의자들, 종교계 반체제 인사, 의뭉스러운 정치 조작자들이 모이는 지하 세계를 배회했다고 일컬어진다. 때때로 영국인보다 더 영국인처럼 굴었음에도 톨런드는 아일랜드 문예계에서는 고대 역사와 고고학에 정통한 켈트계 학자로 이름 높았다. 그가 작업한 켈트 문헌 중에는 직분을 박탈당한 성직자의 친구가 파리의 도서관에서 훔쳐온 것도 있었다. 가톨릭을 믿다가 개종한 추방자, 부랑자, 변절자, 도적, 은둔자, 모험가이자 고대 음유시인 집안의 자손으로 여겨지는 톨런드는 고국에서 개신교의 우세를 위해 종파 간 갈등이 부지런히 벌어져야 한다고 촉구했다.

톨런드는 베를린의 엘렉트레스Electress(신성로마제국 선거후選擧侯의 부인) 소피아의 궁정에 기거했는데 비밀 요원으로 고용되었을 수도 있다. 변덕스러운 몽상가 혹은 전통적인 아일랜드 협잡꾼인 톨런드는 수많은 신분을 가졌고 충성을 하는 대상도 많았는데 그 모든 일을 능숙하게 해냈다. 그는 밀턴, 해링턴James Harrington, 조르다노 브루노Giordano Bruno, 오렌지 공 윌리엄William of Orange을 존경했고, 모세를 공화주의자로 간주했다. 톨런드는 열정적인 연방주의자이자 철학적 유물론자였다. 그는 한쪽 발은 휘그당의 현실 정치에 또다른 한쪽 발은 좀더 어두운 지하 세계에 담그고 있었다. 왕위 계승권을 하노버가로 옮겨가는 작업을 위임받아 수행했으므로 개신교를 위해 영국의 왕위를 확보하는 데 소박하지만 역사적인 역할을 했다.[65]

문명의 시대를 여는 것이 계몽주의의 운명이었는데, 문명의 실용주의, 유물론, 공리주의는 문명의 탄생을 주관했던 숭고한 이상을 불신하는 경향이 있었다. 자유를 향한 찬가는 있을 수 있지만 비례대표를 찬양하는 일은 좀처럼 볼 수 없는 것과 같은 이치다. 중간 계급의 역사가 어떤 면에서는 희극이고 또다른 면에서 비극이라면 그 또한 하향 평준화를 드러내는 것이다. 계몽주의의 비판적이고 합리적인 관점에는 구체제에 대한 신랄한 공격이 포함되어 있지만 새로운 체제를 쉽게 정당화할 수 있는 개념은 거의 없었다. 나중에 다시 살펴보겠지만 이를 위해 좀더 정서적이고 긍정적인 가치가 필요했다. 합리주의는 성직자의 신뢰도에 타격을 줄 수 있었지만 그들의 이념적 생각까지 개입할 수는 없었다. 헤겔은 계몽주의에 대한 전체적인 전망이 매우 위태롭고 파괴적이며, "믿음에 대해 순전히 부정적인 태도"를 갖는 "무미건조하고 빈" 이성이라고 낙인 찍혔다는 것을 알고 있었다.[66] 계몽주의는 정서적으로 그리고 상상의 근원으로는 너무 희박하고, 상징적 관점은 너무 빈약해서 근대성에 자기정당화를 이룰 확실한 수단을 제공할 수 없는 형태의 사상이었다. 그래서 우주적 조화보다는 종교가 주는 위안에 더 관심이 많은 대중의 충성을 이

끌어낼 수 없었다. 추기경 뉴먼은 자유주의는 "다수에게 퍼져나가기에는 너무 차가운 원칙"[67]이라고 말했다. 철학자들의 신과 대중의 신은 위험스러울 정도로 서로 다른 부류였다.

그렇다면 "이신론은 일반인이 물어볼 법한 종류의 의문을 제기하고 있다"는 한 논객의 주장은 사실이 아니다.[68] 기독교 복음 때문에 괴로워하듯 지적인 교의 때문에 목숨을 내놓을 사람은 아무도 없었을 것이다. 사도 바울의 편지라면 사람들의 냉철함을 일깨우고 복종하게 만들 힘이 있으나 뉴턴의 물리학이나 라이프니츠의 신정론은 그럴 수 없었을 것이다. 쾨니히스베르크의 보잘것없는 목욕탕지기의 아들로 태어난 요한 게오르크 하만Johann Georg Hamann은 하층 계급의 분노를 담아 계몽주의 사상에 성행하는 우쭐대고 오만하며 과도하게 교화된 전형적인 프랑스풍의 합리주의를 비판한다. "보편성, 무오류성, 자만함, 확실성 그리고 자명함으로 무장해 높이 칭송받고 있는 이성이란 대체 무엇인가? 이것은 이성이라는 울부짖는 미신에 신성의 특징이 있다고 믿는 헝겊 인형일 뿐이다."[69] 하만은 이성이 실패, 무질서, 변칙 또는 특이성을 인정하지 못하는 합리성의 한 가지 형태라고 주장한다. 그는 더이상은 단순화할 수 없을 정도로 구체적인 것을 위해 모든 일반적 진리와 의절하면서 거창한 담론에서 그가 자라난 경건파의 믿음으로 선회했다. 그는 철학을 조금만 알면 무신론자가 되지만 제대로 알 경우 무신론자들은 종교와 화해한다고 말한 프랜시스 베이컨의 격언에 감명을 받지 못한 것 같다. 베이컨의 격언대로 된 계몽주의 사상가가 몇 명 있고, 계몽주의의 뒤를 이은 관념론과 낭만주의 철학자들 중에도 그런 사례가 몇 명 있었다. 하지만 하만이나 야코비 같은 사람들은 이 범주에 들어가지 않았다.

보편적 인간 본성에 근거한 이성적 종교는 간단하면서 근본적인 불멸의 진실과 종파 사이의 분쟁을 약화시키며 정치적 화해에 이용될 수 있었다. 이런 개념은 고대 스토아주의의 보편성을 상기시켰다. 이는 소란스러운 불화에 대항하는 우아한 합리성의 문제였다. 그러나 버틀러 주교Bishop Butler가 불만을 표시했듯 그런 이성적 믿음은 용인할 수 없는 수학적 명확성을 내세워 신의 신비로움을 없애버리고 성스러움, 존경과 겸손함도 저해하는 경향을 띤다. 이는 종교적 믿음을 고급화할 경우 일어날 수 있는 몇 가지 형태의 반발 중 한 가지다. 소수의 종교적 믿음을 인정사정없이 백주 대낮으로 끌어내는 것이 항상 통치 질서에 이로운 것은 아니었다. 마찬가지로 에드먼드 버크Edmond Burke(아일랜드 더블린 출신으로 영국의 정치인이자 정치철학자―옮긴이)는 문명화된 사회에서 충격적인 원색 장면primal scene(부모의 성교 장면에 대한 아동기 회상이나 환상을 의미하는 정신 분석 용어―옮긴이)을 호색적으로 캐묻는 것은 정치적 안정에 득이 되지 않는다고 판단했다. 더블린에서 반감을 품은 아일랜드의 민중과 대치하게 된 버클리 주교Bishop Berkeley와 그의 동료 사제들은 같은 맥락에서 이런 숭고한 문제에서 품위의 휘장을 벗겨낸 채 공공의 광장으로 끌어낸 이들에게 항의했다. 신성한 진리의 신비로움을 제거하는 행위는 신성한 진리를 주장한 권위의 신비성을 말살하는 것이었다. 그리고 아일랜드 신학계의 반대 진영에 있던 버클리와 톨런드 모두 이 사실을 알고 있었다. 단순함과 선명함은 이성적(그래서 더욱 그럴듯한) 기독교의 특성이었지만 단순한 믿음을 가진 사람들 사이에 불안을 퍼뜨리고 급진적 반대자들로 인해 기성 기독교의 신비성을 위협하는 것으로 돌변할 수 있는 덕목이기도 했다.

18세기 말까지 계몽주의가 주장하는 합리성은 신에게도 악마적 특성이 있다고 생각한 사람들이 있었던 것처럼 수많은 사람들에게 어둡고, 악마적이며 병적인, 무서운 관찰자처럼 정체를 알 수 없는 것으로 받아들여졌다. 프랑스의 공포 정치를 목격한 수많은 유럽의 사상가들은 이성을 불신할 이유가 충분하다고 생각했다. 빛이 너무 심하면 눈이 부시고 시야를 가리듯 이성이 난동을 부리면 반대편으로 뒤집어지는 법이다. 스위프트도 시큰둥해하며 인정했던 것처럼 과도한 무한성은 인간을 광기로 몰아갈 수 있다. 신체의 감각적 속박에서 자유로워지면 이성은 인간을 미치광이로 만든 다음 갈기갈기 찢어버린다. 인간의 육욕성으로 인해 미쳐버린 이성은 셰익스피어가 지은 비극인 리어 왕의 광기와 형태가 같다. 유대인의 성경에서 신은 견딜 수 없이 무조건적인 사랑으로 모든 우상과 경건한 환상을 불태워버리며 파괴적인 힘을 가진 존재로 묘사되듯 이성도 고상하고 추상적인 개념에 따라 살인을 저지르고 사람을 불구로 만들 수 있다. 사람은 여러 가지 이유로 다른 사람을 죽일 수 있다. 하지만 엄청난 규모로 살인을 감행하는 것은 언제나 어떤 이상을 추구한 결과였다. 계몽주의의 이성은 몸이 없기 때문에 몸에 예속된 감정을 느낄 수 없던 것는 여겨졌다. 계몽주의적 합리주의자에서 낭만주의적 예술가로 가는 과정에서 강조점이 이상(혹은 관념)에서 애정으로 바뀌었다. 그러면서 몸은 좀더 감각적이고 직관적인 합리성의 모델이 되었다. 그래서 장미 잎의 느낌이나 나무 타는 냄새는 직접성 면에서 절대성을 파악하는 것과 유사하다고 봤다. 이런 점에서 합리적인 인간과 두서없이 산만한 인간이 동시에 두 방향으로 우회를 해야 할 경우, 하나는 몸을 잘라서 지나가고 다른 하나를 그 위를 뛰어 넘어간다. 몸은 지식의 한 형태였지만 돌바크나 달랑베르가 인식한 것과 같은 종류는 아니었다. 사람이 자기 왼발이 있는 위치를 알기 위해 지도나 나침반을 사용할 필요는 없는 것이다.

계몽주의의 관심이 신의 죽음이 아니었듯 그것은 문화에 대한 문제도 고려하지 않았다. 보편성과 사해동포주의적 특성을 가진 계몽주의는 번영하려면 지역의 관습, 경건함 그리고 애정에 반드시 권력이 더해져야 한다는 사실에는 거의 주의를 기울이지 않았다. 그렇게 하지 않는다면 신하의 충성심을 얻기가 너무 추상적이고 요원하다는 것이 증명될 터였다. 생생한 경험상의 기초가 없이는 효과적인 통치권이란 있을 수 없다. 그래서 이성은 미학이라고 알려진 일종의 보조물이나 인공 기관이 필요하다고 느꼈다. 계몽주의의 이성에는 많은 부분 일정한 형태를 갖춘 존재가 없었다. 이후 독일 관념주의자와 낭만주의자들이 이것을 복원하고자 했다.

하지만 이성은 그 자체가 형태가 없다는 점에서 어느 면으로 보나 점점 확실해지는 신의 부재에 그럴듯한 대체자 역할을 할 수 있었다. 전능한 신이 어디에서 비롯되었는지 우리가 물을 수 없듯 합리주의의 맥락에서 이성의 출처에 대한 의문을 제기할 수 없었다.[70] 이 관점에서의 이성에게는 역사가 없다. 헤르더와 헤겔의 관점에서의 이성은 역사가 있지만 말이다. 사실 우리는 이성의 성격과 기원에 대해 우리가 내린 결론의 타당성을 판단할 때 이성에 호소해야 한다. 그래서 순환논법의 오류를 저지르게 된다. 신, 진리 그리고 이성은 모두 최종 결과나 종결점으로 보이는 용어들로 의미상 그 밑을 파고들 수 없다. 그런 이유에서 사실상 이성에 역사가 있다고 보는 프리드리히 야코비는 합리주의를 격렬하게 반대했다. 그는 지식과 진리의 차이를 주장하며 진리는 인식론적인 면에서 원초적이고 더이상은 단순화할 수 없다고 주장했다. "나는 '진리'를 지식 이외, 지식 이전의 어떤 것으로 이해한다. 진리는 먼저 지식에 가치를 부여하고 지식의 기능인 이성에 가치를 부여한다."[71] 이성은 그것이 추정하고자 하는 진리를 실증할 수 없다.

성서의 하느님은 어떤 의미에서 인격을 가진 존재라는 특별한 이점을 가지고 있지만 이성은 비인격적 거만함 때문에 명백하게 신 같지 않다. 법을 대하는 우리의 태도에 대해 에드먼드 버크가 주장한 것처럼 우리는 비인격적 권위를 숭배는 할 수 있되 사랑하기는 어렵다. 이성은 예언의 성취로 인한 희열감이나 공동체 의식을 줄 수 없으며 슬픔에 신음하는 사람들의 눈물을 닦아주지도 못한다. 19세기 영국에서 공리주의와 과학적 합리주의는 정서적으로 조금 더 활기 있는 교의로 대체되어야 할 필요가 있었다. 그래서 관념론과 낭만주의의 유산에 손을 뻗는다. 칼라일에서부터 T. S. 엘리엇까지 수많은 사상가들이 고대나 중세를 원천 삼아 현재를 재단장하고자 했다. 프레드릭 제임슨Fredric Jameson(미국의 문학 비평가, 마르크스주의 정치 이론가—옮긴이)은 자본주의 체제는 "빈곤한 구조를 보충하기 위해 예전 형식의 규정을 다시 만들어낼 필요성을 절감했다"[72]고 말한다.

인간의 추론 능력은 자율성을 띨 때 신성의 경지에 접근한다. 그러나 이성화된 세상에는 신의 존재가 점진적으로 줄어들어서 신은 합리성과는 거리가 멀어지고 오로지 믿음과 느낌만을 통해 접근할 수 있게 된다. 이런 의미에서 합리주의의 또다른 얼굴은 신앙주의다. 전능한 신의 개입 없이 돌아가는 엄격하게 이성적인 세상은 모순되게도 자의적이고 비이성적인 신을 만들어낸다. 현실이 투명해질수록 창조자는 더욱더 불가해한 존재가 된다. 신을 우주의 주변부로 추방하는 것은 신을 없어도 되는 존재로 취급하는 것이지만, 동시에 신의 신비성을 한층 깊게 만드는 행위다. 따라서 너무 멀리까지 확장된 이성은 스스로 실패의 원인으로 끝날 수 있다. 파스칼과 마찬가지로 매우 불가해한 신은 불길하게 합리주의의 한계를 상기시킨다. 합리성이 대부분 도구적으로 변해 계산과 인과 관계의 문제가 될 때 사회 존재의 의미와 가치를 없애버리는 위험을 초래할 수 있다는 사실을 통해 우리도 그 한계를 상기하게 된다. 그러므로 합리주의는 그럴듯한 정당화를 하지 못한다. 이에 따라 사회는 두 가지 형태로 나뉘게 된다. 하나는 사회 구성원들이 실제로 실천하지만 교화적 용어로는 더 이상 입증할 수 없는 것을 반영한 계산적이거나 실용적 추론의 형태고, 또다른 하나는 정당성을 부여하나 실제 사람들의 행동을 반영하지 못하는 신념 혹은 종교다. 이전의 이성이 열망했던 것처럼 이제는 이성이 사실과 가치를 연결하지 못하기 때문에 이런 딜레마가 발생한다.

문제는 효과적인 이념이 있더라도 이 두 가지를 한꺼번에 성취해야 한다는 것이다. 어떤 이념이 신뢰할 만해서 전반적인 동의를 얻으려면 실제 사람들이 하는 일에 뿌리를 둬야 한다. 그러나 욕구와 사리 추구로 작동하는 사회는 가장 평판이 나쁜 종류의 가치를 반영해 사회 질서를 합법화하지 못할 위험이 있다. 계몽주의의 '자연' 또는 '이성적' 종교와 마찬가지로 아마도 이성적인 사회에서 종교는 일상생활의 구체화된 논리를 반영해서 생존할 수 있을지도 모른다. 그러나 그렇게 하려면 종교 자체의 상징적 원천을 고갈시키는 위험을 감수해야만 한다. 대안으로 종교는 광신의 상태, 감정, 아름다운 영혼, 신비스러운 감정 중에 이는 광란, 보편적 자비라는 온건한 꿈속으로 후퇴하거나 자아의 깊은 심연 속으로 빠져들 수 있다.[73] 종교가 이 길을 택하면 그 상징적 원천은 보존할 수 있지만 사회적 존재감은 전반적으로 점점 더 줄어든다는 사실을 받아들여야 한다. 근대에는 예술이 비슷한 딜레마에 빠져 고통받는다.

아브라함의 하느님을 이성적 관념으로 격하시킨 계몽주의 사상가들이 있지만 칸트를 포함해 신을 이성의 영역 너머, 숭고한 무궤도의 공간 속 정신으로 본 철학자들도 있었다. 하지만 어느 쪽이든 이념상의 문제가 있다. 신을 이성적 독립체로 보는 것은 신을 감각의 영역에서 완전히 없애버리는 경우에만 미신으로부터 그를 구조해내는 행위다. 뉴턴식 사고방식으로 볼 때 신의 존재는 우주라는 기적의 디자인 속에 그리고 역사의 섭리 속에서 식별할 수 있을 것이다. 하지만 하만과 야코비 같은 경건파들이 불만을 토로했듯 신은 주관성의 가장 은밀한 장소에서는 발견되지 않는다. 그러나 신이 축소되어 이성이 되기보다 이성을 초월한다면 그때는 다른 종류의 문제가 발생한다. 전능한 신의 법령은 절대적인 상태로 남는다 해도 인간과 멀리 떨어질수록 점점 더 그 존재를 이해하기 힘들어진다. 지금 우리가 신에 복종하는 이유는 신의 명령이 이성적이거나 경험에 근거해 이치에 맞기 때문이 아니라 모든 것을 고려할 때 그저 그것이 신이 명령한 바이기 때문이다. 게임의 규칙처럼 신의 명령에는 일정한 자의성과 절대성이 혼합되어 있어서 그 명령을 따르고자 하는 사람들에게 그 두 가지에 있어서 최악의 타격을 준다. 칸트가 처음 만들어냈을 때의 도덕법이나 합리주의자들의 이성처럼 신의 법은 완전한 자기 정당화를 이룬다. 신 자신이 법이라서 그가 원하는 대로 한다는 것은 분명 기독교 교리의 일부분이다. 하지만 이는 신을 그의 피조물로부터 떨어뜨려놓기 위한 자율을 의미하지 않는다. 반대로 피조물들 스스로 결정할 힘을 가졌다는 것이 그 피조물이 신과 가장 비슷해지는 방법 중 하나다. 피조물은 저마다 자유로운 형태와 방식으로 신에게 의존한다.

합리화된 사회는 상징적 근원을 빈곤하게 만들 뿐 아니라 병적인 것으로 만드는 경향이 있다. 이성에 기반한 종교가 열의 없이 뜨뜻미지근하다면 그런 기반이 없는 종교의 성향은 열렬하다. 전자는 자신의 권위가 약해지는 위험을 감수하고 후자는 대중 사이에 위험스러울 정도로 무정부적인 '열정'을 자극할 것이다. 루트비히 포이어바흐Ludwig Feuerbach는 "신은 순수하고, 무한하며 자유로운 감정"이라는 말을 마구 쏟아낸다.[74] 하지만 정치적으로 말해서 그런 감정은 조절하기 힘들 수 있다. 루이 듀프레Louis Dupre(가톨릭 현상학자이자 종교철학자—옮긴이)는 종교는 설명 혹은 경험을 통해 알려질 수 있다고 주장한다. 계몽주의의 과학적 이성주의는 종교를 설명을 통해 아는 것은 불필요하다고 말하면서 동시에 종교는 경험을 통해 아는 것이라는 주장의 신뢰성을 약화시키기도 한다.[75] 당신은 피히테의 대담한 저작이 주장하는 것처럼 종교를 합리화하거나[76] 신앙주의(종교적 진리는 이성이 아니라, 믿음에 의해서만 파악된다는 입장—옮긴이)의 다양한 흐름에서처럼 아예 이성의 영역에서 완전히 추방해버릴 수도 있다. 하지만 전자처럼 하면 대중을 만족시킬 수 없고 후자는 엘리트를 만족시킬 수 없다. 합리적 명제는 사람들이 미덕을 갖도록 자극하는 방법으로는 너무 빈약하다. 반면 내적 감정으로서의 믿음은 지적으로 불명예스러운 낌새를 풍긴다. 양측 중 어떤 것이든 종교의 이념적 힘이 약화된다. 소치니파와 경건주의파, 즉 존 로크와 존 웨슬리 중 하나를 선택하는 일 말고는 달리 여지가 없는 상황이다.

그렇다면 영국의 위대한 계몽주의자 새뮤얼 존슨도 어느 선까지는 그렇게 했던 것처럼 당신도 확실히 설명으로서의 종교를 경험으로서의 종교와 결합시킬 수 있다. 존슨에 앞서 섀프츠베리도 방법은 다르지만 그렇게 했다. 섀프츠베리는 체계적인 신플라톤주의적 비전을 도덕적 감정의 직접성과 연결시켰다. 섀프츠베리의 관점에서 모든 도덕적 행동은 애정을 통해 조정되어야 한다. 따라서 그렇게 조정되지 않은 것은 그저 비도덕적이다.[77] 섀프츠베리의 신플라톤주의는 이성의 절대 법과 함께 단순한 감정주의에 대항한 그의 주장을 지키기에 충분했다. 한 논평가는 "(섀프츠베리에게) 덕은 내적 움직임 또는 애정 그리고 궁극적으로 선을 합리적으로 인지하는 작업을 필요로 한다"[78]고 말한다. 그러나 전반적으로 설명과 경험은 서로 타협하기가 더욱 어려워졌다. 합리적인 전체로서의 종교와 내적 비전으로서의 종교 사이의 틈이 벌어지고 있었다. 철학 용어로 표현하면 헤겔과 키르케고르 사이의 간극이 벌어진다고 표현할 수 있다. 기독교의 믿음을 추문, 어리석음, 순전한 이성적 불가능, 모든 문명화된 관습과 고급화된 이성에 대한 모욕으로 여긴 키르케고르는 계몽사상가들 중에서 가장 심한 골칫거리로 간주된 유명 인물 중 한 사람이다.

프리드리히 야코비는 이성의 진영과 경험의 진영 모두 많은 부분 서로 과거에 대해 이야기하고 있다는 것을 인식한다. 야코비의 관점에서 계몽주의가 갖는 신에 대한 추상적 개념은 신자에게 가르칠 것이 아무것도 없다. 계몽주의가 말하는 인간 주체는 간단히 말해 아브라함의 하느님이 중요하게 다루는 대상이 아니며 상상컨대 신을 믿을 수 있는 종류의 피조물도 아니다. 단순히 생각하는 실체 이상 또는 순수한 의식의 핵심인 주체만이 믿음을 가질 수 있었다. 철학자의 신은 그렇게 파괴된 주체가 사실상 실제로 믿는 합리적인 구성체다. 그렇기 때문에 그 주체에게 더욱 해롭다. 막스 호르크하이머Max Hokrheimer(유대계의 독일 철학자이자 사회학자. 프랑크푸르트 학파의 대표적인 철학자—옮긴이)와 테오도어 아도르노Theodor Adorno(독일의 사회학자, 철학자, 피아니스트, 음악학자 그리고 작곡가. 막스 호르크하이머와 더불어 프랑크푸르트 학파 혹은 비판이론의 1세대를 대표하는 학자—옮긴이)가《계몽의 변증법Dialektik der Aufklärung》에서 말하듯 과학적 이성주의의 구체화된 사고는 신의 존재에 관한 질문을 던질 수 없다.[79] 던진다 해도 설인이나 네스 호의 괴물의 존재에 대해 질문하는 것과 같은 정도다. 전반적으로 계몽주의에게 믿음이란 그것을 이성적으로 입증할 수 없다는 사실에도 불구하고 어떤 명제에 찬성한다는 것을 의미했는데 이는 유대교, 이슬람, 기독교에서 믿음이 의미하는 것과는 전혀 다르다. 이와는 대조적으로 열정적이고 궁핍하며 연약한 낭만주의의 주체는 믿음이라는 용어가 뜻하는 진정한 의미에서 믿을 수 있는 존재다. 그러나 이때쯤은 세속화 과정이 다 이미 끝난 시점이었기 때문에 믿음의 주체가 다시 등장하고 아브라함의 하느님과 예수는 서서히 시야에서 사라진다.

종교를 이성으로부터 단절시키면 종교에 이성적 비판을 가하지 않게 된다. 믿음은 명제가 아니기 때문에 진실이나 거짓 판단을 할 수 있는 현상이 아니다. 루소와 슐라이어마허Friedrich Schleiermacher에게 종교가 감정이라면, 레싱, 하만, 키르케고르에게는 열정적인 내적 신념이고, 에밀 뒤르켐Emile Durkheim에게는 본질적으로 상징적 실천의 형태였다. 종교가 이런 것이라면 관절염이나 허리케인에 반대론을 주장하는 것만큼 종교에 반대한다는 논리를 펼치기 어렵다. 하지만 그런 상황이 종교에 완전히 유리하지는 않다. 신념이나 경험은 내면성을 높이 평가하는 개인주의 사회에서 높은 가치를 부여한다. 그런데 이념적으로 효과가 있으려면 종교적 신념에 필요한 공동의 토대 같은 것을 제공할 수 있어야 하는데 신념이나 경험은 그 역할을 잘해낼 수가 없다. 사회적 합의를 끌어내기에는 예측할 수 없는 취향의 변동성을 보인다. 사람에게는 칸트의 미적 판단에 상응하는 것이 필요한데 이는 주관적인 동시에 보편적이다. 즉 개인의 동의와 보편적 합의가 모두 이루어져야 한다는 의미다.

감정과 우정이 연결될 수 있다는 것은 사실이다. 종교가 기본적으로 마음의 문제라면 야코비와 장자크 루소 같은 이들이 주장했듯이 단순하고 보편적이며 자발적인 감정은 일련의 추상적 진리보다 각 개인을 하나로 묶는 역할을 더 잘해낼 가능성이 높다. 이런 애정을 개념적 용어의 틀에 넣어 맞추려 하면 할수록 그 용어는 점점 더 분열될 공산이 크다. 이와 대조적으로 루소가 말한 사부아 지방의 교구 목사가 보이는 사랑과 자비의 자연 종교는 교육받지 못한 농부와 도시의 학자가 공유할 수 있다. 그러나 이것이 본질적으로 애정이 사회적 결속의 토대가 되기에는 너무 미약하다는 사실을 만회할 수는 없다. 정치적 통합에 애정이 필요하지만 결코 그것만으로는 충분하지 않다. 그러기 위해서는 신념을 확실하게 표현할 수 있어야 한다. 그래야만 정서적 영역과 인지적 영역 사이에서 두 가지를 조정할 수 있다.

어떤 의미에서 감정은 반박의 여지가 없는 명백한 근거지만 다른 맥락에서 보면 악명 높을 정도로 믿을 수 없다. 몸에 도덕을 기초하는 것은 몸을 도덕의 확고한 토대로 삼는다는 의미로, 더러운 악취를 맡으면 역겨움을 느끼듯 악행을 보고 똑같은 감정을 느낀다고 생각한 프랜시스 허치슨Francis Hutcheson (아일랜드 출신의 도덕철학자―옮긴이) 같은 사상가들이 원했을 발상이다. 감정에 기반한 믿음은 몸의 안정감과 직접성 같은 것을 가지는데 그런 것이 관념보다 훨씬 더 믿음직스럽다. 로런스 스턴Laurence Sterne (아일랜드 출신의 성직자, 소설가―옮긴이)은 미덕이 몸에서 나쁜 생각을 몰아내 명랑하고 번영하게 만드는 일종의 영적 강장제라고 권장한다.[80] 감정의 인간은 스턴식으로 표현하면 좋은 일을 하면서 "영예로운 욕망"을 느낀다. 그래서 덕성 있는 행동은 구운 닭다리를 씹거나 질 좋은 포트와인을 삼키는 것과 다를 바 없다. 이는 칸트의 주장과는 전혀 다르다. 새롭고 태평스럽게 헬레니즘 문화를 누리며 자족하고, 카페에서 안락함을 즐기는 18세기 영국의 중간 계급에서, 자선과 사교 활동, 박애주의자와 인생을 향유하는 사람들을 분간하기는 점점 더 어려워졌다. 허치슨 같은 도덕주의자에게 선함과 관능은 긴밀하게 엮여 있다. 자비란 일종의 육체적 쾌락으로 어떤 사람이 다른 이의 도덕적 즐거움을 만끽하는 것은 육즙이 풍부한 새우 요리를 보고 입맛을 다시는 것과 똑같은 이치다. 어떤 의미에서 미덕을 희극으로 본 허치슨이 얼스터Ulster의 개신교도들에게 가장 인기 있는 문학 형식이 아닌 웃음에 대한 논문을 쓴 데는 그럴 만한 이유가 있다.[81] 심지어 이 논문에는 어지간히 재미있는 농담이 들어 있다.

그러나 경험주의자의 세상에서 육체의 경험은 매우 개인적이기 때문에 종교나 도덕은 정치적 합의라는 대의에 도움이 되지 못한다.

특히 좀더 강력한 사회적 연대가 시급한 분열된 문명에서는 종교적 신념이 개인적인 감정으로 귀결되지 않는다. 키르케고르의 열정적 헌신은 그렇게 평범한 문제를 사회적 관습이나 정치적 안정으로 고려하지 않으려 할 것이다. 개신교 믿음의 내적 자기성찰은 개인주의 사회를 반영하지만 그 사회 질서가 의지하는 추상적 개념은 경멸한다. 개인적 경험으로서의 믿음은 정치적으로 지장을 주는 개인주의와 긴밀하게 연합하는데, 개인주의에 의하면 자아는 순전히 자율적이다. 이것은 인간의 의존성을 결함으로 본 계몽주의 사상의 몇 가지 오류 중 하나인데 몇몇 관념주의 사상가도 똑같은 오류를 반복한다. 피히테의 관념주의를 장황하게 비난하며 프리드리히 야코비는 자아의 자율성을 순전히 자존심으로 보고 거부하고 그에 맞서 그가 사랑의 의존성이라고 부른 개념을 내세웠다. 야코비는 이렇게 말한다. "초월적 철학은 내 가슴을 비틀어 심장을 떼어내고 그 자리에 자아만을 위한 순수한 욕구를 두지 못할 것이다."[82] 철학이 상상할 수 있는 최고의 상태가 순수하고 꾸밈없으며 비어 있는 자아라면 그때 자아는 그 자신의 존재를 저주해야 한다고 야코비는 선언한다.

자비와 정서주의는 무미건조한 윤리적 합리주의를 교정하는 데 유용했다. 그러나 감정 숭배는 종교에서 호감 가지 않는 독단을 제거하면서 동시에 종교를 없애버리겠다고 협박했고 그 과정에서 종교의 이념적 힘을 축소시켰다. 18세기의 미학적 관용 표현을 빌려 말하면, 감정 숭배는 극히 아름답고 너무나 숭고하지 못했다. 감정 숭배에는 제재가 없고, 금기 그리고 숭고함과 연관된 초자아적 가학성이 모자랐는데, 이는 종교가 정치적 희생을 감수하고 버린 점이었다. 에드먼드 버크도 인식했듯 우리는 법을 사랑해야 하지만 법에 의해 고통받는 중에 느끼는 피학적 즐거움도 받아들인다.

웨일스 출신의 도덕철학자 리처드 프라이스Richard Price 같은 도덕적 합리주의자들은 이렇게 윤리학에 미학적 요소를 가미하는 것에 경악했다. 그는 박애주의자와 정서주의자들에 대해 불만을 토로하며 이렇게 말한다. "만약 이 설명이 맞다면 우리가 생각하는 도덕은 몸의 감각적 특성, 소리의 조화 또는 회화와 조각의 아름다움에 대해 우리가 생각하는 것과 그 기원이 같다. (…) 미덕은 (이 도식을 받아들이는 사람들이 말하듯) 취향의 문제다"[83] 프라이스가 통찰한 종류의 도덕은 사람들이 행동하도록 자극할 수 있지만 위태로울 정도로 감정, 직관 또는 도덕적 감각에 의존한다. 이와 대조적으로 이성에 근거한 도덕은 토대는 굳건하나 동기를 자극하는 힘이 부족하다.

널리 알려지다시피 흄은 이성이 동기 부여의 원천을 제공할 수 있다는 것을 부정했다. 사실 도덕의 근거를 이성에 두면 둘수록 도덕은 결단력을 더 많이 빼앗아갈 수 있다. 도덕적 질서가 신성한 힘에 의해 만들어져 우주 자체의 장대한 디자인에 근거해 세워진다면, 그것은 중력의 법칙처럼 결정론적이기 때문에 개인의 의지와는 무관할 가능성이 높다. 따라서 인간은 아일랜드의 소설가이자 시인, 평론가인 셰이머스 딘Seamus Deane이 "이성적 인간의 미소 짓는 광증과 감정적 인간의 흠뻑 젖은 감정 토로"[84]라고 표현한 상황에 갇힐 위험에 노출된다.

새뮤얼 클라크Samuel Clarke와 윌리엄 울러스턴William Wollaston 같은 18세기 도덕적 합리주의자들은 도덕의 필수 영역이 예측 불허한 주관주의의 변화로부터 단절되려면 선함은 반드시 감정과 독립된 이성에 근거해야 한다고 주장한다. 그러나 이런 사상가들은 경험주의자, 정서주의자, '도덕적 감각' 이론가들에게 재치 있게 응수하는 사람들처럼 애초에 이성의 명령에 순종하는 것이 왜 좋은지 이유를 말하지 못한다. 그렇기 때문에 이들의 주장은 단순한 논점 회피일 뿐이다. 이성이 플라톤이나 아퀴나스처럼 애초에 선의 개념을 담지 못한다면 인간이 왜 이성을 권장해야 하는지에 대한 문제가 발생한다. 순전히 기계적인 합리성은 가치문제를 논할 수 없다. 프랜시스 허치슨은 도덕적 견해를 받아들이는 데 합리적 정당성을 댈 수 없다고 주장한다. 도덕 감각은 추론보다 앞서야 하는데 이는 우리가 스스로를 뒤에서 생각할 수 없다는 일종의 하이데거식 선이해先理解로, 애초에 언어를 도덕적 논쟁으로 간주할 경우 이미 항상 존재하는 능력이다.[85] 게다가 만약 이성이 우주의 합리적 디자인을 의미한다면 후에 프리드리히 니체가 지적했듯 그 질서를 따르는 삶이라는 맥락에서 왜 우리가 이성에 순종해야 하는지에 대한 설득력 있는 논쟁이 있을 수 없다.

따라서 세속적 사회 질서는 도덕적 근거에 문제가 있다. 이신론의 기계적 세상 또는 몇몇 개신교 교리의 율법주의적 특성과 마찬가지로 추론의 과정이 문화와 종교의 영역을 침투하면서 이런 영역은 근본적 가치에 대한 질문에는 점점 더 부적합해지고 그러므로 정치적 힘을 뒷받침하는 역량이 점점 더 약해진다. 하지만 이런 과정에서 어떤 역할을 하지 않으면 세속적 사회 질서는 모든 공적 의미를 잃어버릴 위험에 처한다.

종교는 너무 일상적이든가 너무 내세적이며 이 세상 논리와 너무 가깝게 연루되어 있거나 세상에 너무 초연하다. 신은 스피노자의 생각처럼 모든 곳에 편재하거나 칸트의 견해처럼 말로 표현할 수 없이 초월적이다. 또한 신은 자연이나 역사 속으로 흡수되거나 이성의 변경 너머 먼 곳으로 축출된다. 신의 왕국은 현존하면서 부재하고, 인간 역사에서 모든 곳에 편재하지만 여전히 초월적 형태로 온다는 정통 기독교의 내부 갈등은 치명적일 정도로 느긋하다. 이런 무능력한 이중성을 개조하는 일은 독일 관념주의자들에게 맡겨질 터였다.

2

관념주의자

근대의 역사는 다른 무엇보다 신의 대리자를 찾는 일에 집중한다. 이성, 자연, 정신, 문화, 예술, 숭고함, 민족, 국가, 인류, 존재, 사회, 타자, 욕구, 삶의 원동력과 개인적 관계 등이 모두 이따금씩 신의 대체자 역할을 했다.[1] 프레드릭 제임슨은 "우리 시대의 종교는 매우 모호하고 보잘것없으며 산만한 영역으로 종교라는 어휘 자체는 다른 이유 때문에 불법적으로 도용될 수 있다"[2]고 말한다. 근대의 종교 정신이 모호하다면 그 이유는 무엇보다 희석된 믿음은 교리의 시대보다는 회의의 시대 취향에 더 적합하기 때문이다. 종교적 독단을 적절히 도려낸 종교는 손쉽게 세속적 사상의 형식과 결합하고 그렇게 해서 정통 종교보다 이념적 간극을 더 잘 메우면서 설득력 있게 영적 해결책을 제공할 수 있다.

　우리 시대 가장 저명한 철학자 중 한 명인 알랭 바디우Alain Badiou는 열렬하게 신의 죽음을 받아들이지만 신학적 내력을 가지고 있는 무한함infinity과 공허the void라는 개념은 포기하지 않는다. 바디우의 작업에 대해 피터 홀워드Peter Hallward(캐나다의 정치철학자, 알랭 바디우와 질 들뢰즈에 대한 저작으로 알려져 있다—옮긴이)는 다음과 같이 평한다. "신의 죽음은 우리 자신의 무한함을 철저하게 긍정하는 것을 암시한다."[3] 이 말이 우리가 잠시 후 살펴볼 19세기의 인도교Religion of Humanity(실증주의 철학자자들이 과학에 토대를 해 만든 보편 문명이라는 비전에 맞춘 인간 중심 종교—옮긴이)와 어떻게 다른지 파악하기는 어렵다. 바디우가 판단하기로 신의 죽음은 논리에 맞게 만들기 위한 열정이 가미된 해석학이다. 종교는 본질적으로 현실에 어떤 의미를 부여하려는 욕망이기 때문에 신성의 입장이 되어보려는 시도였다.

근대는 신의 이미지를 새기지 말라는 경고에 주의를 기울이지 않았다. 말할 필요도 없지만 근대가 고안해낸 신의 부관 중 그 어떤 것도 나름의 역할을 단순하게 축소하지 않는다. 신의 부관들 모두 그 나름의 현상으로, 누구의 임시 대리인이라든가 다른 무엇을 가장한 모습이 아니었다. 그러나 종교는 인류 역사에서 주요 이념적 역할을 했으므로 일단 평판이 나빠지기 시작했다고 해서 단순히 그 기능을 포기할 수는 없었다. 대신 종교는 다양한 세속적 형식의 사고로 대치되어야만 했고 그렇게 해서 부지불식간에 신성이 좀더 은밀한 방식으로 살아남도록 돕게 되었다.

아이리스 머독Iris Murdoch(아일랜드 태생의 철학자이자 소설가—옮긴이)의 소설 《천사들의 시대The Time of the Angels》에 나오는 한 등장인물은 이렇게 말한다. "신학은 오랫동안 여왕이었어. 그리고 변장을 한 모습으로 여전히 여왕으로서 통치할 수 있다고 생각하지" 정신 분석에서는 고위 성직자, 고백 의식, 원죄 의식, 존재론적 죄책감, 신비스러운 법, 종파 간 분립 그리고 황당할 정도로 불가해한 무의식을 탐구하는 준準신학적 방법 등을 갖춘 대용 종교를 만들어내기도 한다. 발터 베냐민Walter Benjamin(베를린 태생으로 문예 평론가이자 사상가—옮긴이)은 초현실주의에 신중하게, 대마초를 약간 섞은 상태의 적당히 신성 모독적인 종교적 체험이 있음을 발견했다. 우리 시대는 그다지 고결하지 않은 신의 대용품을 추구해왔다. 우리 시대의 종교는 스포츠다. 신성한 우상, 존경의 대상이 되는 전통, 상징적 연대감, 예배 모임 그리고 영웅의 만신전을 갖추고 있는 스포츠는 인간에게 아편과 같다. 또한 스포츠는 민중의 문화로서 삶의 공동 형태이자 일종의 예술적 기예를 선보이거나 감상할 기회를 제공한다. 이 활동에서는 대다수의 시민들이 배제된다.

신임을 잃어버린 신의 대역으로 가장 성공한 사례는 아마도 문화일 것이다. 이에 대해서도 나중에 깊이 다루겠다. 이에 앞서 먼저 독일 관념주의자들에 대해 알아보기로 하자. 독일 관념주의자들은 확고한 기초를 찾으면서 모든 보편적 영역과 계몽주의를 종합하려는 입장을 견지하지만 동시에 이성이 아닌 정신Spirit을 인간 역사의 원천으로 봤다. 과학, 예술, 자연, 역사 그리고 정치를 망라하는 개요적 비전은 근대의 가장 놀라운 지적 통합의 성취를 보여주는데, 여기에는 혁명 시대의 낙천성과 기백이 가득하다. 잘 알려지지 않은 깊이 어딘가에 근대 사상의 주류가 될 수많은 주제가 이미 발아하고 있음을 느낄 수 있다.[4] 니컬러스 보일Nicolas Boyle(케임브리지 맥덜린 칼리지 독일학과 교수―옮긴이)은 이 시기 독일 철학을 "세속화된 신학의 주된 형식"이라고 말한다. 보일은 독일 대학이 "세속적이고 국가 중심인 종교의 대체제로서 체계적인 관념주의 철학을 탄생시켰다"[5]고 본다.

산업 자본주의 시대의 문턱에서 태세를 갖춘 관념론은 전통적인 기독교 교리와 서서히 진행되고 있던 근대의 세속화 사이에 있는 자신을 발견하게 된다. 앤드루 보위Andrew Bowie(런던대학의 로열 홀웨이 독일 철학 교수—옮긴이)는 "관념주의와 같은 체계의 필요성은 종교의 퇴락이 사물의 질서에서 인류를 위한 새로운 자리를 이성적으로 협상할 수 있을 경우, 반드시 극복해야 할 결핍을 만들어낸다는 인식에서 비롯된다"[6]고 말한다. 위르겐 하버마스는 "헤겔은 형이상학적 사고라는 조건하에서 가능한 만큼 유대-기독교 전통을 철학적으로 전용하는 작업을 마쳤다"[7]고 언급한다. 말하자면 초월성은 이제 수직적이기보다는 수평적이다. 우주 너머 침묵의 공간에 있는 신에 대한 질문보다는 역사에 대한 질문으로, 미래의 영성 충만이나 만족의 상태로 가는 길에서 영구히 그 자신을 넘어서는 것이다.

계몽주의 사상가 중 이성과 계시의 화해를 시도한 이들이 있었지만, 관념주의자와 낭만주의자들은 자연적인 초자연성을 추구하며 그 시대 고전 연구의 제목을 빌린다.[8] 두 가지 프로젝트 모두 세속적 용어로 종교적 믿음을 다시 쓰는 작업이다. 예를 들어 정확한 의미에서 정신을 신의 대리자로 보는 것이 어렵지 않다. 정신 또는 자유는 세상의 기초지만 그 안에서 그것의 수를 세어 합산하거나 새겨진 이미지인 우상 안에서 포착할 수 없다. 또한 정신은 자아의 근원에 있지만 동시에 그 근원을 무한히 초월한다. 헤르더에서 횔덜린까지 수많은 사상가에게 합리주의는 내재적 가치의 세계를 바래게 하는 위험성을 지니고 있다. 문제는 합리주의 스스로가 바삐 움직이며 약화시키고 있는 종교적 개념에 과도하게 의지하지 않으면서 어떻게 그 가치를 복원하느냐. 과학과 자연 철학에 눈을 돌린 계몽주의는 특히 프리드리히 셸링Friedrich Schelling(독일의 철학자. 칸트, 피히테를 계승하여 헤겔로 이어주는 독일 관념론의 대표자의 한 사람—옮긴이)의 《자연철학Naturphilosophie》에서 그 확실한 흔적을 볼 수 있다. 인간은 기계적 유물론을 반드시 피해야 하지만 가짜 초월성을 걸면서까지 그래야 하는 것은 아니다. 정신은 기계론적 유물론과 가짜 초월성으로부터 구출되어야 한다. 그리고 상호주관성의 형태로 헤겔이 그렇게 했듯 그것은 인류 역사의 원동력으로서 자리매김 되어야 한다. 영원함은 시간의 산물과 사랑에 빠져 있으므로 내재적인 것이 초월성의 특성이다. 정신인 아버지와 피와 살로 이루어진 아들 사이에 모순이 없듯 정신과 자연 사이에는 궁극적으로 갈등이 없다. 정신이 프랑스 혁명을 통해 선풍적으로 드러난 역량인 현실을 처음부터 다시 철저하게 창조할 수 있다면 그 이유는 세상이 그만의 재료로 비밀스럽게 만들어지기 때문이다.

계몽주의 사상가들이 고심한 한 가지 문제는 이렇게 정신이 자연을 지배할 때 현실을 지배하는 최정점에 서게 된 인간, 자신과 대화할 수도, 자신을 구심점으로 인정할 수도 없는 생명 없는 우주의 군주로 군림한 인간이 어떻게 현실로부터 소외되지 않을 수 있느냐다. 거기에 어떤 의미가 담겨 있는지는 그저 인간이 거기에 무엇을 부여했는지의 문제다. 몸을 돌릴 때마다 언뜻 자신의 얼굴만 본다는 것은 일종의 광기다. 비트겐슈타인이 상기시켜주었듯 한쪽 손에 쥐고 있는 돈을 다른 손으로 옮겨 쥐는 것은 금융 거래가 아니다. 따라서 힘의 결과는 자아의 내적 파열이다. 키르케고르식으로 표현하면 이 절대적 지배자는 "아무것도 지배하지 못하는, 나라 없는 왕"[9]이다. 그러나 헤겔과 셸링에게 그러하듯 자연 자체가 생명력으로 살아 있으면 꼭 그렇게 되어야 하는 것은 아니다. 그때 정신은 현실에 의해 폐기된다는 두려움에서 벗어나 현실에 귀의할 수 있다. 세상은 인류와 생산적인 대화를 시작할 수 있을 정도로 활발해진다. 셸링은 자

연이 '그것It'에서 '당신Thou'으로, 객관이 주관으로 변한 것이 틀림없다고 믿었다.[10]

따라서 인간은 자율성이 약화되지 않으면서 세상에 닻을 내리고 정착한 기분을 느낄 것이다. 자유는 인간이 스스로 움직이는 이 장대한 전체에 참여하는 독특한 방식일 뿐이다. 인간은 자유가 스스로를 인식해 자유로운 결정의 존엄성을 통해 내적 삶을 나눌 수 있는 곳에서 튀어나오는 모습을 표현한다. 이는 결코 데이지 꽃이나 지렁이는 하지 못하는 일이다. 따라서 칸트가 우리 존재에 도입했던 균열은 메워질 것이다. 우리는 영혼 없는 결정론에 갇힌다는 두려움 없이 자연의 가슴에 둥지를 틀 수 있다. 그리고 자아는 자유의 본질이라는 원칙에 안정적으로 토대를 마련한다. 그래서 우리가 자유 인자로서 번영하는 데 전혀 지장을 받지 않을 것이다.

관념주의와 낭만주의 사상처럼 이는 은밀한 신학적 비전이다. 정통 기독교에서 신은 모든 존재의 근거이자 모든 가능성의 조건이다. 그러므로 신의 손에서 빠져 나온다는 것은 존재에서 떨어져 나오는 것이다. 그러나 신은 무조건적인 자유이므로 인간이 원래 창조된 목적대로 신에게 의지하는 것은 인간 자체에게 오롯이 허락된 바다. 신은 인간의 자유와 자율성의 근원이지 결코 인간을 억압하는 존재가 아니다. 언어와 문화에 의존하듯 인간은 신의 은혜에 의존함으로써 자기결정을 할 수 있다. 계몽주의는 이런 역설을 나름의 방식으로 인지하고 있었다. 신은 자연과 이성을 만들었지만, 스스로 결정을 내릴 수 있게 설계했다. 이런 의미에서 최소한 신성함과 세속성은 서로 불화하지 않는다. 우주의 자율성이 창조주와 생명을 공유하면서 생겨났다면 믿음은 과학의 적이 될 수 없다.

몇몇 낭만주의 사상가들이 문제라고 생각한 점은 우리의 발밑에 진짜 토대가 있다 해도 그것에 대한 정확한 지식을 가지기가 어렵다는 것이다. 이는 인식의 문제라기보다 믿음의 문제처럼 보인다. 전능한 신과 마찬가지로 우리의 주체성에는 토대가 있지만 이 주체성을 그 토대에서는 표현할 수 없다. 이 주체성은 호흡하는 것보다 더 우리와 가깝지만 우리가 자아관리를 하는 주체로 기능하려 할 때는 필연적으로 우리의 개념적 이해를 피해간다. 이런 점에서 신이 없다는 것은 애석해해야 할 결핍이 아니라 우리를 자유 행위자로 만드는 요소다. 분명 우리는 자신에게로 돌아와 우리를 제자리에 두는 것, 주체성 자체에서 벗어나 유리한 지점에서 스스로의 힘으로 자신을 볼 수 있게 하는 것이 무엇인지 어렴풋하게 알 수 있다. 그러나 우리 모두가 찾게 될 것은 주체성 이상이다. 존재의 원칙이 그 자체로 주체적이라면, 우리는 그 틀 안에 머물러 있으면서 주체성을 행사하므로 그것이 기초하는 것이 무엇인지를 뒤에서는 쳐다볼 수 없다. 우리는 사고 바깥에서는 자신을 생각할 수 없다. 셸링이 "자아인식은 지식의 전체 체계를 비추는 빛의 근원이다. 그러나 이 빛은 뒤가 아닌 오직 앞으로만 비춘다"[11]고 말할 때 그가 염두에 두었음을 의심할 여지가 없다.

그때 주체성은 거북이처럼 오로지 앞으로만 나아간다. 또한 되짚어 거슬러 올라가기도 한다. 이 점에서 특히 피히테에게 전통적으로 받아들여지는 신의 모습과 똑같은 방식으로 주체란 초월적이다. 눈은 반사상의 도움 없이는 가시 범위 내의 물체가 무엇인지 구분할 수 없는 것처럼 신은 그가 만든 우주에 포함될 수 없다. 신은 피조물이 애초에 존재하게끔 한 존재이므로 피조물과 함께 나란히 합산될 수 없다. 신은 우주의 안이나 바깥에 있는 존재가 아니다. 비슷한 방식에서 지금의 전체 현실은 수수께끼같이 실존하지 않는 존재인 주체 속에서 기원, 목표 그리고 존재 이유raison d'être를 가진다. 그러나 주체 자체는 그 현실로부터 영원히 추방된 것처럼 보이다 보니 존재 바깥으로 소멸되어버린 것 같다. 이 변덕스러운 문제를 움켜쥐려고 노력하는 순간 우리는 미끄러진다. 주체를 놀랍게 만드는 것(신과 같은 방식으로 주체는 그것이 만들어낸 세상보다 영원히 선행한다는 사실)은 일종의 결핍이다. 현상적 세상에서 추방된 주체는 그 현상 세계의 중심부에서 웅변 이상의 침묵으로서 알려질 수 있다. 주체와 객체를 합쳐 계산하는 것은 신과 우주를 더하면 2가 된다고 생각하는 것만큼 범주상의 실수다. 모든 지식의 근원은 그 자체를 알 수 없다. 우리의 자기 반영에는 한계가 있다. 우리는 단순히 주체의 철학이 아닌 주체의 신학을 다루고 있다.

따라서 자유 혹은 주체성은 신을 지칭하는 수많은 세속의 이름 중 하나다. 셸링은 "자유는 모든 것을 지지하는 하나의 원칙"[12]이라고 말했다. 물질의 세상은 비밀스럽게 자유의 산물이기 때문에 자유는 길게 보았을 때 결국 물리적 장애물을 만날 수 없다. 셸링은 "존재란 간단히 자유가 유예된 상태"라고 낙천적으로 말한다. 그러나 존재의 근거가 순수한 자유라면, 자유를 개념화하려는 가장 빈약한 시도는 자기파멸이라는 위험을 감수한다. 이런 순수한 자기결정의 지점, 영원히 자신의 국부에서 튀어나오는 단순한 행동 혹은 과정인 이 변덕스러운 것을 객관화하는 행위는 그것을 인지하는 바로 그 순간 스스로를 죽게 만드는 위험을 감수할 것이다. 프로이트의 무의식처럼 정신은 인간의 인식이 적절하게 일을 수행할 경우 인식의 범위 바

같으로 떨어져야 한다. 셸링은 "영원함의 토대가 결여된 상태는 모든 사람들과 이렇게 가까이 있고, 사람들은 그 상태를 인식할 때 공포감에 사로잡힌다"[13]라고 말한다. 이렇게 숨겨진 공포에는 숭고함의 끔찍한 부재는 물론 라캉식의 실재의 기미가 보인다. 피히테, 슐레겔, 슐라이어마허에게 이런 토대에서의 개념적 지식은 있을 수 없는데 그 이유는 순수한 자유는 순수하게 비어 있거나 부정적 성향이기 때문이다. 즉 알려져야 할 대상이 없다는 의미다. 비슷한 맥락에서 유대-기독교 신학을 이용해서는 신을 알 수가 없다. 그렇게 숭고한 독립체를 이해하기에 우리의 정신이 너무 미약해서가 아니라 애초에 신은 그 어떤 독립체도 아니기 때문이다.

따라서 중간 계급 문명의 가장 중요한 원칙은 정확하게 규정할 수 없는 상황에 부딪칠 위험에 처해 있다. 주체는 요리조리 피하는 유령과 같아서 우리가 거기에 이름을 부여하면 그 즉시 사라져버린다. 우리는 필연적으로 우리 자신에게 불투명한 상태로 있어야만 하는 것으로 만들어진다. 절대성이 일반적인 추론의 범위 안에 있지 않더라도 절대성은 스스로 비밀을 폭로해 헤겔풍의 변증법적 사고를 만들어낼 수 있다는 것은 사실이다. 절대성은 또한 (피히테에게처럼) 실천으로 밝혀질 수 있고 (셸링의 경우처럼) 사물에 대해 신이 가지고 있는 지식의 직접성을 반영하는 방식으로 직관에 접근이 가능하다는 것을 증명할 수도 있다. 절대성을 정확히 밝히려는 무익한 노력을 하는 중에 절대성의 존재를 느낄 수 있는 사상가들도 있다. 그럼에도 이 원리의 모호함은 불안을 야기한다. 주체가 이제 무한한 상태까지 올라가서 끝없는 에너지를 그 가슴에 품고 있다면, (무한함은 순전히 부정성이므로) 그 중심에 무시무시한 공허가 있다고 주장하는 사람이 있을 것이다. 주체의 자기표현은 끝이 없다. 그러나 정확하게 이런 이유에서 주체는 자신의 개별적 작업에서는 스스로를 보여주지 못한다. 무한함은 우리의 승리이자 실패의 원인이다. 주체성은 지금 자신의 자리를 찬탈당한 신성처럼 깊이를 헤아릴 수 없는 심연으로, 아주 신나는 만큼 동시에 경악스러운 생각이기도 하다. 심연이 어떤 의미에서 토대 역할을 하겠는가?

　주체가 간단하게 평가하기 어려운 것으로 판명된다면 그 이유는 대개 널리 퍼져 있는 주체성의 형태가 탐구할 수 없는 깊이, 영구적인 움직임, 무한한 의지 그리고 역동적인 자아형성에서 전통적인 생각의 경계를 무너뜨리려 위협하기 때문이다. 언제나 완전히 새로운 것은 거의 없고 인류라는 개념은 확실히 구별되는 특별한 혈통을 가지고 있다. 그러나 볼테르나 제임스 보스웰James Boswell(18세기 스코틀랜드의 전기 작가, 일기 작가—옮긴이)이 손쉽게 인식했을 종류의 인류는 아니다. 어떻게 그토록 변화무쌍하고 변덕스러운 것의 개념을 세운단 말인가? 무엇인가를 바라고, 모험을 택하며, 영원토록 투지 넘치는 이 피조물은 체계와 범죄를 구분하기 어려워지는 사회 질서 속에서 태어난다. 지금은 잠재적으로 끝이 없고, 제지할 수 없는 에너지 또는 모든 평형과 균형의 적인 '악한' 고귀함의 형태를 한 생산성이 만연해 있는데, 이런 것들이 모든 안정적인 표상을 묵살하겠다고 위협한다.[14] 모험적 주체가 번영하려면 법, 정치, 문화 등과 같이 일정하게 안정된 형태가 필요하다. 문제는 가만히 있지 못하는 주체의 역동성이 계속해서 안정된 형태를 전복시키겠다고 위협한다는 것이다. 그래서 문명은 위기 속으로 내팽개쳐지고, 관념론은 그런 문명을 구해내고자 노력한다.

이 과업을 시도한 인물이 헤겔이다. 헤겔의 관점에서 정신은 가장 굳건한 토대를 갖춘 완성된 체계 내에 잡아 가둬둘 수 있다. 우리가 봐온 바와 같이 개념적 체계(주체성)의 중심에는 그 체계를 따돌리는 무엇인가가 있다. 이런 개념적 체계들은 그들이 해석하려는 바로 그 원칙에 의해 사라질 위협을 받는다. 헤겔과 그의 동료들이 거둔 승리는 가장 변화무쌍한 현상 내에서 (모든 것의!) 절대적 토대를 발견했다는 점이다. 다시 말해 주체 자체의 즉각적인 존재 속에서 주체와 객체의 절대적 정체성 또는 주체성은 전 세계가 그것을 중심으로 회전하는 것처럼 보이는 축으로서 결코 우리가 깊이 파고들 수 없는 토대라는 사실을 알아냈다.

* * *

주체가 개념에 저항한다면 이미지에는 항상 순응할 수 있다. 예술로 알려진 이미지의 보물 창고가 종교적 믿음의 경쟁관계로 등장하기 시작한 것은 아마 낭만주의가 도래(신고전주의자 T. E. 흄Hulme은 경멸조로 낭만주의를 '분열된 종교'라고 불렀다)한 다음일 것이다.[15] 그렇다고 해도 관념론은 나름의 방법을 준비한다. 헤겔은 예술을 철학보다 낮게 뒀지만 셸링은 "철학적 인식의 모범적 공적 형태"[16]라고 말하며 예술을 반겼다. 셸링이 볼 때 예술은 의지와 자발성을 그리고 의식하는 정신과 무의식을 혼합했다. 그렇게 예술은 우리 존재의 근거에 대해, 즉 전반적 자연인 자기생산성의 무의식적 과정을 제공한다. 인간 주체는 자기의식적 생산의 한 형태다. 하지만 이런 자아형성 방식 또한 세상이 강력한 법에 따라 영구적으로 스스로를 존재하게끔 만들어내는 행위에 참여하는 방법이다. 따라서 주체와 객체, 문화와 자연, 자유와 필요성은 조화를 이룰 수 있다. 자연의 자기생산성을 뚜렷한 형태로 주조해 우리가 그 과정을 이해할 수 있게끔 보기 드문 통찰력을 주는 것이 바로 예술 작품의 기능이다. 셸링은 "실재하는 세상은 간단히 (…) 정신의 무의식적 시, 철학의 보편적 원칙이다. 그리고 전체 아치의 핵심은 예술이라는 철학이다"[17]라고 말한다. 최소한 셸링의 관점에서 현실의 내적 작동 방식을 알 수 있게 하고, 개념은 하지 못하는 방식으로 우리에게 절대성의 지식을 주는 것이 예술이다. 셸링은 저서 《선험적 관념론의 체계System des transzendentalen Idealismus》에서 예술은 객관적이 되는 직관을 표현한다고 말한다. 영靈인 아버지가 신체를 가진 아들로 구현되듯 이성이라는 영원한 관념은 이 초라한 물질에서 스스로를 명시한다.

그러면 우리는 부끄러움을 타는 피조물인 주체를 포착하려는 모든 시도를 포기하지 않아도 된다. 셸링에게 예술은 주체성이라고 알려진 파악하기 힘든, 어떤 것도 아닌 것에 접근할 수 있는 특권적 양식이다. 피히테도 주체를 파악할 수 있지만 어떤 대상이라기보다 실천으로서 이해할 수 있을 때만 파악이 가능하다고 봤다. 어떤 사람이 주체를 사색의 근원이나 감각의 자료를 받아내는 수동적인 그릇으로서가 아닌 동인(행위자)으로 간주하기 시작할 때 수많은 철학적 문제가 사라지기 시작한다. 피히테에게 주체는 스스로를 상정하는 행위 중에 자신을 아는 특별한 피조물이다. 따라서 주체의 존재와 자기지식은 동일하다.

피히테의 주체는 독립적이기 때문에 은밀하게 스스로를 창조하는 물질 세상은 그 자신의 설계에 진정한 저항을 하지 않는다. 자아의 무한한 노력, 내재적 폐쇄를 모르는 욕망은 어떤 현실이 되었건 가능성의 조건이 된다. "추구하지 않으면 대상도 없다"가 피히테의 구호다. 그는 "어떤 것이 그 자아의 실천적 특성에 연관된 정도까지만 독립적인 존재를 가진다"[18]고 말한다. 전능함이라는 유치한 환상 속에는 진정한 타자가 있을 수 없다. 있다고 해도 이 모든 특권을 가진 주체는 수치를 무릅쓰고 목적을 달성해야 한다. 오직 스스로의 한계를 설정해놓음으로써 이 독립체 또는 저 독립체가 서로 대항해 싸우게 만들어 형성되는 유한성에 빠짐으로써, 이 순수하고 제약받지 않는 자유는 스스로를 인식할 정도로 확정적이 된다. 마치 지극히 자신감 넘치는 사업가가 근육을 풀고 힘을 즐기기 위해 삐딱한 방법으로 자신의 자유에 제동을 거는 것과 같다. 목적을 달성할 때 자기 자신을 잃을지도 모른다는 두려움 때문에 욕망이 스스로를 내동댕이치는 장애물에 붙어 있는 것이라고 본 프로이트의 심리와 희미하게나마 유사하다고 볼 수 있다. 전능한 신의 임시 대리인을 의미하는 피히테의 절대 자아는 무한하고, 스스로 토대를 만들며, 스스로 원인이 되고, 자발적이며, 무의식적이고, 무조건적이며 아직 결정되지 않았다. 절대 자아는 자기상정을 할 때만 스스로를 직관할 수 있는데, 여기서 무한한 자아와 유한한 자아(말하자면 아버지와 아들)는 자발적으로 하나다.[19]

피히테가 미학에 특히 조예가 깊은 것은 아니지만 이 주체는 예술 작품의 울림 이상을 가지고 있다. 미학적으로 아름다운 가공품처럼 주체는 스스로 토대를 만들고 스스로 결정을 내린다. 예술 작품처럼 주체는 자신이 인식한 것을 구성하면서 은밀하게 자신의 창조물을 대상으로 제시한다. 자아는 그 존재나 본질이 자아가 자신을 존재하는 것으로 상정한다는 사실로 구성된다. 그리고 그렇게 해서 혼자 힘으로 존재한다.[20] 셸링의 관점에서 예술이 우주의 내적 요소의 열쇠라면, 현실에서 어떤 형태를 도입해 예술은 일정한 방식으로 세상이 존재하도록 자유롭게 결정하므로 피히테에게 인간의 활동은 언제나 예술적이다.

그러나 또다른 의미에서 미학에 관한 이 담대한 이야기는 아무 소용이 없었다. 철학보다는 예술이 뚜렷하고 감지할 수 있게 느껴질 수 있고 이미지는 개념보다 더 설득력이 있을 것이다. 하지만 예술은 민중을 차갑게 만드는 경향이 있다. 수많은 사람들에게 가장 숭고한 진리를 매일의 품행으로 연결시키는 종교적 믿음을 대체하기에 예술은 소수적 성향이 강하다. 이 점에 있어서는 역사상 그 어떤 상징 체계도 종교와 경쟁 상대가 되지 못했다. 결국 몇몇 낭만주의 저자들이 주장했듯 관념론은 교리가 되기에는 너무 이지적이었다. 철학자의 이성을 다소 덜 성스러운 정신으로 바꾸는 일은 성공했을지 모르지만 관념주의자들은 그들의 진리를 일상의 용어로 번역하기는 힘들다는 것을 알게 됐다. 교회는 그런 실수를 저지르지 않았다.

* * *

자유라는 우상이 없고, 부르주아의 자유의 시대가 우상 파괴적이라면 불편한 정치적 결과가 뒤따를 것이다. 권력은 효과가 있으려면 감각에 스스로를 새겨야 한다. 교회와 로마 가톨릭은 몸짓과 의식 속에, 향냄새, 제의복의 색깔 또는 무릎을 꿇는 행위를 통해 신령스러움이 어떻게 감각적으로 구체화되는지에 대해 학습한 것이 거의 없었다. 이념이란 추상적 명제가 감각의 삶으로 침투해 들어가는 곳, 절대 가치가 역사의 시간 속에서 밝혀지고 우발성이 필연으로 가득하며 의무가 마법처럼 자기실현의 느낌으로 변하는 일이 발생하는 곳이다.

앞서 우리는 이미 문화나 생생한 체험을 무시한 계몽주의의 이성이 어떻게 힘을 잃게 되었는지 목격했다. 관념주의자와 낭만주의자들이 이를 반복하지 않으려 한 것은 실수다. 헤겔의 육필 문서 중 아마도 셸링의 작업일 것으로 추정되는 익명의 자료인《독일 관념주의의 가장 오래된 체계적 프로그램》을 보면 많은 것이 선명해진다. 이 익명의 저자는 이렇게 주장한다. "우리가 관념을 미적 즉 신화적으로 만들지 않으면 사람들은 관념에 관심을 갖지 않을 것이다"[21] 철학이 다수를 지배한다면 거기에는 분명 "종교적 감각"이 있을 것이며, 그래서 시인이 "인류의 교사"가 될 것이다. 어떤 경우든 그렇게 뚜렷한 존재를 필요로 할 때 철학이 우뚝 서는데 특히 거리와 술집에서 힘을 발휘하려면 이런 필요성은 더욱 시급하다. 그렇게 하기 위해 철학은 구체적인 것과 추상적인 것, 감각과 합리성의 조화를 이루며 "이성의 신화"를 만들어내야 한다. 이는 엘리트주의자의 이중 진리론과 대중도 깨달음을 얻을 수 있다는 급진적 계몽주의 사이의 타협을 대변한다. 민중은 진리와 이성을 공유할 수 있다. 다만 그 형식은 허구적이고, 정서적이며 비유적이어야 한다.

앞서 언급한《독일 관념주의의 가장 오래된 체계적 프로그램》은 "사람들을 이성적으로 만들기 위해 신화는 철학적이 되어야 하고, 철학자들을 감각적으로 만들기 위해 철학은 신화적이 되어야 한다"[22]고 제안한다. 위르겐 하버마스는 "예술은 새로운 신화의 형태로 공적 특성을 다시 획득해야 했다"[23]고 말한다. 또한 횔덜린은 분열된 사회가 통합되기 위해서는 시간과 공동의 신화를 가질 필요성을 주장한다. 다른 수많은 사상가와 마찬가지로 횔덜린도 이를 위한 바람직한 조건을 고급문화와 손상되지 않은 자연, 자발성과 문명화된 자아인식이 융합된 고대 그리스에서 찾는다. 프리드리히 슐레겔Friedrich Schlegel(독일의 시인, 평론가, 학자. 초기 예나 낭만주의의 대표자 중 하나─옮긴이)은《신화에 대한 담론Rede über die Mythologie》에서 현재로서는 그의 나라에 신화가 없지만 하나를 곧 얻게 될 것이라고 말한다. 그로부터 1세기 후 슐레겔이 특별히 좋아하지는 않을 종류이기는 하지만 독일은 사실상 완전히 성숙한 신화를 만들어낸다.

이때 신화는 민중과 지식인을 합치는 단일 프로젝트로서 새로운 형태의 종교 역할을 한다. 이런 점에서는 철학과 신화의 결합은 일종의 계급 협력이다. 두 가지를 섞는 것은 관념에 이미지와 우화의 힘을 부여해 이성을 일반 대중의 영역 안으로 불러들이는 것이다. 예술과 신화는 (슐라이어마허가 지적하듯) 언어 그 자체가 그런 것처럼 가지적可知的인 것과 감각적인 것 사이의 대립을 해체한다. 수많은 독일 낭만주의자들이 스피노자를 우상화했다면 그 이유는 많은 부분 스피노자의 사상이 정확하게 이 방식으로 사고와 감각을 조화시켰다고 보기 때문이다.[24] 엄격히 인습 타파적인 칸트조차 이해는 생산적 상상에 의존한다는 입장을 밝혔다.

이성적 신학을 거부해 키르케고르에게 깊은 인상을 준 철학자 요한 게오르크 하만은 "풍요로운 인간의 지식과 행복은 이미지에 있다"고 말한다.[25] 하만은 시적 뮤즈는 "부자연스러운 추상성 사용을 자연스럽게 감각을 사용하도록 정화할 것이다. 그로 인해 사물에 대해 우리가 갖는 개념은 창조자가 억압받고 신성 모독을 당하는 것처럼 불구가 된다"[26]고 주장한다. 이런 활기 잃은 개념은 하만의 열렬한 문어체가 실행하고 제안하는 몸의 생명으로 되돌아가야 한다. 그리고 산만함은 마법처럼 직관적으로 변해야 한다. 셸링이 수많은 그의 동료와 마찬가지로 우화를 경멸적인 어조로 기술한다면 그것은 다른 무엇보다 많은 숭배를 받는 상징과는 달리 우화적 기표는 가지적인 것과 감각적인 것의 사이가 틀어지게 만들기 때문이다. 감각적이지 않은 관념은 몇 가지 관점에서 모욕적인데 무엇보다 특히 대중에게 호의적이지 않은 것으로 여겨지기 때문이다. 사람들은 계몽주의가 미신으로 일축한 열망과 신호를 볼 것이다. 그에 따라 선함과 진실이 아름다움으로 번역될 것이고 그래서 철학과 대중이 화합하게 될 것이다. "아름다움이 진실이고 진실이 아름다움"이라는 키츠 John Keats의 말은 이성과 감각의 결합을 축하하는 것이다. 예술의 죽음을 주장하며 헤겔은 근대성이 점점 무르익어감에 따라 예술 자체가 점점 더 추상적으로 변할 거라는 점이 이 프로젝트 앞에 놓인 몇 가지 장애물 중 하나가 될 거라고 예상했다.

셸링이 주장한 이성의 신화는 막스 호르크하이머와 테오도어 아도르노가 계몽주의에서 찾은 것과 같은 종류는 아니다. 호르크하이머와 아도르노에게 이성의 신화란 이성이 신화로 변해야 하는 게 아니며 지금까지 은밀하게 진행되어온 현상이라고 주장한다. 이성과 신화는 단계상 똑같은 서술이며 자연을 질서와 비슷한 무엇인가에 예속시키려는 시도의 변주다.

호르크하이머와 아도르노는 다음과 같이 말한다. "신화가 이미 계몽주의를 수반했듯 모든 단계에서 계몽주의는 스스로를 신화와 더욱 복잡하게 옭아맨다."[27] 《계몽의 변증법》에 의하면 신화와 이성은 자연의 지배, 분류할 수 없는 것들의 삭제, 추상적 등가의 원칙, 물질세계를 기호나 과학 공식에 포함시키는 것 등과 관련이 있다. 마르크스는 "모든 신화는 상상 속에서 자연의 힘을 극복하고, 지배하며 형성한다"[28]고 말한다. 몇몇 비평가들에게 추상적 이성주의는 단순히 자연세계에 대한 꼼꼼하고 강박에 가까운 분류로 클로드 레비스트로스Claude Levi-Strauss(프랑스의 인류학자로, 인간의 사회와 문화를 이해하는 방법으로서 구조주의를 개척하고 문화상대주의를 발전시킴―옮긴이)의 《야생의 사고Pensée Sauvage》보다 좀더 세련된 버전일 뿐이다.

외형만 조금 달리해 매번 유사한 것이 귀환하므로 이 신비주의적 혹은 합리주의적 인간의 시간은 둘로 접힌 것처럼 보여 진정 예측할 수 없는 일은, 일어나지 않는다. 신화는 순환적이고 이성은 어디에서나 동일한 세상을 밝히므로 발생하는 모든 것은 이미 일정한 형식으로 발생했다. 신화가 운명으로 받아들이는 것을 과학적 합리주의는 자연법의 필연성으로 알고 있다. 이 두 가지 형태의 인지 방식 중 그 인지 방식을 작동하게 만든 조건을 파악하면서 거꾸로 커브를 그려 스스로에게 돌아갈 수 있는 것은 없다. 그리고 계몽주의의 지식이 부분적으로 권력의 도구인 것처럼 신화에 대해서도 같은 주장이 제기될 수 있다. 전반적으로 이 두 가지 형식은 비평의 조건인 지식과 권력의 단절을 거부한다. 그래서 계몽주의는 "결코 탈출할 수 없었던 신화로 회귀한다"[29]. 상품의 물신성이 이런 원시적 마법의 한 종류다. 미신과 우상 숭배가 냉철한 이성의 시대에 살아남을 수 있던 여러 가지 방법 중 하나가 바로 이것이다.

2 관념주의자

* * *

계몽주의의 이성은 신화 속으로 스며들어갔지만, 신화가 이성의 대의에 협력하게 만들 수도 있었다. 예를 들어 기독교와 이교도 신화의 관련성을 강조하는 것은 에둘러 기독교를 불신하게 만드는 방법이 될 수 있다. 그러나 셸링과 그의 동료들에게 핵심은 몇몇 계몽주의 옹호자들이 시도했듯 신화는 환상이라는 것을 들추어내는 게 아니라 이성적인 목적에 맞게 이용하는 것이었다. 일반 대중에게 널리 전파된 새로운 신화는 결코 이성의 대적으로 판명되지 않았다. 오히려 신화는 이성에게 필요한 물질적 형체를 부여했다. 위협을 받은 자연과 인간의 연합은 물론 시민들 사이에 파열된 유대감은 이미지와 믿음의 공동체적 조화로 복원될 수도 있다. 소규모 집단의 관념과 공동의 의견, 고차원적 이론과 일반적 관습은 더이상 서로 으르렁거리는 사이가 아니었다. 신화는 공동의 상징적 질서 속에서 신비로움과 세속적 특성, 성직자(또는 철학자)와 평신도(또는 일반 대중)를 연합시키며 종교의 대체 양식 역할을 했다. 계몽주의의 이상을 좇으며 살아온 집단과 이미지를 믿고 살아온 민중 사이에 계몽주의가 만들어 놓은 심연을 이을 다리도 건설할 수 있을 것 같았다.

따라서 '문화'라는 용어의 두 가지 주요한 의미가 풍성하게 결합했다. '소중하게 간직되는 특정 아이콘과 통찰력'이라는 의미에서의 문화는 삶의 전체 형식이라는 의미에서의 문화 전반에 착실하게 널리 확산되었다. 시인이나 철학자는 세속의 성직자라는 지위를 부여받았고, 예술과 신화는 일련의 신성한 의식과 유사한 것으로 전환되었다. 이에 따라 개인주의로 인해 그리고 자연은 완전히 죽은 물질이라는 시들어버린 합리주의로 인해 고통받은 인간 정신도 치유되었을 수 있다. 일상의 삶이라는 좀더 유기적 이념은 칸트 사상이 갈기갈기 찢어버리는 데 일조한 인지적이고 윤리적이며 미학적인 영역을 재결합한 것으로 진화했다.

대중 신화가 철학의 위업에 의해 실존할 수 있게 된다는 것은 역설적이게도 합리주의자들의 추정이다. 마치 필요에 따라 꿈을 꿀 수 있다고 상상하는 것과 같다. 연민이 서려 있기는 하지만 셸링은 좀더 현실적으로 "보편적으로 유효한 형태로 신화를 우리에게 되돌려주게끔 하기 위해 역사의 시중을 든다"[30]고 말한다. 다른 모든 것과 마찬가지로 신화도 그것만의 물질적 조건을 가진다. 마르크스가 신화적 사고를 자연에 질서를 부여하고자 하는 초기 시도로 본다면, 현대적 기술을 이용해 그런 지배력을 습득할 경우 신화적 사고는 사라져버리는 경향이 있다는 점을 지적한다. 마르크스는 "그리스식 상상력, 나아가 그리스 신화의 근저를 이루는 자연과 사회적 관계에 대한 견해가 자동 기계, 철도, 기관차 그리고 전신과 함께하는 일이 과연 가능한가? 불카누스 대 로버츠 회사Roberts and Co., 주피터와 피뢰침 그리고 헤르메스 대 크레디트 모빌리에Credit Mobilier—the Union Pacicfic Railroad(건설을 위하여 1863년에 설립된 회사—옮긴이)라는 식으로 대립할 가능성이 있단 말인가?"[31]라는 유명한 질문을 던진다. 나치 치하 독일에서 신화를 위한 역사적 조건은 복수와 함께 나타났다. 만약 어디에선가 신화의 폐허가 발견된다면 그곳은 아마 제3제국의 잔해일 것이다. 발터 베냐민은 신화는 마지막 거지만큼 오랫동안 살아남을 것이라고 선언했다. 어떤 경우든 자기반성을 추구하는 철학이 어떻게 일반적으로는 자기인식적이지 않은 상징 양식으로 스스로 변화하겠는가? 문학 비평가 프랑크 커모트Frank Kermode가 주장했듯 신화는 그 자신이 거짓이라는 사실을 망각한 허구 아닌가?[32]

그럼에도 불구하고 사회적 존재의 상징적 차원을 재활시킬 필요가 있었다. 앞서 살펴봤지만 산업 시대 중간 계급이 가장 부끄러워한 것 중 하나는 타고난 사고방식(합리주의, 실용주의, 세속주의, 물질주의, 공리주의 등등)이 그들의 사회 재생산에 필요한 상징적 근원을 약화시키는 경향이 있다는 점이다.[33] 그렇게 활기 없고 평범한 곳에서 의식을 고양하는 세계관이 생성되기는 어렵다. 자유주의와 공리주의는 상징적 형태처럼 잘해내지 못한다. 게다가 개인주의의 교의는 분열을 초래하며 그렇기 때문에 기업 정체성이라는 개념에는 비우호적이다. 그에 따라 산업 자본주의는 고유의 '유기적' 이념을 생산하기 어렵다는 것을 알고 다른 곳에서 수입한 것에 의지해야 한다. 콜리지Samuel Taylor Coleridge가 주장한 학자가 지배하는 시골, 토머스 칼라일Thomas Carlyle의 봉건 시대 잉글랜드 그리고 콩트Auguste Comte와 생시몽Henri de Saint—Simon의 세속화된 종교가 바로 이 논점에 해당되는 사례다. 제러미 벤담의 상상력 결핍을 약간의 콜리지식 이상주의로 보충하려 시도한 존 스튜어트 밀의 노력도 같은 맥락이다.[34] 기이한 시간 왜곡 현상 속에서 냉정한 시장 사회는 젊고 멋진 귀족 지도자들과 가부장주의적인 중세 수도원장을 낭만적으로 꿈꾼다.[35] 현재의 단조로운 산문은 과거로부터 시를 만들어내라고 강요당한다. 《루이 보나파르트의 브뤼메르 18일Der achtzehnte Brumaire des Louis Bonaparte》에서 이런 역사적 접목과 재활용을 거부한 마르크스와 대비해서 주목해볼 만한 가치가 있다.

산업 자본주의 질서는 사람들의 마음과 정신을 사로잡을 선견

지명을 내놓기가 쉽지 않다. 산업 자본주의 세계관에는 결핍된 정서적이고 상징적인 특성을 채워 넣으려면 믿음, 충성, 존경, 유기적 연대, 초월적 진리, 형이상학적 제재, 위계질서 등 좀더 전통적인 가치가 혼합된 것이 필요하다. 에드먼드 버크와 토머스 칼라일, 어거스터스 퓨진Augustus Pugin(빅토리아 시대 영국의 건축가. 새로운 교회 유형에 대한 이론 연구, 집필, 작품 활동 등에서 중요한 족적을 남겼다―옮긴이)과 존 러스킨까지 영국의 급진적 낭만주의 인사들은 다른 무엇보다 이 작업을 해내기 위한 역할을 한다. 이들의 후계자 중 20세기에 가장 유명한 인물 중 하나가 D. H. 로런스David Herbert Lawrence다. 사회적 삶이 더욱 합리적으로 될수록 전략은 필수적인 것이 된다. 그러나 같은 이유에서 그 전략이 타당해 보이지 않는 경향이 나타난다. 섬유 제조업자는 일반적으로 설득력 있는 서사시의 영웅으로 만들어지지 않고 산업의 도시 맨체스터가 중세 수도원으로 재구성되기는 어렵다. 문제의 근본을 살펴보면 원인은 자본주의 체제의 경제적 삶은 이전 생산 양식보다 경제 외적 가치에 덜 의존한다는 사실에 있다. 어떤 사람이 강철에 망치질을 할 때는 신, 명예, 조국 또는 가부장적 주인을 위해 그 일을 하는 것이 아니다. 경제 활동은 내재된 영적 목적 없이 이루어지기 때문에 의미는 다른 곳에서 가져와야 한다. 그런데 그 연결 지점이 꼴사나울 정도로 선명하게 드러난다.

이런 상황의 모순은 분명하다. 자발적으로 종교를 세속적으로 다룸으로써 종교를 불명예스럽게 만든 바로 그 체계가 종교가 제공하는 상징적 통합을 절실하게 필요로 하는 것이다. 전통적인 믿음이 더이상 그런 통합을 이뤄낼 수 없다면 신화에서 시작해 인도교, 헬레니즘을 지향하는 문화, 하이 빅토리아 시대high Victorian(빅토리아 여왕 통치기 중 처음 40년의 기간―옮긴이)의 중세적 문화, F. H. 브래들리F. H. Bradley(영국의 관념론 철학자―옮긴이)의 신헤겔주의 또는 뒤르켐의 실체화된 사회까지 무엇이든 새로운 형태의 믿음이 만들어져야 한다. 아마도 당신은 니체식의 종교적 믿음을 버리고, 포이어바흐나 생시몽 방식 또는 실증주의에 입각해 종교에 신화성을 없앤 다음, 마르크스 스타일로 믿음을 탄생시키도록 조건을 완전히 바꿔놓으려 노력할 수 있다. 또는 F. D. 모리스F. D. Maurice(영국의 신학자이자 종교 저술가―옮긴이)처럼 지배 이념보다는 사회 비평으로 취급할 수 있고, 키르케고르처럼 급진적 개신교 회의주의로 모든 사회적 합의 개념을 받아들일 수도 있다. 그러나 고전적 형태의 종교는 급속하게 입지를 잃어가고 있는 반면 다양한 종교의 섭정과 대역은 대부분 오로지 소수만을 위한 것이고, 너무 이성적이라는 점 또는 신임을 얻기에는 너무 믿기 어렵다는 것을 느끼지 못할 수가 없다. 로마 교황에게 등을 돌린 사람들이 이제 파리에 있는 인류의 대제사장인 오귀스트 콩트에게 몰려갈 것 같지는 않다.

　　신화에 의존하는 일을 바로잡겠다는 것은 중간 계급 사회의 상징이 결핍되었다는 의미다.[36] 이에 대해 요한 고트프리트 헤르더는 다양한 인간의 문제를 다루는 데 있어 "인간 이성이라는 단 하나의 원칙이 작동[37]한다는 계몽주의적 신념을 가졌음에도 계몽은 언제나 이해의 문제가 될 수 있다는 합리주의자들의 오해를 맹비난한다. 계몽주의는 사회 행위의 원동력, 즉 평범한 사람들의 경건성과 애정을 건드려야 한다. 헤르더에게 이성은 낭비다 싶을 정도로 다양한 문화적 형태에서 불변의 목적을 깨닫는 역사적 기능이다. 이성이 효과적임을 증명하려면 감각의 삶 속에 곧은 뿌리를 담가야 한다. 심지어 헤르더는 자신의 위대한 멘토, 칸트를 문제 삼으면서 일종의 유물론에 의지하기까지 했다. 그는 칸트 철학은 언어를 한쪽으로 제쳐놓는 (언어에 있어 헤르더는 최초의 탁월한 근대 이론가 중 한 명이다)다는 점을 지적하면서 칸트의 시간과 공간의 범주는 언어와 육체에 의존한다고 주장했다. 이 맥락에서 데이비드 흄은 철학이 신에 대해 타당한 설명을 하려면, "감각과 상상력에 영향을 미칠 방법을 찾아야 한다"[38]고 말한다.

헤르더는 계몽주의가 대중의 경험을 경멸함으로써 일반 대중을 그들 문화의 근원으로부터 소외시켰다고 주장한다.[39] 이런 쟁점을 견지하며 헤르더 자신도 바이마르 고전주의에서 민속 예술로 전향한다. 계몽주의자들은 가증스럽게 군주와 폭군들을 지지하여 '민중을 일깨운다'는 그들의 사명을 배반했고, 혐오스러운 엘리트주의를 더욱 악화시켰다. 그렇게 하지 않을 때는 비겁하게 후퇴해 지적 영역으로 숨어버렸다. 헤르더는 계몽주의가 식민지 압제를 정당화하는 역할을 했고 그 과정 중에 계몽주의 자체가 반시反詩적 권력임을 증명하며 가장 진실된 시가 샘솟는 원천인 민중을 억압했다고 비난한다. 바이마르 고전주의는 일반 대중과는 분리된 채 냉담하며 순수주의적이다. 또한 외국 문화에 대해서도 차가울 정도로 무심하다. 문학은 좀더 저속하면서도 참여적이 되어야 한다. 역사는 정치가의 작업이 아니라 시인, 예언자, 선구자의 과업이다. 국가가 아닌 국민의 이야기다.

문화 연구의 선구자이며 비서구 세계 문명의 열렬한 옹호자로서 헤르더는 문화에 대해 민속학, 국민 문학 그리고 대중의 풍속 등을 아우르는 좀더 일반적인 개념을 요구한다. 이런 면에서 그는 독일 낭만주의 소설가 루트비히 티크Ludwig Tieck와 견해를 같이한다. 티크는 민속학에 깊은 관심을 가지고 있었으며 자신의 소설에 대중문화를 많이 반영했다.[40] 후일 마르크스와 엥겔스처럼 헤르더 또한 놀랍게도 근대적인 환경정치를 예시한다. 그는 이렇게 선언한다. "인간의 예술이 폭군의 힘을 이용해 외국의 숲과 경작하는 토지를 없애버려 또다른 유럽으로 개조할 수 있다고 상상하게 내버려두지 말라."[41] 우리는 이런 정서를 가진 작가 자신이 계몽주의의 사도이자 자유로운 평등주의 보편주의자로서 이성의 복음, 진보, 완전성 그리고 인간성에 내재된 선함을 설파한다는 점을 상기해야 한다. 모든 비평 중 가장 극렬하게 계몽주의에 반대하는 가시 돋은 말이 외부가 아닌 계몽주의 내부에서 튀어나왔다.[42] 문화 다원주의와 인간의 문제에서 언어의 주요 역할을 옹호하는 순수 이성의 비판자 헤르더는 열렬한 신비주의에 빠졌다는 점을 빼고는 몇 가지 측면에서 하만보다 더 계몽된 사상가다.[43]

피히테도 전문 철학자가 아닌 독자들을 겨냥해 쓴 《인간의 사명 Die Bestimmung des Menschen》 서문에서 이와 비슷한 통속적인 견해를 밝힌다. 그는 "적어도 책을 아는 모든 독자들이 이해할 수 있는"[44] 작업을 목표로 했다고 말한다. 피히테의 다른 작품들은 영어 이외의 언어를 모국어로 사용하는 전문 철학자도 이해하기가 쉽지 않다. 그래도 셸링의 《선험적 관념론의 체계》만큼 난해하지는 않다. 피히테의 《지식의 과학》의 첫 번째 문장은 일반 대중을 위한 책이 아니라는 경고로 시작하는데, 몇 페이지만 간략하게 훑어봐도 그것이 불필요한 말이라는 것을 알게 된다. 몇몇 사상가들은 내용으로 일반인들에게 호소하려 하지만 작품의 형식 때문에 오히려 사람들을 쫓아버리는 상황을 만들어버렸다. 계몽주의가 성직 계층에 반대해 내놓는 비판의 경우는 대개 일반 대중을 겨냥한 것이 아니었지만 오히려 그것이 일반인들을 위해 썼다는 수많은 관념주의자 또는 낭만주의자들의 작품보다 철학자가 아닌 계층에 다가가기 쉽다는 사실을 증명할 수 있다.

새로운 신화 개념은 헤르더, 셸링 그리고 그들의 동료에게서 프리드리히 니체에게로, 니체에서 다시 조르주 소렐Georges Sorel(프랑스의 사회사상가. 노동조합주의 이론인 생디칼리슴 운동 이론을 구축함―옮긴이), 모더니즘과 파시즘으로 내려온다. 그러나 논란은 여전했다. 후대에 죄르지 루카치György Lukács(헝가리 태생의 마르크스주의 철학자이자 문학 비평가―옮긴이)가 헤겔을 두고 신화를 만들어내는 사람이라고 낙인을 찍기는 했지만 성숙기의 헤겔은 이성의 신화를 열렬하게 옹호하지 않았다. 루카치에 의하면 헤겔에게 이성은 "역사적 과정으로서의 현실을 구체적으로 이해하기 위한 실패의 신화로의 투사投射"[45]였다. 그러나 헤겔은 시가 철학을 대신할 운명이라고 생각한 몇몇 낭만주의자들의 의견에 반대했다. 그는《정신현상학》에서 경멸조로 비유적인 관념을 항상 생각하는 습관, 추상적 사고의 급습이 문제적이고 불쾌하다는 것을 아는 마음보에 대해 기술한다.[46] 이성은 그런 합성된 창작물에 의해 모욕을 당하고, 헤겔은 이것을 물고기도 새도 아니고, 시도 철학도 아니라고 거부한다. 페리 앤더슨Perry Anderson(영국 출신의 역사학자이자 마르크스주의자―옮긴이)은 헤겔의 작업에는 문화에 대한 진정한 개념이 없으며 문화라는 용어도 나오지 않는다는 점을 지적한다.[47] 사회적 현실은 하나의 이미지에 담아내기에는 너무 복잡하고 자기인식적이 되어버렸다. 그래서 인식 방법으로서의 예술이 현재 가장 중요한 자리를 철학에게 양보해야 하는 것이다. 진리는 감각을 타파해야 한다. 고대 그리스의 경우 예술이 사회적 현실을 이미지로 담아낼 수 있었는데 그 이유는 고대 그리스인의 세계에는 근대성의 이론적 자기의식이 결핍되어 있기 때문이다. 헤겔에게 예술은 전적으로 무의식적인 문제였다. 고대 그리스 같은 조건에서 예술가는 전체 문화의 세계관을 분명하게 표현할 수 있었다. 그러나 이제 예술 작업은 예술 자체를 넘어서는 공감을 거의 일으키지 못하고 있다. 상황이 이렇다는 것은 예술은 해방되었고 동시에 스스로 가장 필수적인 부분을 없애버렸다는 의미다. 예술은 특정 내용에 국한되는 특성 때문에 제한되고 그래서 그 시대의 (전능한 신처럼 숭고하게 표현될 수 없게 되어 이제는 오직 그 개념만이 우리에게 생산적이기를 바라게 된) 전체성의 이미지를 제공하지 못하고 있다. 데이비드 로버츠 David Roberts(멜번 모나시대학 독일 연구학 명예 교수—옮긴이)는 "지금 예술은 오로지 이론에서만 스스로 완전히 이해되고 정당화된다"고 말한다.[48]

헤겔은 예술의 죽음을 알리는 종이 울렸다고 생각했지만 부분적으로 그 이유 때문에 예술이 계속해서 존재할 것이라는 걸 알지 못했다. 근대성이 맹렬히 뛰어든 바로 그 위기 속에서 예술은 엄청나게 새로운 생명을 빌렸다. 낭만주의가 상징주의로 대체되고, 상징주의는 탐미주의, 탐미주의는 모더니즘으로 다시 모더니즘은 포스트모더니즘으로 대체되면서 문제가 있는 것처럼 보이면 보일수록 예술은 거의 상상할 수 없는 존재의 수수께끼에 맞서 얻은 신선한 자원을 더욱더 많이 수확해낼 수 있었다. 궁극적으로 불가지론의 시대에 예술이 단독적으로 종교의 대역을 하라는 요구에 응해 새로운 역할을 찾게 될 거라고는 헤겔도 알지 못했다.

　　우상 숭배를 엄격하게 금지해야 한다는 주장으로 유명한 칸트는 도덕률 자체가 모든 감각적 우상보다 숭고하게 우월하다고 간주한다. 우리는 "이미지와 유치한 기구"의 매력 때문에 도덕률의 지배에 복종하지는 않는다. 순응은 전혀 미덕이 아니다. 확실히 칸트는 이런 입장의 위험성을 인식한다. 《판단력 비판》에서 칸트는 이런 질문을 던진다. 도덕적 진리가 감각에게 권할 만한 모든 것을 박탈당한다면, 도덕적 진실은 과연 진정 동기부여적인 감정보다 "차갑고 생기 없는 승인" 이상의 것을 불러일으킬 수 있을까? 사실 그렇다고 칸트는 대답한다. 더이상 그 어떤 것도 "감각과 눈을 맞추지 않을 때" 도덕이라는 개념은 우리가 물질 매체에 의해 영향을 받는 것과 마찬가지로 우리에게 그 자신을 지속적으로 강요하기 때문이다. 숭고함이 최소한 아름다움만큼 우리를 움직이지 못하게 하지 않는가?[49]

　　기독교도로서 칸트는 도저히 말로 표현할 수 없는 이미지, 다시 말해 매도당한 정치범의 고문받은 몸을 보면 바로 알 수 있는 이미지에 설득력이 있다는 점을 반영하려 했던 것 같다. 모세의 율법이 금지한 것은 인간의 이미지가 아닌 우상과 물화였다. 인간의 형상을 따서 만들어진 야훼의 상이 없다면 그 이유는 야훼의 진정한 모습은 인간성 그 자체, 그리고 특정한 하나의 인간 개인이기 때문이다. 말로 표현할 수 없지만 식별할 수 있는 이미지는 일반적으로 상징으로 알려져 있는데, 상징은 신학이 수치스러워하는 또 하나의 측면이다.[50] 매우 하찮은 물질이 어떻게 무한성을 갖춘 물질이 되는지를 말하는 모델은 예수라고 알려진 육신이 어찌해서 육화된 하느님의 아들인지를 설명하는 것이다. 프리드리히 실러는 "오감을 만족시키는 감각적 표현은 어떤 면에서는 풍부하다. (…) 그러나 다른 면에서 보면 제한되고 부족하다. 왜냐하면 감각적 표현은 스스로를 오로지 전체 영역으로 이해되어야 하는 하나의 개인, 하나의 사례에 국한시키기 때문이다. 따라서 감각적 표현은 상상력이 우세하다고 인정하는 것과 똑같은 비율로 이해의 폭을 줄여버린다 (…)"[51] 라고 말했다. 바로 이것이 딜레마의 핵심이다. 근대 사회에서 이해와 상상은 서로 다른 영역에서 활동할 가능성이 높다. 우리가 지적으로 파악할 수 있는 것을 반드시 구체적으로 표현하지 못할 수 있는데, 이유는 그 활동이 복잡하고 미묘하기 때문이다. 사회적 존재가 점점 더 추상적으로 되어갈수록 한때 조화롭게 어울리던 인간의 능력이 서로를 점점 더 심하게 틀어지게 만든다. 그러나 점점 더 추상적인 상태로 변하는 사회적 삶도 그 자신의 소외되고 분열된 특성과 밀접한 관계가 있다. 이렇게 분열 생식하는 환경 속에서 국가는 시민을 하나의 결합체로 만들어야 할 필요성을 강하게 느낀다. 여기에서 눈에 보이는 확실한 우상과 식별할 수 있는 이미지의 필요성이 함께 생긴다. 이성과 상상력이 다시 한 번 풍성하게 공존하는 것이 일단의 관념주의자와 낭만주의자들의 희망이다. 이성의 신화는 이렇게 이성과 상상력을 통합시키려는 시도다.

* * *

일상의 경험에 종교의 진리를 연관 짓기 위해 종교는 언제나 이미지, 의식 그리고 이야기를 활용했다. 그리고 이제 이성도 새로운 신화 또는 18세기 중반 독일에서 탄생한 미학이라는 이름의 새롭고 흥미로운 담론을 이용해 종교와 똑같은 작업을 해야만 했다. 프리드리히 실러의《인간을 위한 미학 교육에 대해》에 이 미학 프로젝트의 개요가 실려 있는데, 칸트가 주장한 준엄한 개신교 우상 파괴주의의 유령이 어렴풋이 감지된다. 실러는 분명 칸트와 비슷한 부류지만 실러의 위대한 논문에 영감을 준 것은 칸트의 도덕론이 효과적인 사회적 이념으로 실행될 수 없다는 두려움이었다. 칸트의 이성은 감각의 삶에 관점에서 보면 너무도 초연하고, 일상의 삶에 뿌리 내리고 있는 육체와 심하게 불화한다. 이성은 그것의 지배를 받는 이들의 필요와 본성을 무시하는 프로이트의 초자아적 가학성과 비슷한 점을 가지고 있다. 실러가 볼 때 이성의 기능은 일종의 배신자처럼 감각의 영역으로 침투해 들어갈 필요가 있다. 그 내부에서 그것을 완화하고 개선해 자발적으로 도덕률의 법령을 받아들이도록 만들기 위해서다. 즉 이성은 더이상 편집증적인 절대 군주처럼 행동하지 말아야 하며 대중이 선한 마음의 태세를 갖추고 이성의 법령을 따를 거라는 믿음도 접어야 한다. 이성이 감각의 삶에 손을 뻗을 때 신화를 옹호한 이들처럼 실러는 철학과 사람들 사이의 틈을 어떻게 메울지 염려한다. 두 가지 프로젝트 모두 야누스같이 두 얼굴을 가진 종교의 특성을 재발명해내려 노력하는데, 이는 한편으로는 숭고한 진리를 찾고 또다른 한편으로는 일상에 존재하기를 추구하는 것이다.

　이성과 감각을 연결하는 것이 미학의 역할이다. 미학의 개념은 처음에는 예술과 전혀 관련이 없었다. 단어의 어원이 암시하듯 미학은 감각과 인식에 관한 것이다. 근대적 의미에서 미학은 계몽주의의 심장에서 태어난 과학이다. 미학은 일종의 보철물 또는 이성의 비천한 하녀로, 감각의 삶이 이성의 지배를 받게 하고 무질서한 영역을 줄여 일정한 논리를 이끌어내는 일을 한다.[52] 그러므로 미학은 낭만주의가 시도했던 계몽주의의 변환이 아닌 계몽주의 합리성의 확장이다. 이와 같은 작업이 없다면 인간은 신하들을 살아 있고, 느끼고, 욕망하는 피조물로 만드는 일이라면 뭐든지 맹목적으로 하는 군주와 같은 형태의 이성을 원하는 위험을 자초하게 된다.

이성은 강압적이기보다 패권적으로 되므로(실러는 귓전을 때리는 프랑스 혁명의 공포스러운 소리를 들으며 이 글을 쓰고 있다) 반드시 아름다움 그리고 쾌락과 결합하여 심미적이 되어야 하고 그래서 의무와 성향이 하나가 되어야 한다. 헤게모니적 권력은 정치와 미학을 융합한다. 사상의 주제가 헤게모니로 시작해 헤게모니로 끝난 에드먼드 버크도 똑같은 입장을 표방한다.[53] 시민들은 자신이 애정을 느끼지 않는 도덕률이나 정치법에는 잘 복종하지 않는다. 에세이《은혜와 존엄성에 대해》를 통해 실러는 도덕적 아름다움은 은혜로움의 문제로 우리는 그에 따라 도덕률에 순응한다고 주장한다.[54] 프로이트식 어법으로 할 때 요점은 법의 칙령을 무의식적으로 받아들여 그것이 자발적 성향이 되게 하는 것이다. 우리의 정신뿐만 아니라 육체에게도 그 법이 작용해야 한다. 이성은 시민이 자기욕망의 독재자에게 순종하는 것일 뿐이라고 느끼게 하는 방식을 이용해 엄격히 군주적 법률로 지배하기보다는 이성이 억누르는 감각과 공조를 이뤄 통치해야 한다. 이성은 개념의 폭정이 아닌 계몽된 절대주의가 되어야 한다. 그에 따라 미학적 특질은 예비적 또는 중재적 역할을 하며 감각의 원재료가 영원히 이성의 지배를 받도록 제련하고 다듬는다. 그렇지 않으면 창조물이 변질되어 우리의 욕망 속으로 가라앉듯 우리는 도덕률의 명령을 불쾌할 정도로 자의적이고 절대주의적이라고 경험해 따르지 않게 되기 쉽다. 자연의 조건에서 감각은 폭도와 공통점이

많은데 실러는 이를 "무법 상태의 상스러운 본능으로, 시민 질서의 유대감이 느슨해질 때 촉발되어 억제할 수 없는 분노로 동물적 만족을 재촉한다"[55]고 말한다. 이것은 플라톤만큼이나 오래된 비유다. 하층민들은 이성이 이미 선함으로 기울어진 그들의 본능을 다룰 때만 이성의 말을 들을 것이다. 말하자면 실러가 보기에 이 점에서 가톨릭은 부패로 인해 완전히 타락하지 않는 인간에게 있는 구원의 능력을 믿으므로, 신교보다는 가톨릭에 희망을 걸었다. 그리고 신성함 또는 미학의 은혜는 바로 그 지점을 거점으로 삼을 수 있다.

따라서 실러의 위대한 이 글은 정치적 비유다. 이 글에서 이성과 감각의 관계는 지배 계급과 민중의 관계에 대한 견해와 별다른 점이 없다. 사실 실러는 한편에는 이성과 자연의 일치 관계를 또다른 한 편으로는 국가와 사회의 관계를 이끌어내면서 자기주장의 정당성을 밝히고 있다. 이성은 인간 본성의 본질을 고려하며 작업해야 한다. 그래서 통합을 위한 요구 조건이 절대적인 국가는 "국가의 재료가 되는 백성과 신하의 특성"을 존중하고 동시에 백성과 신하의 다양성을 저해하지 않으면서 그들이 화합하게 만들어야 한다. 우리가 보았듯 미학적 특질이란 일종의 자유주의적 절대주의의 암호다. 그러나 예술 작품 자체는 공화적 특성에 더 가깝다. 사실 이상적인 공화국은 일종의 엄연한 예술 작품으로 볼 수 있다. 예술 가공품은 일반 법칙으로 관리되지만, 이 법칙은 예술품을 구성하는 각 부분이 스스로 결정을 내릴 수 있게 허용한다. 사실 예술 가공품의 일반 법칙이란 자기 결정을 내리는 다양한 가공품의 구성체들 사이의 상호관계다. 프리드리히 슐레겔은 "시詩는 공화국 시민의 연설이다. 시는 스스로에 대한 법과 목적을 가진 연설로 그 안의 모두는 자유 시민으로서 투표

할 권리를 가진다"[56]라고 말한다.

아마 예상했겠지만 이성과 자연 사이의 관계에는 성별적 특징을 반영한 면이 있다. 이성과 자연을 꼬드겨 결혼시킬 수 있지만 그렇다고 해서 그들 사이의 불평등이 없어지지는 않는다. 이성이 감각적 존재 안에서 일종의 비밀 요원처럼 일을 해야 한다면 그 이유는 감각적 존재가 이성의 동지면서 동시에 적대자기 때문이다. 이성과 도덕률이 시민들에게 미덕의 영감을 불어넣는 곳은 이성과 도덕률이 함께 잠자리에 드는 곳이 되어야 한다. 그런데 동시에 숭고한 추상적 개념들은 이곳을 결코 전적으로 편안하게 느끼지 못한다. 그들의 진정한 고향은 영원 속에 있기 때문이다. 실러는 에세이의 어떤 한 시점에 "물질과의 모멸적인 연대감"[57]에 대해 계시적인 이야기를 한다. 실러는 관능으로서의 여성에 대항해 아름다움으로서의 여성을 이상적인 모습으로 부각시킨다. 여기에서 물질과 자연을 여성적으로 보기 위해 엄청난 상상력의 도약을 발휘해야 하는 것은 아니다. 말할 필요도 없지만 이성은 남성적이다. 그러나 에드먼드 버크가 쓴 숭고함과 아름다움에 대한 탁월한 에세이와 같이 이성은 어느 정도 퇴폐적인 성적 동반자와 은밀한 관계를 맺고 산다. 엄격하게 남성적인 법이 그 엄격성을 유화해 우리의 애정을 얻고 결국 우리를 회유해 동의하게 만들려면, 남성적 법은 여성적인 휘장을 유혹하기 위해 스스로를 꾸미는 복장 도착자(성적 쾌감을 위해 이성의 옷을 입는 것—옮긴이)가 되어야 한다. 하지만 우리는 투명한 제의祭衣를 통해 훤히 비치는 이성의 남근이 흉측하게 불룩 튀어나온 모습에 시력을 잃게 내버려둬서는 안 된다. 우리가 감각의 피조물이라는 점을 감안하면 아름다움은 아마도 필수적일 것이다. 그러나 아름다움이 숭고한 권위의 공포를 완전히 가리는 데 사용되어서는 안 된다. 버크는 숭고함의 "경직"은 필연으로 남아 있다고 말한다.

또다른 에세이에서 실러는 그가 몸 또는 담화의 문체적 관점이라고 부르는 것, 어떤 방종에 상상력이 허락될 수 있는 곳과 그것의 개념적 내용을 대비시킨다. 그리고 개념상의 기의記意를 찬탈하려는 수사적 기표記標를 향해 경고를 한다. 이러한 움직임은 여성적인 것은 너무 높은 위치에 두고 정작 여성은 언어가 전달하는 진실보다 언어의 외부만 치장하는 행위 또는 '물질'에 집착하는 존재로 남겨둔다. 남성과 여성은 기표와 기의처럼 조화롭게 어울린다. 그러나 소쉬르의 기표가 결코 맨 위에 있지 않은 것과는 달리 여성은 자신의 기호적 장소를 알고 있어야 한다.[58]

우리는 미학(또는 어떤 사람에게는 문화)이 우리에게 이상적인 정치 공화국의 형태를 제공하는 것을 봤다. 실러는 이렇게 말한다. "취향은 개인에게서 조화를 만들어내기 때문에 취향 홀로 사회를 조화롭게 만든다. (…) 모두에게 공통되는 것을 관계시키기 때문에 소통의 미적 양식은 사회를 통합한다."[59] 칸트적 양식으로 취향의 공동체는 자유, 자율성, 평등, 보편성, 청렴함, 동정 그리고 제한받지 않는 합의 중 하나다. 그렇기 때문에 모든 미미한 활동, 모든 무정부적 상태, 특권, 독재, 사리사욕과 엘리트주의에 단호히 반대하는 사회 통합 모델의 미학적 판단을 찾는 것이 가능하다. 자유나 평등에 익숙하지 않은 사회 질서에서 미학은 자유롭고 평등한 개인 집단, 일종의 공공 공간의 축소판을 구성한다. 말하자면 갱생 의지가 없는 현재의 중심에 있는, 그림자가 드리워진 천국이다. 그래서 미학의 비전은 대담하면서 동시에 부조리하다. 우리의 정치적 통합을 미학적 판단만큼 다스리기 힘들고 드문 기능에 기댄다면 상황은 매우 심각해진다.

그렇다고 해도 여기에서 미학은 전반적으로 대안적 정치를 고려한다. 실러와 그의 동료들에게서 비롯된 문화 비평Kulturkritik의 계보와 같이 일종의 비정치적 정치라고 부르는 것이 나을 것이다. 문화 혹은 미학은 신학을 대체했던 것처럼 이제는 정치의 대체자 역할을 하고 있다. 이것은 속물 근성으로 악명 높은 문명의 사상에서 미학 논리가 주된 역할을 하는 확실한 이유 중 하나다. 예술 작품을 감상하기보다는 거래하는 데 관심이 더 많은 시대에 미학은 돌연 유럽의 유명 철학자들에게 중요한 주제로 부상한다. 미학에 이런 중요성이 집중된다면 그 이유는 무엇보다도 미학이 사리사욕을 추구하는 시민 사회와 번영하는 정치 공화국 사이에 실종된 중재 역할을 대신하기 때문이다. 미학은 욕망을 사심 없는 청렴함으로 바꾸도록 교육한다. 그리고 예술 작품 자체에 대해 미학은 정치와 같은 것에 적절한 그야말로 주체성의 새로운 모델을 제공한다. 이상적인 시민처럼 미학은 자율적이고 자립하며 스스로 결정하고, 스스로 만들지 않았다면 그 어떤 법에도 순종하지 않는다.

실러는 문화를 통해 간접적으로 정치에 접근하고자 한다. 안토니오 그람시Antonio Gramsci(마르크스주의 형성에 기여한 이탈리아의 정치 이론가—옮긴이)는 노동 계층이 정치적 힘을 장악할 수 있기 전에 먼저 문화적 자본을 모아야 한다고 주장했는데 이것이 때로 오해를 산다.[60] 이와 다소 유사하게 실러의 관점에서 문화적인 것은 정치적인 것의 모체다. 만약 혁명이 퇴치된다면 문화나 미학을 소환해 민중을 교화하고 계몽해야 한다. 그러면 갑작스러운 정치적 격변보다 점진적인 정신 개조가 일어날 것이다. 예술이 반란의 자리를 차지한다.

교양은 사회의 민심 이탈에 해결책이다. 그러나 상황이 이러하다면 그 이유는 문화가 이미 반혁명적 용어로 정의되었기 때문이다. 문화는 절제와 다각성의 동의어다. 물론 진정시키기 위해 모두가 이성을 불러오려 하지 않듯 모든 사람들이 같은 용도로 문화를 이용하려 들지 않는다. 프랑스 혁명가들에게 합리성이란 장애물을 해체하기보다 내던져버리는 것을 의미했다.

그런데 여기에서 닭이 먼저냐 달걀이 먼저냐는 문제가 대두된다. 실러는 문화를 계몽된 정치의 전제 조건으로 본 것 같다. 그러나 칸트는 문화 자체는 정치적 자유에 의존적이라는 입장을 견지한다. 문화는 오로지 공화제에서만 진정 번영할 수 있다. 노발리스도 초기에는 이에 동의한다. 그리고 문화적인 것은 정치적인 것과 갈등하는 방식으로 이해되기 때문에 문화에서 정치로의 전환은 결코 간단한 문제가 아니다. 실러에게 문화는 상상할 수 있는 모든 가능성으로 가득한 영역이다. 문화는 풍부한 인간의 힘을 품는데, 그 모든 힘은 조화롭게 표현되기를 기다리고 있다. 그래서 엄밀한 의미에서 문화는 종파적 견해를 호의적으로 보지 않는 것과 마찬가지로 확정적인 목표에 국한되는 것을 좋아하지 않는다. 문화는 결정이 부재된 상황으로 나타난다. 또는 일종의 무한한 확정성의 모습으로서의 문화를 좋아하는 사람도 있다. 문화는 절대적인 자유의 환상이고, 결정되어서 (그래서 유한한) 모든 것의 해탈이 정지된 상태다. 전능한 신처럼 문화는 모든 것이자 아무것도 아닌 존재고 모든 개별자를 초월하는 모든 가능성의 기반이다. 낭만주의의 상징에 대해 니컬러스 하미Nicholas Halmi(옥스퍼드대학의 비교 문학 교수—옮긴이)는 "즉시 의미 있고 어떤 개별적 의미로 축소될 수 없어야 한다"[61]고 언급한다.

조금 더 평범하게 말하면 문화적 인간은 어떤 특정 임무에든 무한한 가능성을 불어넣고 그가 선택하는 것을 향해 손을 돌릴 수 있다. 또한 어떤 특정 프로젝트에 의존하는 동안에도 문화적 인간은 뭔가 다른 일을 쉽게 해낼 수 있고, 그 일의 모든 면면을 효율적으로 처리할 수 있다는 신호를 언제나 조용히 보내고 있는 것 같다. 일반적인 활성화의 용량 면에서 문화나 미학은 그 어떤 한정된 활동과도 반대로 보이며 정치적 기능에는 맞지 않는 것 같다. 문화나 미학에는 특정 행동 양식에 끌리는 내재적 성향은 없어 보인다. 어떤 것이든 특정 양식에 대해 편견을 가지면 무관심성disinterestedness에 해롭기 때문이다. 실러는 이렇게 말한다. "문화는 차별 없이 모두에게 호의적이다. 문화는 어떤 것이 모든 가능성의 기반이라는 단순한 이유 때문에 그것을 다른 것보다 우선시하거나 선호하지 않는다"[62] 신이 우리 모두를 똑같이 사랑하는 것처럼 문화는 우리의 모든 능력을 공평하게 사랑한다. 문화는 부당하게 특정한 것을 선호하는 성향 없이 창조 전체를 자애로운 시선으로 지켜본다. 최소한 실러가 말한 의미에서 문화가 우리로 하여금 이타주의를 갖게 하는 만큼 집단 학살을 하게 만드는 성향을 키우게 할지 의심스럽다. 그러나 핵심은 일종의 전체 우주를 잉태한 공허로서 이 특이한 현상의 자기모순적 특성이다. 모든 것을 말하지 않고는 하나도 말할 수 없는 문화는 너무도 유창해서 말문이 막힐 위험을 감수한다. 전체라는 이름의 모든 구체적인 약속의 부정이다. 여기서 전체는 무효화된 순간의 합계에 지나지 않기 때문에 순수한 공허다. 창조적으로 행동하기 위해 우리에게 필요하지만 특정 행동을 하면 거기에서 떨어져나가게 된다는 의미가 있다. 인간 능력의 무한성으로서 문화는 실현되자마자 폐허가 되는 것 같다.

여기에는 문화를 존재하게 만드는 것으로는 표현될 수 없는 가능성의 또다른 근거가 있다. 문화는 신의 세속적 이름이다.

　사회적 구원의 역할을 한다는 것이 증명될 경우 문화는 확정적 행위를 무시해야 한다. 하지만 고유의 정신적 진폭을 드러내지 않으면서 어떻게 문화는 정치적 힘이 될 수 있을까? 무관심성은 필연적으로 불완전하고 편파적인 행동으로 퇴락하는 것을 극복할 수 있을까? 문화가 이상으로서 보존되려면 실제 존재의 감염으로부터 차단되어야 한다. 오직 그래야만 문화는 그 힘을 고스란히 지킬 것이다. 그러나 정확하게 그런 현실과의 거리감이 문화의 힘을 무력화시킨다. 어떤 면에서 미학은 속물스러운 비평가들이 정확하게 주장하듯 사회적으로 쓸모가 없다. 그저 실러의 눈에만 문화는 불명예스럽지 않고 영광스러운 것이다. 그는 "아름다움은 무엇이 되었건 어떤 특정 결과를 만들어내지 않으며 이해나 의지를 만들어내지도 않는다. 지적이거나 도덕적인 이상과 같이 특정 목적을 성취하지 않는다. 문화는 개인적 진리를 발견하지 않으며, 개인적 의무를 실행하게 도와주지 않는다. 즉 문화는 사고하기를 깨우쳐주는 특성이 굳건한 기초를 제공하기에 적합하지 않다"[63]고 말한다. 그러나 분열된 환멸의 세상을 도우려면 이런 숭고한 무능함이 재빨리 움직여야 한다. 사리추구는 끈질기고 지속적으로 생기기 때문에 오직 완전히 공정한 기능만이 그것에 대적할 수 있다. 하지만 이 기능은 사리사욕을 굴복시키는 최후의 수단이다.

　이런 순환을 끊는 한 가지는 방법은 미학이 경멸하는 프로그램과 실용적 수단을 미학의 자율성 안에서 찾아내는 것이다. 그러면 아마도 인간 스스로 자율적일 미래를 맛보는 작업은 현재 예술 작품이 인식되는 것처럼 자유롭게 자기결정적 힘을 가질 것이다. 예술이 있던 곳에 인간이 있게 될 것이다. 정치 변혁의 힘으로 우리 또한 어떤 확정적인 목표를 위해서가 아니라 궁극적으로 우리 자신이 목적으로서 번영하게 될 것이다. 미학적 합리성은 가치 교환과 유용성의 영역에서 자아를 빼내며 도구적인 가치에 반대한다. 따라서 셸리Persy Bysshe Shelley, 마르크스, 모리스William Morris 그리고 와일드Oscar Wilde의 저술이 모두 증명하듯 미학의 반실용적 특성이 본질적으로 정치가 된다. 기발한 모순 속에서 오늘날 예술의 무의미함, 사회적 역기능 상태가 변화해 이상향의 징후가 될 수 있다. 사실 프리드리히 슐레겔은 예술의 장난기는 세상의 무의미한 장난을 흉내 내고 그래서 예술의 자율성 면에서 참고가 된다는 입장을 견지한다.

미학에 대한 실러의 논문에서 가장 인상적인 부분은 아마도 예술이 갖는 이상향의 특징보다 현재를 설득력 있게 비판하는 특성일 것이다. 실러는 이렇게 개탄한다. "가장 아름답고 정교하게 발전된 사회적 생활의 심장에 이기주의가 그 토대를 마련했다."[64] 그리고 고질적 갈등, 사회 분열, 기계의 승리, 심각하게 분리된 노동, 인간 능력의 성장 방해가 그 결과로 나타난다. 사회는 현 상태 그대로 문화의 폐허다. 전체의 힘이 몰락해 오로지 권력의 즐거움만을 위해 힘이 행사되고 있는데, 이는 현존하는 산업 자본주의의 결핍 상태에서 판단을 방해한다. 실러의 작업에서 이런 유익한 유산이 마르크스에게 계승된다. 마르크스의 자본주의 비평은 언제나 일정 수준에서 미학적이다. 그때 정치적으로 문화라는 개념은 한꺼번에 두 가지 길을 마주한다. 자본주의가 신흥 중간 계급에서 발생한다면, 자본주의는 그것이 가장 혐오하는 몇 가지 특징의 면밀한 비평을 제기한다. 조화롭게 균형 잡힌 힘으로 충만하며 강건하게 자기실현적인 인간 주체는 평범한 부르주아의 이상화된 버전이다. 또한 인간 폐단의 치명적인 흔적이기도 하다.

전반적인 힘의 충만함은 아마 목표로 삼기에 충분히 고결하게 들릴 수 있다. 그러나 대부분의 교화적인 관념처럼 힘의 충만은 끔찍한 필연적 결과를 가져온다. 위스망스Charles Marie Georges Huysmans(프랑스의 소설가─옮긴이)와 월터 페이터Walter Pater(영국의 비평가로 19세기 말의 데카당스적 문예 사조의 선구자─옮긴이)의 시대가 되면 힘의 충만함과 잡다한 모든 경험에 대한 개방을 구분하기가 어려워진다. 헬레니즘적인 것은 쉽게 타락해 악마적으로 바뀔 수 있다. 예술이 근친상간과 시체 애호증을 받아들여야 한다면 미학은 도덕과 전쟁을 벌이게 된다. 진리는 아름답지 않고 추악하다. 예술가가 현실 전체를 구원한다면, 자연주의 소설가건 악마적인 후기 보들레르풍의 시인이건 간에 그는 정통적 도덕의 우수성에 반대해 상상으로나마 더럽고 끈적거리는 점액과 하나가 되어 인간 존재를 거부하며 예이츠가 "시궁창의 세례"라고 부른 의식을 경험해야 한다. 오직 이 방법을 통해 예술가는 영원으로 가는 배설물을 모을 수 있게 될 것이다. 이것은 미학 버전의 십자가형이자 부활로, 시인에게 어떤 신성한 기운을 부여한다. 시인은 또한 축복과 저주를 동시에 받는 고대적 의미에서도 신성하다. 상상 속에서 감정 이입되어 사는 것은 자아를 상실하는 것이다. 자아 없이 존재하는 것은 일종의 공허로 존재하는 것이다. 그리고 공허는 위험스러울 정도로 악에 가깝다.

실러와 셸링 그리고 그들 동료의 시대에 신의 존재를 일상의 경건함과 실천 속에서 느낄 수 있는 사회 질서는 쇠미해져가고 있었다.

그러나 그것이 매일 삶 속에 있는 신의 편재성이 덜 바람직하게 느껴진다는 것을 의미하지는 않았다. 합리적 신학은 이런 목적에 맞지 않았다. 대신 신화, 예술 그리고 문화(이 중 가장 강력한 것은 문화다)가 일종의 종교의 대용품이 되고자 했다. 신화, 예술, 문화는 초월적 진리를 일반적 경험으로 전환시키는 수단이었다. 이런 현상은 문화와 종교가 가장 유사한 것으로 증명되는 경우는 아니었다. 그보다는 문화가 지배적 권력을 정당화하는 데 도움을 주고 그 권력에 저항하는 원천을 제공하기도 했다. 이렇듯 문화는 종교적 믿음의 정치적 양면성과 유사한 특성을 물려받았다. 마르크스가 종교를 인민의 아편이라고 간주한 것이 잘 알려졌듯 성직자는 부르주아의 나쁜 양심에 성수를 뿌려줬다. 덜 알려진 사실이지만, 마르크스는 종교를 인정 없는 세상의 심장으로 보기도 했다. 그런데 낭만주의를 파악하는 더 안 좋은 방법이 있다.

* * *

새뮤얼 테일러 콜리지Samuel Taylor Coleridge(영국의 시인, 비평가―옮긴이)는 "시민이 되기 위해 우리는 사람이어야 한다"[65]고 말했는데 이는 실러의 주장과 비슷하다. 효과적인 정치 기관이 되기 위해 국가는 먼저 문화적이 되어 거칠고 세련되지 못한 사회 구성원에게 예절을 교육시켜야 한다. 피히테도 이와 비슷한 주장을 한다. 피히테는 국가에서 조직한 교육 기관이 다듬어지지 않은 욕구를 가진 시민 사회의 개인이 우아함과 지성적인 문화의 영역으로 옮겨 가게 만들 거라고 주장했다. 피히테의 관점에서 자유주의 국가는 자유를 위한 외부적이고 물질적인 조건을 만들지만 문화 국가는 정신적이고 내적인 영양분을 공급한다.[66] 피히테가 보기에 문화는 점잖은 소수의 가치라기보다 탁월한 민중Volk의 삶의 방식 중 으뜸이기 때문에 대중이 문화의 사도가 될 수 있다는 점은 의심할 여지가 없다.[67]

후에 콜리지는 문화 국가에 대해 이와 비슷한 의견을 주장했다. 전국에 걸쳐 일반 대중들과 함께 생활하는 세속적인 교구 주임 목사들처럼 지식인이나 문화 위원의 인맥이 일반 대중의 도덕과 신체적 복지를 발전시킬 것이다. 문화는 교회를 표본으로 삼을 것이다. 공손함과 합법성을 널리 보급하는 임무에서 지식인은 국민 교회의 교육받은 계급으로서 "하층 계급에게 냉철함, 근면성 그리고 순종의 습관"을 소개하고, 시골 지역은 "건강하고, 손에 굳은살이 박여 있지만 쾌활하고 따뜻한 마음의 소작인들이 (…) 국가의 첫 번째 부름에 아들과 함께 선두에 서서 행진할 준비가 되도록"[68] 육성할 것이다.

콜리지는 성공회 교구 목사인 아버지에 의해 기독교 신앙적 환경에서 성장했지만 급진적인 유물론자 그룹(하틀리David Hartley, 프리스틀리Joseph Priestley, 고드윈William Godwin)에 가담했다가 다시 독일 관념론과 형이상학적 반계몽주의로 돌아섰다. 최종적으로는 토리 계열의 가톨릭 전통을 강조하는 성공회 교리에서 위안을 얻었다. 즉 콜리지는 젊어서는 혁명주의를 추구했고 이후 종교의 다양한 세속화 형태에 빠져 있다가, 마지막에 정통 종교로 귀환한 것이다. 여기에서 지적해야 할 논점은 무엇일까? 콜리지가 정통 종교로 귀환한 데는 몇 가지 이유가 있지만 그중 특히 주목할 만한 것이 한 가지 있다. 초기 산업 시대 영국에서 민중의 불만이 쏟아져 나오고 콜리지도 갑작스럽게 정치적 우파로 전향했을 때 그는 칸트나 스피노자에게서 찾을 수 있는 그 어떤 것보다 정치 권위를 향한 열의가 선명하면서도 독단적인 종교의 필요성을 느꼈다. 콜리지가 열변을 토하게 만들었던 관념론은 결국 너무 이지적이었고 그런 지적 특성을 위해 믿음을 가장한 것이 증명되었으며, 거의 전적으로 지식인에게 국한되는 것이었다. 사회적 고통이라는 주제와 관련해 콜리지에게서 편지를 받은 리버풀 경Lord Liverpool(영국의 정치가, 영국 수상을 지냄―옮긴이)은 콜리지가 "사변적인 철학을 그릇된 논리로부터 구해내 종교의 이해관계에 맞게 만들려고" 노력하고 있다고 말한다.(콜리지의 편지 수취인으로서 놀랄 것도 없이 리버풀 경이 "최소한 나는 이게 콜리지 씨가 의미하는 바라고 믿지만 그를 잘 이해할 수는 없다"라고 덧붙이기는 했다.)[69] 종교는 민중의 참여를 유도하는 방법을 알지만 독일 철학은 그 방법을 모른다.

평신도로서 한 첫 번째 설교에서 콜리지는 교육받은 계급이 회의주의, 유물론 그리고 계몽주의 사상의 불가지론에 영향을 받아 정치 지도력을 발휘해야 할 역할을 포기했다는 사실을 개탄했다. 그들이 마음 따뜻하고 굳은살 박인 손의 평범한 소작인들에게 헤겔이나 셸링의 저술을 유포해 그들의 실패한 헤게모니를 다시 회복할 가능성은 희박하다. 그보다는 대중의 믿음을 좀더 세련된 버전으로 만들어 지지하고 다시 종교에 의지해야 한다. 이런 방법으로 대중문화 속에서 사회의 위계질서가 유지될 것이다. 기독교의 중요한 미덕은 교육받은 자를 위한 것(신학)과 일반 대중을 위한 것(헌신적 실천)이 따로 있다는 점이다. 이 두 가지는 때때로 충돌하지만 교회 제도 내에서 하나로 묶인다. 이에 비해 헤겔의 《정신현상학》이나 셸링의 《선험적 관념론의 체계》를 대중에게 인기 있는 버전으로 만들어내기가 훨씬 더 힘들다.

헨리 크랩 로빈슨Henry Crabb Robinson(영국의 법률가. 일기 작가로 알려져 있다—옮긴이)은 "콜리지는 교양 있고 합리적인 철학자이자 형이상학자가 되기를 바란다. 그러면서 동시에 종교를 믿는 사람들에게 적응한다"[70]고 평했다. 이런 평은 문제의 딜레마를 깔끔하게 요약한다. 결국 대중적 믿음과 난해한 철학은 서로 양립할 수 없는 것으로 증명되었고 콜리지는 어린 시절 믿었던 성공회주의로 돌아갔다. 이렇게 회심을 한 데는 몇 가지 이유가 있었지만 그중에서도 정치적 이유가 가장 컸다. 관념론자들과 어울리는 모험을 하면서 콜리지는 자신의 산문을 위한 중요한 개념을 구상해냈고 시를 위한 풍부한 재료도 얻었다. 그러나 믿음의 문제에 대해서만큼은 콜리지는 자신이 원래 있던 곳에 머무는 것이 낫다고 생각한 것 같다.

실러, 피히테 그리고 콜리지에게 국가의 임무는 인간을 윤리적으로 육성하는 것이었다. 이 프로젝트에서 문화 또는 교양은 시민 사회의 다듬어지지 않은 욕구를 가진 피조물과 교화되고 절제하는, 우아하게 지성적인 시민을 중재한다. 시민 사회에서 개인은 서로 만성적인 반목 상태에서 살지만 이와 대조적으로 국가는 초월적 영역으로 그 안에서는 반목과 분열이 조화롭게 화해한다. 문화는 각자의 가슴에 묻혀 있는 집단적 자아를 자유롭게 풀어줌으로써 우리를 정치적 시민으로 육성하는 윤리적 교육 방법이다. 이런 이상적 자아는 국가의 보편적 영역에서 우수한 표현을 찾아낸다. 문화는 종파적 자아로부터 우리가 공유하는 인류애를 되찾아 감각으로부터 정신을 구출하고 갈등으로부터 화합을 지켜내며 임시적 상태에서 불변의 상태를 뽑아낸다. 그에 따라 국가와 사회 사이의 틈(평균적인 부르주아 시민이 자신을 표현하는 방법과 진짜 그의 모습 사이의 틈)이 메워진다.

프리드리히 슐레겔은 "모든 정치가와 관리자를 예술가로 승격"시키는 일, 문화 국가를 맹렬히 믿었다.[71] 데이비드 로이드David Lloyd와 폴 토머스Paul Thomas(버클리대학 정치 과학 교수—옮긴이)는 "문화와 국가는 분열을 초월해야 한다"[72]고 지적한다. 문화와 국가는 시민들이 공유하는 인간성에 의해 간단하게 모일 수 있는 토대적 기반을 형성하기 위해 출생, 계층, 성별, 지위, 재산, 특권 등의 차이를 옆으로 밀어두고 스스로를 매우 공정한 기관으로 상정한다. 국가 자체는 이런 공통체적 특징과는 약간 거리가 먼 이미지라면 예술과 국가 문화는 이 공동체적 특징을 절실하고 생생하게 체험하게 한다. 공동체가 품는 모든 정치적 환상에 대해 너그러운 마음을 품는 비전이다.

　무관심성은 반드시 견고한 물질적 토대를 요구한다. 수많은 시민 인본주의자들처럼 섀프츠베리는 편견과 당파성으로부터 벗어나기 위해서는 정치적 판단을 흐리기 쉬운 탐욕, 욕구, 시기, 소유 그리고 뇌물에 매수되는 성향으로부터 자유로워야 한다고 믿었다. 정치적 국가는 고질적인 이기주의를 극복하고 공동의 선에 대해 사심 없는 견해를 가진 시민을 필요로 한다. 무엇보다 시민은 자신의 이익을 위해 공적 사무를 왜곡하지 않을 만큼 충분히 부유해야 한다는 의미다. 진리를 알기 위해서는 부유해야 할 필요가 있다. 아이러니하게도 무관심성은 재산에 토대를 두는데 재산은 결과적으로 사리추구의 과실이다. 세상의 재화를 합리적인 정도로 소유하고 있어야만 분별력 있게 세상과 적당한 거리를 둘 수 있다. 미학은 스스로가 소유, 욕구 그리고 특권의 세계와 멀리 떨어져 있다고 볼 수도 있지만 이것은 사실 미학이 바로 그런 것의 산물이라는 점을 보여주는 여러 가지 방법 중 하나다.

＊　＊　＊

관념론은 종교적 믿음의 대체자로 가장 성공을 거둔 것 중 하나인 민족주의를 낳는 데 관여했다.[73] 낭만주의가 결실로 맺은 결과가 바로 민족주의다. 문화라는 개념이 처음으로 현재와 같은 깊이와 울림을 가지게 된 것은 전문적인 인류학이 도래하거나 문화 산업이 부상하기 훨씬 오래전, 민족주의 안에서다. 문화 자체의 개념은 계몽주의로 거슬러 올라가지만 민족주의가 대두하면서 문화의 중요성이 더해진다. 민족주의는 말할 것도 없이 세속적 운동이기 때문에 그에 맞게 다루어져야 한다. 그럼에도 불구하고 민족주의는 종교적 사고와 감정에 큰 빚을 지는 면이 있다. 낭만적 민족주의의 맥락에서 국가는 전능한 신과 마찬가지로 신성하고, 자율적이며, 분할할 수 없고, 끝이나 시작도 없으며, 존재의 기반, 정체성의 근원, 인간애의 원칙, 박탈당한 자들의 옹호자 그리고 죽음을 불사할 만한 대의가 된다. 엄숙한 의식으로 기릴 만한 이상인 국가는 성인, 순교자, 존엄한 족장, 신성한 영웅들의 만신전을 탄생시킨다. 국가는 신이 자신이 만든 창작품을 초월하는 것과 같은 맥락에서 개인보다 비교할 수 없을 정도로 위대하다. 그래서 국가는 또한 기독교의 신과 마찬가지로 개인적 정체성의 핵심을 이룬다.

20세기 중반까지 민족주의는 전능한 신처럼 지구의 이쪽 끝에서 저쪽 끝까지 편재해 있는 것처럼 보였다. 민족주의를 종교적, 심지어는 좀더 구체적으로는 로마 가톨릭으로 보는 것도 가능했다. 아일랜드의 민족주의 지도자 패드릭 피어스Padraic Pearse는 "신성한 종교처럼 민족적 자유는 통합, 신성함, 보편성, 사도전승의 흔적을 띤다"[74]고 썼다. 피어스가 민족주의의 그 독특한 특징에 피임 반대를 포함시키지 않은 것이 놀랍다. 낭만적 민족주의(아일랜드의 경우 톤 Tone, 오코넬O' Connell, 파넬Parnell, 라킨Larkin, 코널리Connolly와 대비를 이루는 피어스와 청년 아일랜드 운동가들 그리고 켈트 문화 부흥 운동the Celtic Revival) 또한 많은 숭배를 받았다. 그런데 숭배의 대상이 국가 자체이기 때문에 어떤 면에서 일종의 자아도취적이라는 요소를 드러내는 경향이 있다.

문화와 미학처럼 낭만적 민족주의도 정치에 관해서는 반정치적이다. 낭만적 민족주의는 평범한 세상의 권력과 행정에는 까다롭게 굴며 일정한 거리를 둔다. 아일랜드의 피어스나 핀란드의 시벨리우스 같은 인물이 위생 위원회 위원장을 맡고 있는 모습을 상상하기란 어렵다. 낭만적 민족주의가 신성함을 현실 세상으로 끌어내렸다면 정치는 훨씬 높은 차원으로 들어올렸다. 민족 국가는 일반인(국민)의 정신적 지혜와 융합된 세속적 체제(국가)를 의미한다. 반대로 국민이 국가의 위치까지 올라가 숭고해지므로 일반 대중의 매일의 문화에 공식적인 지위가 부여된다. 그래서 대중의 문화는 전에 거의 누려보지 못한 존엄성과 인정을 획득한다. 정치는 권력의 장에서는 좀처럼 보기 힘든 예지적 열정으로 가득 차서 흔한 길은 잘 가지 않게 된다. 합리적인 것과 낭만적인 것이 서로 뒤엉킨다. 법적 그리고 정치적 질서는 불멸의 도덕적 진실과 함께 일상의 애정과 대중의 혐오에 연결된다. 고대의 신화와 근대적 진보, 인기 있는 관습과 군사 전략이 함께 얽혀 있다. 민족주의가 유기적 통일을 위해 하나로 모으고자 하는 과거, 현재, 미래도 마찬가지다. 신성하고 응집된 국가의 이야기는 세속적이고 분열된 근대의 시간에 반박한다. 더 강력한 문화와 정치의 결합을 상상하기는 어렵다. 포스트모더니즘의 문화적 정치는 이와 비교가 안 된다. 일정한 보편적 진리라는 의미에서 이성은 그 자신을 대중으로부터 분리시킨 간극을 마침내 넘어설 수 있다. 우리가 나중에 자세히 살펴볼 문화 비평가Kulturkritiker들의 두려움에도 불구하고 문화는 이제 그 정신적 위치를 손상시키지 않으면서 정치적 힘이 될 수 있다.

민족주의는 전체로서의 문화 개념(어떤 민족 혹은 인종 집단의 전체 삶의 방식)의 기본 원천이다. 그러나 동시에 당파로서의 문화 개념을 촉진시킨다. 이는 놀라울 정도로 보기 드문 조합이다. 앞서 살펴본 바와 같이 실러에게 문화와 당파성은 불구대천의 원수다. 우리가 뒤에 살펴볼 매슈 아널드Matthew Arnold(영국의 시인이자 평론가—옮긴이)도 이에 동의한다. 그에 반해 민족주의는 문화라는 이름으로 입장을 취한다. 국가의 삶의 방식은 통합을 이루기도 하지만 동시에 격렬한 저항의 원천이기도 하다. 국가로 알려진 공동의 문화는 식민국들과의 투쟁에 열을 올린다. 문화 비평에 의하면 문화는 조화의 문제다. 그러나 정체성 정치학에서 문화는 호전성의 문제이며, 민족주의 측면에서의 문화는 조화와 호전성 두 가지 모두를 다룬다.

몇몇 관념론 사상가들과 마찬가지로 낭만주의 예술가는 일반 대중과의 유기적 연대를 꿈꾼다. 이는 워즈워스William Wordsworth와 콜리지의 《서정 민요집Lyrical Ballads》에서도 확실하게 드러나는데, 이 작품은 자코뱅주의의 비난을 받았다.[75] 시인은 승인을 받지 않은 인류의 입법자인데, 요즘은 은행과 초국적 기업이 그 역할을 계승했다. 영국의 시인 W. H. 오든W. H. Auden은 이 아이디어는 비밀경찰처럼 들린다고 언급한 적이 있다. 노발리스는 절제된 어조로 "우리는 세상을 교육하라는 요청을 받았다"고 말했다.[76] 예술가, 학자 그리고 지식인들이 대중적인 정치 활동에서 두드러진 역할을 맡으면서 민족주의를 동반한 이런 환상은 현실이 된다. 소중한 순간을 위해 지식인은 하층 계급의 사람들과 연대를 주장하며 예이츠나 생고르Leopold Sedar Senghor(세네갈의 시인, 정치가. 세네갈 공화국 초대 대통령을 지냄―옮긴이) 같은 방식으로 공적 사회 운동가가 될 수 있다. 피히테는《학자의 소명》에서 "학자는 인류의 안내자다"라고 말한 바 있다. 일반적인 상황에서라면 있음직하지 않은 주장이지만 민족주의 정치가 속도를 높일 때 그때까지 알려지지 않은 기록 보관 담당자, 고고학자, 계보학자, 문헌학자 그리고 골동품 전문가들은 자신이 정치적 각광을 받고 있다는 사실을 알게 된다.

엘리 케두리Elie Kedourie(영국의 중동 전문 역사가―옮긴이)가 "문예적 인간의 발명"[77]이라고 언급했듯 근대 민족주의는 가장 시적인 형태로 표현된 정치다. 민족주의의 수많은 상징적 인물들이 농업 혁명보다 국가 정신에 사로잡혔다. 1916년 한 영국군 장교는 자신의 병사가 아일랜드의 민족주의자 피어스와 그의 동지들을 쏴 죽였을 때, "우리는 몇몇 이류 시인들을 처단했는데 이것은 아일랜드를 위한 봉사다"라고 평했다. 사실 죽은 공화주의자 중에는 그저 그런 시인이 수없이 많았다. 시인과 마찬가지로 민족주의 저항 세력도 세상이 매우 자율적인 인공물에 친숙해지게 돕는다. 예술 작품처럼 국가도 스스로 창조를 하는데 민족주의 정치는 특히 그런 창조적 상상력에 우호적이다. 신자유주의와 사회 민주주의와는 달리 민족주의 정치는 탁월한 예술 작품을 만들어내는 경향이 있다. 따라서 민족주의는 예술적이고 지적인 작업으로서의 문화와, 전체 삶의 방식으로서의 문화 사이의 연결고리를 제공한다. 전자의 의미에서의 문화는 인간의 구원자로는 보이지 않을 수 있다. 하지만 예술을 국가 서비스로 두는 것은 예술이 결핍된 듯한 시대에 예술에게 기능을 부여하는 것이다. 민족주의가 이룬 좀더 겸허한 성과는 근대 예술의 역기능성이 낳은 문제에 대해 실질적인 해결책을 제공하는 것이다. 국가적 형태의 삶이라는 맥락에서의 문화는 구원자 역할 같은 것은 거의 하지 않는다. 사실 이 맥락의 문화는 가장 강력한 정치 개념 중 하나를 근대성에 제공했다. 민족주의의 악마적 변형 사례와 낭만적 환상을 모두 감안한다 해도 민족주의는 근대에 가장 성공적인 혁명의 흐름이었음을 증명했다. 열렬한 관념론과 일상의 존재를 결합시키는 작업에서 민족주의는 그 자체로 종교의 맞수다. 그런데 이 관점의 유일한 문제는 민족주의가 매우 일시적인 현상이라는 것이다. 정치적 독립을 획득하자 민족주의는 퇴락의 길을 걸었다. 또한 이것이 마르크스주의를 종교의 대체자로 보는 것이 왜 일종의 범주론적 실수가 되는지를 말해주는 이유이기도 하다. 기독교도들은 죽을 때도 여전히 믿음을 갖기를 희망하지만 정치적 급진주의자들은 죽기 한참 전에 그들의 노력을 포기해도 좋다고 믿는다.

탁월한 민족주의 이론가였던 헤르더는 몇몇의 동료 독일인 사상가처럼 세상 자체를 천재적인 예술 작품으로, 스스로 창조하고 지탱하며 화합과 다양성을 연결하는 것으로 본다. 수많은 특별한 나라가 이런 다양성을 구성하는데, 그들 모두 나름의 독특한 방식으로 인간의 힘(헤르더가 말한 인류Humanität)이 전체성을 펼치는 데 공헌한다. 사실 초기 헤르더는 모든 문화가 서로 너무 달라서 비교할 수 없다는 입장인 일종의 문화 상대주의자로 받아들여졌다. 각 문화는 오직 그만의 내부 기준에 따라 판단할 수 있다. 인류의 보편적 역사라는 헤르더의 비전은 나중에 진화한 것이다. 헤르더는 어떤 문명이 다른 문명보다 상위에 있다는 개념과 문명화되었다는 미명하에 소위 원시적이라고 말하는 것을 거부한다. 또한 사해동포주의를 숭배하는 얄팍한 계몽주의를 경멸하기 때문에 그는 자신의 민족주의를 열렬한 국제주의와 결합시킨다. 헤르더가 보기에 인류 역사를 흑백으로 보는 계몽주의의 유럽 중심론은 반드시 이의 제기가 이루어져야 할 대상이었다. 그가 결정적 역할을 한 철학에서의 언어적 전환은 다양한 언어와 문화에 대한 민족주의적 감각과 밀접하게 묶여 있다. (하만은 언어는 "첫 번째이자 마지막 기관이며 이성의 기준"이라고 주장한다).[78] 종교가 최고의 가치라면 그 이유는 각 나라의 대중문화의 중심에 있기 때문이다. 그래서 믿음으로의 복귀는 사람들에게 돌아가는 것이다. 이런 의미에서 헤르더는 계몽주의의 회의론과 엘리트주의 사이의 연결고리를 가려낸다. 관념은 아마도 지식인의 분야이겠지만 종교는 일종의 정서적 민주주의를 구성하는, 모두가 접근할 수 있는 본능과 애정의 보물 창고다. 헤르더는 또한 민족이 타당한 평가를 얻는다면 마르크스주의자 형식으로 말해서 국가는 퇴락해야 한다고 주장한다.

자코뱅적이라고 비난을 받았던 피히테는 〈독일 국민에게 고함〉이라는 이름의 강연에서 국가의 이익을 위해 개인이 희생하라는 다소 사악한 연설을 한다. 오로지 집단적 존재에 몰입해야만 개인이 번성할 수 있다는 논리다. 널리 알려진 수사어구 중에 국가는 신의 작품이라는 표현이 있다. 국가에 독특한 정체성을 부여하는 것은 정치가 아닌 문화다. 그러나 피히테도 각 나라가 자율성을 위한 그들만의 특유의 방법을 찾아야 한다고 말하며 일종의 국제주의적 비전을 주장한다. 사실 민족주의보다 더 국제적인 정치 흐름은 거의 없다. 피히테에게서 파시즘의 전조를 얼핏 발견한 이들에게는 죄송한 말이지만 그 또한 평등과 개인의 권리를 통해 민족 통합을 성취해야 한다고 주장한다.

세상을 바꾼 운동 중 관념론에 영향을 받은 또다른 사상은 마르크스주의다. 놀랍게도 마크르스주의는 철학자들의 난해한 이론이 수많은 사람들의 삶을 변모시킨 사례라는 외양을 띠고 있다. 낭만적 민족주의처럼 마르크스주의는 종교의 대체자일까? 마르크스 사상의 핵심인 역사적 유물론, 계급투쟁, 경제 우선주의, 생산 방식 계승, 힘과 생산 관계 사이의 갈등은 종교적 개념에 빚진 게 하나도 없다. 성삼위일체와 노동 가치 이론, 또는 동정녀를 통한 탄생과 고정 자본 대 변동 자본 비율 사이에는 확실한 연속성이 없다. 최소한 이런 관점에서 마르크스주의는 철저하게 정치의 세속적 형태다.

그러나 좀더 넓은 의미에서 볼 때 종교적 사상과 역사에 관한 마르크스의 비전은 밀접한 관련이 있다. 마르크스는 정의, 해방, 최후의 심판일, 압제에 저항한 투쟁, 재산을 침탈당한 자들의 권력 장악, 평화와 풍요로움이 지배하는 미래 등의 주제를 유대-그리스도교의 유산과 공유하고 있지만 몇몇 그의 추종자들은 이런 사실은 대놓고 이야기하려 하지 않는다. 마르크스가 많은 부분 난해한 헤겔의 관념론에 빚을 졌다는 것은 쉽게 고백하는 숭배자가 있지만, 종교 사상에 진 빚을 갚아야 했을지도 모른다는 입장에 대해서는 밝히기를 주저하는 이도 있다. 하지만 마르크스주의는 종교 때문에 난처해하기 보다는 종교로 인해 더욱 풍부해졌다고 봐야 한다. 마르크스 자신도 구약의 예언자들의 이야기를 열정적으로 읽었다.

그는 또한 유대-그리스도교가 주장하는 소멸은 새로운 삶의 전주곡이라는 비극적 주장은 물론 물신주의와 우상숭배 배격에서도 무엇인가를 배웠다. 여기서 철학자 존 그레이가 투박한 환원주의적 방식으로 근대의 혁명은 단순히 다른 수단을 이용한 종교의 연속이라고 주장한 점을 결론으로 도출할 필요는 없다.[79] 프레드릭 제임슨이 《마르크스주의와 형식Marxism and Form》에서 마르크스주의의 근원에 종교적 측면이 있다는 것이 다른 무엇보다 "반공산주의자들이 보유한 무기 중 주요 논쟁거리 중 하나"[80]였다고 주장한 것은 맞다. 그러나 제임슨은 다른 저작 《정치적 무의식The Political Unconscious》에서는 좀더 긍정적인 태도로 종교에 빚을 졌다는 것 때문에 마르크스의 교의에 대한 신임을 떨어뜨릴 필요는 없다고 말한다.[81] 그는 《변증법의 원자가Valences of the Dialectic》에서 "나는 마르크스주의가 구원의 역사를 투영해내기를 확실하게 희망한다"라고 쓰고 있다. 하지만 그렇게 해놓고 기독교의 구원은 순전히 개인적인 문제라고 말해 좋은 평판을 조금 깎아 먹는다.[82] 유대교와 기독교의 경전은 구원을 전체 민족 차원에서 구상하는 데 비해 그것을 오직 집단의 조건에서 생각한다는 이유로 종종 비판을 받는 마르크스는 개인의 힘의 해방에 깊이 몰두한다.

* * *

관념론은 정통 기독교의 자리를 대신해 세속화된 종교가 되지 못했다. 소수에 의해 만들어진 고도의 지적 작업인 관념론은 세속화된 종교의 자리에 오르기에는 너무 소수만을 위한 사상이었다. 카를 코르 쉬Karl Korsch(마르크스주의의 이론적 활동으로 각광을 받았던 독일의 사상 가이자 정치가—옮긴이)는 《마르크스주의와 철학》에서 "이론 차원에 서라도 독일 관념론이 어떻게 단순히 이론이나 철학 이상이 되려고 했는지"[83]를 말한다. 하지만 일반 대중에게 관념론 사상 대부분은 라 이프니츠의 모나드론이나 뉴턴의 물리학만큼 거리가 멀었다. 철학 이 목표를 대중 계몽으로 정해야 할 이유는 없다. 그러나 우리는 그 것이 몇몇 관념론 사상가들에게 목표였음을 이미 알고 있다. 이 점에 서는 그들의 열망을 척도로 성공을 측정해야겠다.

　또한 인간성을 논할 때 기독교의 암울한 도덕적 사실주의에 비 해 관념론 사상은 너무 감상에 젖어 인간을 젊고 패기만만한 사회 운 동의 방식으로 보았다. 인간 본성이 얼마나 개조되어야 하는지를 인 식하기에 관념론은 너무 미숙했다. 낭만주의도 몇 가지 특성에서 이 와 비슷하다. 이론적으로 말해서 대부분의 관념론 사상가들은 펠라 기우스주의자(원죄를 부정하고 인간의 자유 의지를 믿음—옮긴이)였다. 확실히 악이 존재하지만, 악은 대부분 억압, 분열 또는 그 자체로는 선한 힘의 소외나 분열로 인해 튀어나온 것이다. 이렇게 힘이 생래적 으로 그리고 병리적으로 결함이 있다는 것은 관념론의 일반적인 교 리가 아니었다. 하지만 낭만주의에서 그럼 점을 발견할 수 있다. 인 간 본성에 대한 이 두 가지 사상의 차이점은 마르크스와 프로이트의 차이만큼 극명하다. 프로이트는 원죄를 독실하게 믿었지만 마르크 스는 그렇지 않았다. 셀리와 하디의 차이가 암시하듯 힘은 전성기를 지났을 때보다 우세할 때 인간의 능력을 이상화한다. 힘은 원죄의 교 리를 심히 모욕적인 것으로 간주하기 쉽다. 그러나 원죄론은 최소한 주류 종교에서는 인간이 완전히 타락했다고 보지 않는다. 오히려 인간이 구원받을 능력이 있으며 그런 능력은 절대 억압받을 수 없지만 그러려면 인간이 회개해야 한다고 본다. 즉 인간은 이기주의를 고집하고, 폭력과 자기기만을 일삼고, 오만하게 힘을 휘두르고, 상습적으로 갈등을 일으키고, 덕이 없고, 영원히 욕구에 불만족하는 속성을 버려야만 하는 것이다. 그렇지 않다면 그것은 남의 명랑함을 헐값에 사려 드는 격이다. 계몽주의 철학자들이 대체적으로 급진적 자아박탈이 인간 번영의 필요조건이라고 생각하지 않은 것처럼 관념론자들도 그렇게 생각하지 않는다. 이 점은 관념론자들에 대한 기록 중 그다지 조명되지 않은 사각지대 중 하나다.

비극이라는 개념과 관련된 모든 것을 반추하는 입장에서 볼 때 관념론은 본질적으로 반비극적이다. 좀더 한정적인 의미에서 낭만주의도 이와 같다. 영국의 낭만주의 비극 작품 중 공연은 고사하고 읽을 만한 것이 아주 적다는 사실은 결코 우연이 아니다. 관념론과 낭만주의 모두 신정론 또는 악의 정당화를 주장했는데 이는 도덕적 미숙함을 나타내는 확실한 지표였다. 현재의 불화와 고통은 시간의 충만함 속에서 전반적으로 인간성이 번영하는 데 나름의 역할을 해내는 모습으로 보일 것이다. 고통은 소설 형식의 묘사로 정당화될 수 있다. 사회적 다윈주의의 민족주의적 변종에서 피히테는 우월한 세력이 약한 세력을 몰아낼 때 그리고 그렇게 하는 중에 문명의 복음이 전파되었고 국민과 국가 간의 갈등이 종 차원의 전반적인 복지를 촉진시켰다고 주장한다. 과거 천국의 타락의 우화, 현재의 분열과 불화 상태 그리고 미래의 평화와 통합의 왕국이 제각기 끊어지지 않은 실처럼 관념주의와 낭만주의 사상의 천을 직조한다.

관념주의 사상은 세상이 그 자체로 정신적이며 체계적이라는 비전을 가지고 정통 종교에 대적한 마지막 위대한 시도 중 하나다. 기초와 절대적 토대에 대한 관심, 통합과 전체성을 향한 노력에 있어서 관념주의는 어떤 점에서 계몽주의의 위대한 합리적 종합을 되돌아본다. 사실 이 두 사상의 경계는 불분명할 때가 많다. 예를 들어 헤르더는 계몽주의와 관념주의 중 어디에 속할까? 계몽주의의 선험적 공리와 관념론자의 절대정신의 원칙 사이의 거리는 그다지 멀지 않다. 동시에 주체에 대해 측량할 수 없는 깊이에 대한 사색에서 관념론은 낭만주의적 경향을 띠고 거기에서 다시 한 번 관념론과 낭만주의의 경계는 차이가 거의 없다시피 한다. 구분을 하는 것이 거의 아무런 의미가 없는 경우가 많다. 셸리가 관념론자이듯 셸링은 낭만주의자다.

계몽주의의 합리성이 개념과 체계를 신뢰했다면 관념론은 많은 부분 그 신뢰를 유지하기는 하지만 그런 지적 무기를 정신세계에 쏟아붓는다. 그러나 정신처럼 변덕스러운 것이 마치 익숙한 관절염처럼 개념의 체계를 편안하게 받아들일 가능성은 거의 없었다. 진리가 영속적으로 형성되어가는 세계, 지극히 평범한 이성이 우리에게 오로지 짤막한 정보나 쉬이 사라져버리는 이미지만을 줄 수 있는 세계에 대처하기 위해 헤겔에게는 변증법적 종류 중 하나인 새로운 형식의 사상이 필요했다. 전반적으로 관념론의 정신은 여전히 체계 안에 갇혀 있을 수 있다. 그 정신이 자유롭게 되기를 바란다고 느끼는 사람이 있다고 해도 말이다. 이와 대조적으로 몇몇 낭만주의 사상가가 볼 때 그 정신은 체계에서 벗어나 스스로 숭고하게 창조적인 힘이라는 것을 증명한다. 동시에 전체 현실을 하나의 생각 안에 잡아두는 능력 역시 잃어버린다. 다음 장에서 우리가 알아볼 주제가 바로 이것이다.

3

낭만주의자

낭만주의가 상당 부분 체계가 아닌 정신에 의지를 한다면 그것은 신학보다는 종교, 지식보다는 믿음의 문제로 보일 것이다.[1] 개념은 더 이상 인간 주체를 봉쇄하지 못하는데 이것은 인간이라는 주체의 에너지와 풍성함을 증명하고 주체가 어떤 인식할 수 있는 기초에서 자유롭게 표류하고 있다는 것을 암시한다. 어떤 사상의 체계든지 타당성을 갖추려면 반드시 그 체계의 반대, 안티테제를 품고 있어야 한다. 이에 대해 프리드리히 슐레겔은 "정신이 체계를 가지고 있는 경우와 가지고 있지 않는 경우 모두 똑같이 치명적이다. 그 두 가지를 하나로 묶어야 할 것이다"[2]라고 비꼬는 투로 논평했다. 피히테와 공식적으로 언쟁을 벌일 때 노발리스는 "하나의 원칙을 찾으려는 모든 작업은 원을 사각형으로 만들려는 시도와 같다"[3]고 선언했다. 피히테가 무한히 열망하는 자아에게서 일종의 절대성을 감지한 반면 노발리스는 그 반대를 탐색한다. 노발리스에게는 절대성을 일축하는 것이 바로 노력의 전제 조건이다. 그는 "우리 안의 자유로운 활동을 끝내지 않으려면 자유롭게 절대성을 포기해야 한다. 이것이 우리에게 주어질 수 있는 유일한 절대성이다. 우리가 절대성을 얻고 알 수 있는 능력이 없다는 것을 알게 될 때만 절대성을 알 수 있다"고 썼다.

철학적으로 사유하려는 노력은 결국 목적이 없는 활동이다. "목적이 없다. 그 이유는 오로지 상대적으로만 만족할 수 있는 절대적 토대를 향한 영원한 충동이 있기 때문이며 그러므로 그것은 절대 끝나지 않을 것이다."[4] 노발리스는 계속해서 이렇게 말한다. "우리는 모든 곳에서 절대성을 찾지만 오로지 찾는 것은 유한함뿐이다."[5] 횔덜린도 이와 유사하게 절대성의 토대를 거부한다. 관념주의자들에게 절대성은 다른 무엇보다 세속화된 신성의 역할을 했는데, 이제는 그것을 규정하기가 어렵다는 것이 증명되고 있다. 무한함을 추구하는 본질적으로 종교적인 노력이 남았지만, 이 욕망의 대상은 모호하며 불가해하다. 몇몇 낭만주의 예술가들이 신에게서 얻을 수 있는 것은 그저 신과 하나가 되겠다는 열망이다. 이런 점에서 낭만주의 예술가들은 정신 분석, 즉 불가능한 성취를 희구하는 준종교적 열망을 예시하고 있다.

낭만주의는 어떤 분위기에서는 열정과 들뜬 기분을 나누지만 일반적으로는 관념주의보다 더 어둡고 불안하다. 철학의 통제를 피하는 것은 욕망이며, 그것은 숭고한 무한성 전체 안에 있다. 욕망이 무한하면 영원히 만족하지 못하며, 항상 잃어버린 이상향을 좇고 하나의 무익한 대상에서 다른 것을 오가는 왕복 운동을 하다 결국에는 그 자체에 멈춰서게 된다. 괴테의 파우스트처럼 욕망은 어떤 확실한 최종 산출물이 아닌, 무엇인가가 되는 끝없는 과정에 만족해야 한다. 데이비드 콘스탄틴David Constantine(영국의 시인이자 저자, 번역가—옮긴이)은 "횔덜린의 시학은 끝없는 앞으로의 전진 운동 이론"[6]으로 분투, 방황 그리고 뿌리 뽑힌 상태가 그의 시의 주제라고 말한다. 계몽주의의 이성이 완전성, 스위프트식으로 표현해 언제나 진실하고 정의로운 특징을 상징한다면 낭만주의의 예술은 결코 성취할 수 없는 완성을 추구하는데, 만약 그것을 성취한다면 존재는 끝이 난다. 이런 점에서 낭만주의는 그것을 낳은 인류의 모델이며 그 본질은 역사를 갖는다. 인간 프로젝트는 이제 오직 부재하는 중에서만 존재하며, 계속해서 결핍된 상태임을 인식할 수 있다. 노발리스는 "우리는 무조건적인 곳을 찾으려 하지만 결국 조건에 얽매이는 곳을 찾게 된다"[7]고 말한다.

따라서 철학의 종결이 아닌 시의 모험이 인간의 조건을 가장 진실하게 반영한다. 필립 바너드Philip Barnard(캔자스대 영문학과 교수—옮긴이)와 셰릴 레스터Cheryl Lester(캔자스대 영문학과 교수—옮긴이)는 "관념론이 개념의 노동 속에서 주체의 성취를 구현한다면 예나Jena 낭만주의는 (…) 예술 작품으로 주체의 생산(주체의 자율 생산)을 상상한다. (…) 그래서 북극 얼음 속의 프랑켄슈타인처럼 칸트식의 이율배반에 갇힌 주체에 직면한 어떤 사람은 관념론이 사변적 변증법을 만들어냈고 이에 반해 낭만주의는 문학을 발명했다고 말할 것이다"[8]라고 쓰고 있다. 어떤 생각이 오직 실존적으로만 알 수 있는 갈망에 의해 갑자기 중단되면, 개념적 담론은 문학의 탄생에 양보를 해야 하는 것이 필연적이다. 이는 필립 라쿠라바르트Philippe Lacoue-Labarthe(프랑스의 철학자, 문학 비평가—옮긴이)와 장뤽 낭시Jean-Luc Nancy(프랑스의 철학자, 독일 사상으로부터 출발해 정치철학과 미학, 예술이론 분야에서 독창적인 사유를 전개함—옮긴이)가 《문학의 절대성》에서 예나 낭만주의 작품 세계에서 최초로 나타났다고 간주하는 사건이다.

욕망에 대한 헤겔의 해결책은 사랑이다. 대상에서 성취를 추구하기보다 주체는 같은 종류의 또다른 주체를 통해서만 번영할 수 있다는 점을 반드시 인정해야 한다. 자유롭고 동등한 개인 둘이 상호 인식 행위를 할 때 욕망은 자신을 초월해 좀더 의식 고양적인 것이 될 수 있다. 인간의 욕망에 대해 쇼펜하우어는 그것을 제거하는 방법을 말했다. 이는 열반 비슷한 무념의 상태로 대표적 예를 미학에서 찾을 수 있다. 욕망의 죽음, 그것이 예술이다.[9] 프리드리히 슐레겔에 의하면 욕망은 아름다움 속에서 멈춰서는데 이에 대한 완벽한 본보기를 예술 작품에서 찾을 수 있다. 예술은 욕망을 정련 또는 숭고화 시키는 작업으로 그 분열성을 진정시키면서 동시에 보편적 상태로 끌어올린다. 열정을 냉정으로 전환시키는 것이다. 욕망을 고집하면 전반적으로 우리의 충동을 조화롭게 만드는 작업, 무엇인가를 의미하기 위해 아름다움을 택하는 조화가 위태로워지는 시점이 올 수 있다. 그러므로 자기표현과 미학적 균형의 필요조건 사이에 가능한 최상의 균형이 반드시 이루어져야 한다. 전인적 측면과 양립할 수 있는 방법으로 힘을 깨달아야 한다. 이런 도덕적 균형은 경우 대표적 예를 예술에서 찾아볼 수 있다. 슐레겔은 그리스 고전 문화가 최고 수준의 완성을 이루었다고 판단한다.

칸트나 헤겔과는 달리 셸링과 피히테는 여느 낭만주의 예술가와 마찬가지로 개념의 차가운 느낌을 염려한다. 절대성은 두서없이 포착할 수 없다. 절대성은 직관적이고 미학적일 때 또는 자기반성을 할 때 포착된다. 셸링과 피히테는 그래도 여전히 분명하게 절대성을 알 수 있다고 자신하지만 노발리스 같은 낭만주의자는 저서 《피히테 연구Fichte Studies》에서 자아와 같이 절대성은 일종의 끊임없는 향수병처럼 오로지 부정적인 방법으로만 파악할 수 있다고 말한다.[10] 칸트에게 무한성은 숭고한 유한함의 경계에서 안간힘을 쓸 때 아주 잠깐

언뜻 포착할 수 있는 것이었듯, 절대성을 얻을 수 없다는 것을 깨닫는 그 순간 우리는 절대성의 존재를 느낀다. 절대성은 보여 질 수는 있으나 말로 표현될 수는 없다. 아마도 절대성은 그저 규율적 관념이거나 편리한 가상, 본질적이지만 손에 닿지 않는 것일 수 있다. 이런 점에서 낭만주의는 분명 믿음과 신의 죽음 사이 어딘가에 갇힌 일종의 부정적 신학이다.

피히테는 《지식의 과학》에서 "우리의 첫 번째 임무는 원초적이고 절대적 자아를 발견하는 일이다"[11] 라고 말했다. 하지만 노발리스는 이와 대조적으로 그런 방식으로 절대성을 직접 겨냥하는 것은 위험한 환상이자 인간을 미치게 만들 수 있는 정신의 중독이라는 입장을 견지한다. 말하자면 태양을 똑바로 노려보는 것과 같다. 프리드리히 슐레겔도 반기본주의에 설득되어 제1원칙(선험성)을 알아내려는 시도는 어떤 것이든 무한한 퇴행으로 이어지게 된다는 입장이다.[12] 예술은 오로지 비유적 방법으로만 신에 대해 이야기할 수 있다. 어떤 특정 관점은 다른 것의 무한한 가능성에 의해 무색해지므로 절대성에 관한 우리의 불완전한 지식은 모순 형태를 띤다. 낭만주의의 모순은 욕망처럼 그 깊이를 알 수 없다. 따라서 야코비는 창조자가 아닌 인류 자체를 기초로 상정하려는 모든 노력을 거부한다. 칸트에 반대하며 야코비는 지식의 가능성의 조건은 스스로 지식의 대상이 될 수 없다고 주장한다. 초월적인 것이 한계에 얽매이지 않는다면, 선험적인 것도 마찬가지로 한계를 넘어선다.

슐라이어마허도 굳건한 토대에 대해 의혹을 제기한다. 그에게도 의심할 여지가 없는 토대란 불가능하다. 지식은 언제나 불완전하고, 합의란 순전히 잠정적이며, 철학의 전체 계획은 불가능하다. 우리 존재가 어떻게 전체화되는 것에 저항하는지에 대한 이미지가 필요하다면 인류 최고의 매체인 언어의 담론적 특징에 의지해야 하는데, 그런 식으로 해서는 절대 끝낼 수 없다. 근대 해석학을 기초한 슐라이어마허에게 의미는 언제나 불안정하다. 키르케고르에게 그렇듯 슐라이어마허에게 개인은 그 어떤 체계로 환원되지 않는다. 또한 개인적인 것과 보편적인 것 사이에 최종적 화해도 없다. 존재는 반추보다 앞서고, 개념의 통제를 회피하는 밀도를 나타낸다. 존재는 사고로 환원되지 않는다. 관념론처럼 그 사상의 내면으로 세상을 흡수하려 하기보다는 철학 자신이 물질의 세계에 맞물려 있다는 점을 경계해야 한다. 어떤 경우든 우리와 현실의 기초 관계를 구성하는 것은 사고가 아닌 감정이다. 몇몇 계몽주의 사상가들은 애정이 우리가 갖는 사물의 지식에 대한 장애물이라고 지적했지만 낭만주의자들에게 애정은 그 지식에 접근하는 데 필수적인 양식이다. 영국의 소설가 조지 엘리엇George Eliot은 《애덤 비드Adam Bede》에서 "감정은 일종의 지식"[13]이라고 말했다.

　슐라이어마허는 하만만큼 대상에 대한 추상적 견해는 그 자체로 이론화될 수 없는 현실에 대한 기본적 신념에 달려 있다고 본다.[14] 따라서 믿음은 지식의 토대다. 인지 행위는 이성으로 환원되지 않는 믿음의 배경을 추정한다. 그러므로 그러한 믿음은 합리적 토대를 위해 봉사할 수 있다. 이성 혼자만의 토대는 스스로 실패를 초래하는 것같이 보이기 때문이다. 누군가가 이런 토대를 기술할 때 사용한 언어는 언제나 더 명백해질 수 있기 때문에 문제의 토대는 더이상 절대성으로 그려지지 않는다. 무엇인가를 기술하는 것은 무엇인가를 대체하는 것이다. 비트겐슈타인의 말처럼 어떤 기원 너머로 거슬러 올라갈 수 있다는 느낌을 주지 못하는 기원을 상상하기 어렵듯 어떤 토대의 바로 밑에서 다른 기초를 끼워넣고 싶다는 충동이 안 느껴지는 토대를 생각하기는 힘들다. 그러나 오로지 직감으로 알 수 있거나 단지 믿음의 문제인 토대는 일정한 불투명성을 대가로 견고함을 얻는 것 같다. 그것을 절대적으로 견고하면서 불가해하다. 부정할 수 없지만 그렇다고 입증할 수도 없다.

우리가 보았듯 일반적으로 낭만주의는 관념론자들과 신정론을 공유한다. 인간은 다투고 불화하지만 이는 오직 미래의 조화에 필수적인 서곡일 뿐이다. 그리고 이 조화는 우리가 버린 원시적 화합보다 훨씬 더 우수하다는 것을 증명할 것이다. 타락은 복된 죄다. 그러나 몇몇 낭만주의 사상가들은 이런 이상향을 다시 찾을 수 있다는 것에 동의하지 않는다. 문명과 의식이 인간을 자연으로부터 단절시켰고 동종요법적 기적으로는 그것들이 낸 상처를 치료하는 방법을 알아내기 힘들다. 아마도 우리는 잃어버린 욕망의 객체를 다시는 회수할 수 없다는 것, 그것의 부재가 확실하다는 것, 그리고 그것을 얻으려는 우리의 성과 없는 노력은 최소한 우리가 역사라고 부르는 인식 속으로 끝없는 항해를 시작하는 미덕을 가졌다는 것을 받아들여야 할지도 모른다. 주체와 객체 사이의 틈이 갈라졌고 그 틈의 여러 가지 이름 중 하나가 욕망이다. 잃어버린 객체를 애도하게 두는 것을 포함해 우리가 행동하고 말할 수 있게 허락하는 것은 그 객체가 소멸되었다는 데서 파생된 정신적 외상이다. 그렇지 않다면 우리는 객체와의 더없이 행복한 결합에 깜짝 놀랄 것이다. 시는 우리 존재 내의 태곳적 틈에서 생겨나는데, 그 틈을 메우려 한다. 이와 같이 시는 아픔이면서 치유이기도 하다.

낭만적 상상력에도 이와 유사한 모호성이 있다. M. H. 에이브 럼스M.H. Abrams(미국의 문학 비평가—옮긴이)는 워즈워스의 작품에서 이 숭배받는 특성은 "밀턴의 신의 섭리에 의한 플롯에서 예수 그리 스도의 역할과 동등한 역할을 한다"[15]고 논평한다. 이것은 예수의 구 원 그리고 화해의 능력과 동급으로, 신이 가진 창조적 힘을 흉내 낸 다. 성령을 받아들이는 사람처럼 가슴으로 이런 신성한 능력을 받아 들인 예술가는 성스러운 힘의 충만함을 느끼고 이를 동료인 다른 피 조물들에게 알리고 소통한다. 이런 힘으로 다른 사람 내면의 감정에 우리 자신을 투사할 수 있다. 그래서 상상력과 사랑이 서로 단단히 묶인다.[16] 도덕과 예술을 구분한 칸트적 차이가 무너지는 대목이 바 로 여기다. 덕성 있는 행위는 동지애에 근거하는데 그런 동료 감정은 상상적 동정에서 흘러나오기 때문이다. 셸리의 《시를 변호함》에 의 하면 상상력은 일종의 희생적 자기박탈이며 그렇기 때문에 독점욕 이 강한 이기주의에 대한 반격이 된다. 시가 정치적 힘을 가진 존재 로 그려지는 몇 가지 의미 중에 하나가 바로 이것이다. 우리가 반半맹 인의 상태에서 벗어나 다른 무엇 또는 누군가가 되는 경험을 다시 창 조하게 하는 원심력 운동이 있다. 이 원심력 운동이 자아의 핵심에 놓여 있다면 그것은 자아를 분산시키는 활동도 한다. 이것은 고대 올 림픽 참가자의 특성인 정념에서 해방된 상태, 즉 아파테이아apatheia가 아닌 공감적 능력으로 18세기의 박애주의자 골드스미스와 허치슨에 게 만큼이나 18세기의 낭만주의자 윌리엄 해즐릿William Hazlitt(19세기 초 영국의 비평가, 수필가—옮긴이)에게 진정한 의미의 사심 없음을 뜻 한다. 사심 없는 상태가 되려면 자신이 아닌 다른 사람의 이익을 앞 세워야 한다. 사심 없음은 당파성의 적이 아니라 이기주의의 적이다.

이런 상상력의 힘을 통해 개인은 가장 강렬하게 살아 있게 되고 그러면서 또한 뭔가 더 크고 공동의 형태인 존재를 나눈다는 것을 인식하며 자아의 뿌리는 무한함 속으로 맥없이 가라앉는다는 것을 알게 된다. 기독교에서는 신의 은총에 의존함으로써 우리가 전적으로 최선의 모습이 될 수 있듯 어떤 사물은 그보다 더 큰 전체에 참여해 그 자체가 더욱 특별해진다. 그렇다면 상상력은 은총이 세속화된 형태다. 상상력은 바닥을 가늠할 수 없는 깊이 너머에서 자아를 붙잡고 그렇게 해서 아무나 흉내 낼 수 없는 그만의 방식으로 자아가 꽃피게 만든다. 인간은 오만이라는 죄를 느끼지 않으며 지구를 정복하고 그들의 조건을 변화시킬 수 있다. 이를 가능케 하는 힘이 인간 자신을 넘어서는 영역에서 나오기 때문이다. 주체는 근본적으로 그 자신에게 속해 있지 않다.

따라서 상상력을 욕하는 것은 최소한 문학계에서는 일종의 신성 모독이다. 콜리지에게 상상력은 반대편과 화해하고 모순을 해결하는 힘이다. 그리고 피히테에게는 애초에 현실을 출현시킨 무한히 생산적인 정신이다. 슐라이어마허는 상상력을 인간의 주요한 능력으로 간주했고 노발리스는 우리의 모든 힘과 능력이 상상력에서 추론된다고 봤다. 또한 윌리엄 블레이크William Blake에게 상상력은 인간 존재의 유일하고 진정한 양식이다. 상상력은 아我와 비아非我, 주체와 대상, 정신과 물질, 시간과 영원함, 내면과 외면, 자아와 세계 사이를 잇는 필수적 연결고리다. 현실의 것을 인간 욕망의 반투명한 매체로 재구성하는 변화의 원동력이다. 구원의 힘인 상상력은 우리 주변 세계의 구체화를 역행함으로써 죽은 자에게 생명을 불어넣는다. 자연 상태의 대상은 상대적으로 비실재적이며 영구적인 움직임의 과정

중에 일어나는 짤막한 묘사일 뿐이다. 그런 대상을 가장 멋지게 복원해내 맥락 속에 배치하고 영원한 본질의 이미지로 재창조하는 것이 상상력이다. 횔덜린의 시가 암시하듯 낭만주의 예술은 사물 안에 내포된 신성함을 밝히며, 시들고 시큼해져버린 세상에 다시 매력을 불어넣는다.

인간 특징에 대해 이렇게 지나친 주장이 제기된 적은 거의 없었다. 그러나 삶에 생기를 주는 이런 정신은 축복이자 동시에 저주고, 천사적이면서 또한 악마적이다. 세상에 엄청난 생기를 불어넣는다는 것이 이 가공할 만한 힘을 입증하는 것이다. 하지만 이는 그런 엄청난 힘이 없다면 자연 상태의 사물은 야수 같으며 갱생의 의지가 없음을 암시하기도 한다. 콜리지의 "우리 안에만 사는 자연"은 승리 혹은 한탄의 비명으로 들릴 것이다. 버클리George Berkeley식 환상에서 신이 어떤 대상에게서 눈을 빼버릴 경우 그 대상이 사라진다고 생각하는 것처럼 현실에서 창조적 정신이 빠져나와 그 현실이 무력감에 빠진다면 어쩌겠는가?

이런 특징이 모순을 해결하는 열쇠라는 것은 맞지만 이는 모순은 실제보다는 상상의 조건 속에서 해결된다는 의미다. 게다가 만약 상상력이 사물의 생명을 강화한다면, 상상력은 자신의 눈부신 영광을 배경으로 해 사물의 생명은 아주 하찮게 보여줄 수도 있다. 이런 불멸의 힘에 대비했을 때, 시간의 소멸성이 더욱 부각될수록 매 순간은 더욱 중요하게 여겨지지만 그럴수록 그 순간은 곧 없어져버릴 소름 끼치는 전망에 사로잡히게 된다. 현재의 것이 끈질기게 나타나면 나타날수록 당신은 그것의 잠재적인 부재를 사무치게 상기하게 된다. 현재 너머에 미지의 세계가 있음을 넌지시 알리면서 상상력은 무엇인가를 직설적으로 보여주기보다는 가정하는 것이 본질적으로 더 우수하게 보이도록 만든다. 이 정도로 상상력은 현재의 결핍을 암시적으로 언급한다.

상상력은 혁명의 힘이 될 수 있지만 실패한 혁명을 위한 정신적 위안을 지속적으로 제공하기도 한다. 상상력이 현실을 대상으로 변화 작업을 실행하려면 현실과는 거리를 둬야 하는데, 이 거리는 모르는 사이에 쉽게 단절될 수 있다. 우리를 세상과 묶는 힘이 오히려 세상으로부터 소외시킬 수도 있다. 괴테는 상상력을 분열된 능력, 창조적 에너지의 원천인 동시에 공포와 망상의 근원으로 간주했다.[17] 상상력에는 뭔가 자의적이고 혼돈스러운 성질이 있다. 상상력은 제멋대로고 자아도취적이며 다루기 힘든 면이 있다. 질서와 균형을 사랑하는 고전주의자 괴테는 이토록 극찬을 받는 상상력의 특성에서 놀랍도록 가늠하기 힘든 힘을 발견했다. 그래서 괴테는 상상하기의 무서운 행위와 온건한 행위를 구분하는 것, 난처할 정도로 해체하기 쉬운 차이점을 구분할 필요성을 느꼈다. 상상력이 구원과 더불어 속임수도 창조할 수 있다면 그 이유는 상상력 안에 오류를 저지를 수 있는 능력이 내재하기 때문이다. 이렇게 가장 높이 숭배되는 상상력의 능력이란 쓸모없는 환상과 그리 많이 다르지 않다. 존 키츠는 상상력의 올가미와 유혹을 특히 경계했다. 예이츠는 '꿈'이라는 단어를 시적 비전을 의미할 때는 물론이고 망상이라는 의미로도 썼다. 몇몇 낭만주의 작가들도 인정했듯 상상력은 결코 명백히 단언할 수 있는 것이 아니다. 우리는 창조력의 근원이 원천에서 오염된다는 경악스러운 가능성과 반드시 대면하게 된다. 원죄론은 이런 방식의 사상에 절대 낯설지 않다.

제프리 하트먼Geoffrey Hartman(미국의 문학 이론가 ―옮긴이)이 훌륭하게 보여주었듯 상상력은 워즈워스 자신이 원했던 것 같은 치유력과는 거리가 멀다는 반쯤 억눌린 의혹 때문에 그의 시는 부침을 겪는다.[18] 상상력은 어떤 묵시적 순간 치명적이고 파괴적이며, 감각의 세상을 순식간에 완전히 덮어버린다. 그리고 갑자기 분연히 일어나 우리를 무서운 자아의 심연으로 거꾸로 내다꽂는, 측량할 수 없는 무서운 힘을 스스로 내보인다. 상상력에는 라캉의 실재와 프로이트의 타나토스(죽음의 본능)적 요소가 있다.[19] 현실과 화해시키기는커녕 워즈워스의 상상력은 우리를 자연의 거처에서 내쫓아 정신적으로 충격을 주고 상실감을 느끼게 한다. 상상력은 자연적인 것과 초월적인 것 사이에 있는 불안한 틈을 열어젖히며 일상의 세계를 저속한 쇼의 세계로 용해시키고, 우리의 진정한 고향은 지구 상의 어딘가가 아닌 영원 속에 있음을 상기시킨다. 그런 점에서 상상력은 통합적이기보다 분열적 힘이다. 상상력에는 은혜로움뿐 아니라 신성의 공포가 있다. 워즈워스는 이런 사나운 힘을 유화시키고 길들이는 것이 시의 임무 중 하나라고 봤다.

자연은 낭만주의 사상가들이 생각하듯 항상 온화하지 않았다. 실러는 자연을 파괴적이고 무심하며 도덕관념이 없다고 간주했고 피히테는 자연의 필연성이라는 개념을 혐오했다. 두 사람 모두 너무도 순수한 이 자연을 인간의 자유에 대한 위협으로 봤다. 비아非我가 아我에 필요한 도약판이라는 게 증명되었을지 모르나 세상에는 전능한 주체 이상의 것이 있다는 점을 상상력은 계속해서 우리에게 상기시킨다. 다른 사상가들은 자연과 문화 사이의 대립을 허물기 위해 노력했다. 자연은 그 자체가 위대한 예술 작품이지만 반면 문화는 유기적 구성체였다. 세련된 미학적 공예품처럼 자연의 세계는 진실하고 선하며 아름다운 것들을 혼합했다. 스피노자에게 자연은 신의 몸이었다. 인간과 자연의 영역 모두 위대한 혁명적 규범에 의해 관리되는데, 우리는 이 규범을 위험을 무릅쓰고 위반했다. 셸링은 자연에서 원시적 창조력 혹은 소산적 자연이 작동하는 것을 감지했다. 이는 변화무쌍하게 형태를 바꾸는 예술가의 힘이다. 어떤 낭만주의 예술가들은 자연과 상상력에서 역사로부터 축복받은 유예 현상을 발견했다. 두 가지 모두 세속적 양식의 초월성 역할을 할 수 있었다. 자연의 세상은 평화롭고 조화로우며 공동으로 나눔을 실천할 수 있지만 또한 정치 형태를 상징할 수도 있다. 노발리스는 "자연은 영원한 소유의 적이다"[20]라고 말했다.

자연은 보편적 정신을 표현하지만 그 정체를 밝혀내기도 한다. 자연은 신처럼 시간을 초월하며 스스로 움직이고, 모든 생명의 초월적 근원이며, 한결 같은 은총의 수단이다. 자연에는 인간이 잘못을 깨닫게 하고 그들을 우주의 겸허한 장소로 오라고 상기시키는 광대함이 있다. 또 한편 자연은 대화의 파트너이자 애정이 구현되는 곳으로 그 시종에게 사랑과 충성의 영감을 불어넣는다. 자연은 족장의 근엄함과 어머니의 부드러움을 결합시키며, 친근하면서 익명적이고, 아름답고, 숭고하며, 잘 변화하면서 기념비적이다. 에드먼드 버크가 미학 논문에서 가장 효과적인 형태의 주권이라고 칭송한 연합이 바로 자연이다. 버크의 이 논문의 진부함을 지적하자면, 그 모든 품성을 두루 갖춘 인간의 예시로 할아버지를 들었다는 점이다.

* * *

그러나 자연이 유기적 통합을 표현하는 유일한 이미지는 아니었다. 18세기부터 빅토리아 시대 말기까지 근대 유럽 문화에서 고대 그리스에 대한 존경만큼 지속적으로 주목을 끈 주제는 없었다. 피터 게이는 특히 계몽주의의 고전적 뿌리에 주목했는데, 계몽주의 시대는 고전 고대의 합리적 인류애를 즐겼으며 좀더 근래의 과거는 야만의 시대로 보았다.[21] 문학 비평가 마릴린 버틀러Marilyn Butler는 그리스 부흥 운동을 "국제적 계몽주의의 공통어"[22]라고 말한다. 고대 로마 역시 유행했다. 새프츠베리는 고대 그리스를 "유일하게 정중하고 가장 문명화된 세련된 국가"[23]라고 묘사하며 그가 본 고대 세계의 미덕과 자유에 매료되었다. 에드워드 기번은 공화국 시대 로마의 진지함, 소박함, 공공 정신, 인본주의, 개인주의, 자유의 정신을 찬양했다.[24] 프랑스 혁명가들은 이런 칭찬을 더욱 강화했다. 미국의 사학자이자 저술가인 프랑크 M. 터너Frank M. Turner는 18세기 후반 어느 시점이 되자 그때까지 가벼운 현상이었던 고전 고대를 향한 열정이 갑자기 가장 중요해졌다고 주장한다. 그는 "새로운 문화적 뿌리와 대안적 문화 형식에 대한 탐구가 계몽주의와 프랑스 혁명 이후 유럽인들이 직면한 파괴적인 정치, 사회 그리고 지적 경험을 이해하고 확실하게 설명해야 할 필요성 덕분에 발전했다"[25]고 말한다. 이렇게 그리스-로마 시대에 열광하는 분위기는 최소한 하이데거가 주장한 소크라테스 시대 이전의 목가적 비전이 등장할 때까지 지속되었다.

고전 세계로 시선을 돌린다는 것은 문화적 중요성 면에서 엄청난 의미를 지닌다. 이는 준종교의 강도로 인본주의의 명맥을 표현하는 것으로 지식인 사회가 교회의 믿음을 향해 엄청난 도전을 걸어왔음을 의미했다. 플라톤이나 아이스킬로스의 열렬한 숭배자들에게 그리스 신화와 기독교 교리의 동질성은 기독교에 대한 비밀스러운 비판 역할을 할 수 있었다. 비판에 상대적으로 온건한 저자들은 고대 그리스를 "한마디로 말해 종교와 문화가 혼합되는 방법"[26]의 전형으로 간주했다. 괴테는 결점이 무엇이든 그리스 고전 고대를 숭배하는 것이 기독교에 훨씬 더 바람직하다고 생각했다. 셸링은 "철학으로 만들어진 개념의 영역에 있는 모든 가능성이 그리스 신화에 의해 완전히 소진되었다"[27]라고 과장되게 표현하기도 했다. 셸링의 생각에 그리스 신화는 모든 철학의 기초일 뿐 아니라 과학, 예술, 종교를 이끌어냈다. 실러와 슐레겔은 그리스 고전 시대 예술가들을 영웅으로 숭배했다. 이 예술가들은 이성적 미덕과 감각적 쾌락을 모두 겸비한 것으로 보였고 그래서 칸트의 윤리학을 생생하게 반박할 수 있다고 여겼기 때문이다. 영국의 시인이자 평론가인 매슈 아널드는 고대 그리스를 "인류에게 고대 유대보다 덜 중요하다고 볼 수 없는 나라"[28]라고 기술했다. 고대 그리스는 (의무, 자기희생, 영원한 심판, 도덕률과 같이) 매력 없는 요소는 배제하고 토착화와 심미적 요소를 구현한 종교로 신사에게 적합했다. 종교와 마찬가지로 고대 그리스는 단순히 개인적인 교양이나 숭고한 이상뿐이 아닌 공동의 삶의 방식으로서의 문화였다.

당시 낭만주의자들은 그들을 계승한 몇몇 근대주의자들이 그랬던 것처럼 앞으로 나아가기 위해 잃어버린 이상향으로 되돌아갔다. 고대 그리스는 다 자라 성숙한 어린 시절을 의미했다. 이미 가버렸기 때문에 또 여전히 앞으로 도래할 것이기에 규정하기가 힘들었다. 열렬한 그리스 문명 숭배자 중 한 명이었던 횔덜린은 아테네의 정신이 독일적 형태로 다시 번영해야 한다고 설파했다.[29] 이런 열성적 추종자들로서는 고대가 소유한 풍성한 자원의 보고에 견주어봤을 때 헬레니즘 자체는 그저 단순한 하나의 신화일 뿐이라는 점을 인정하기 어려웠다.

터너는 "고전 세계에 대한 지식과 고전 교육을 통한 소통으로 익히게 된 가치는 그 양이 결코 적지 않으며, 이는 유럽의 정치 지배 계급의 정신에 영향을 주고 지적 자신감을 불어넣었다"[30]고 주장한다. 이런 강력한 문화적 자원은 다양한 시기와 장소에서 신사들 사이의 암호 내지는 식별을 의미하는 배지 역할을 했다. 오스카 와일드의 고전 선생이었던 J. P. 마하피J. P. Mahaffy는 "고대 그리스의 저작들은 우리 자신과 같이 교양 있는 사람의 작품이다"라고 말하며 재치 있게 자조하며 고대 그리스의 작품을 고찰했다. 고대의 유기적 삶의 형태 안에서 문화의 한 가지 의미(어떤 민족의 삶의 방식)가 심미적 맥락에서 활력 넘치는 문화 에너지와 융합되었다.

균형, 성적 즐거움, 완전함, 평형, 고요함, 조화, 안정성, 자제력, 감각의 삶, 정신의 즐거움, 다양성, 자발적 본능 등을 신뢰하는 그리스적 미덕은 근대 부르주아의 삶 속에 나타나는 추악함, 불균형, 광폭한 에너지와 희박한 도덕적 진지함과 대비시키기가 매우 쉬웠다. 프리드리히 슐레겔은 "고대의 시는 즐거움의 시고 우리의 시는 욕망의 시다"[31]라고 말했다. 고대인과 폭도들의 무절제한 열정을 대비시키는 일은 그리 어렵지 않았다. 상당히 귀족적 방식의 이념인 그리스적 가치는 도덕과 예술이 합쳐져 있었다. 그리스 문화의 옹호자들은 무한한 에너지로 가득한 문화적 형태를 추구했고, 유기적 틀 안에 그

에너지를 가둬두고자 했다. 이런 문화 형태는 유동적이고, 자유로우며 지속적인 역동성을 가지는 한편 조화와 평화로움을 발산했다. 이런 점에서 이 문화 형태는 타성에 빠지는 위험 없이 근대의 끝없는 분투로부터 도피처를 제공했다. 형태의 유한성은 내용의 무한성으로 타협할 수 있었다. 낭만적 이미지의 내용을 설명할 때 고대 그리스의 건강한 이미지를 하나의 예로 들 수 있다. 이 낭만적 이미지의 내용은 항상 형식의 한계를 넘어 풍성하게 흘러넘치지만 일정한 내적 침묵으로 인해 억제된다. 이런 의미에서 낭만주의 이미지는 조용하면서 변형적이고, 죽어 있으면서 살아 있고, 성취를 이루었지만 제한을 두지 않는다. 낭만적 이미지는 자신의 활력을 손상시키지 않으면서 성취된 형태로 스스로를 억제한다. 움직임은 지속적인 정지 상태에 잡혀 있다가 분수처럼 곡선을 그리며 원래 자신의 모습으로 영원히 돌아간다.[32] 예술 작품이 유동적이고 살아 있는 상태로 시간의 유린으로부터 자유를 누리는 동안 무한함은 영원함으로 변한다. 월터 페이터에게 낭만적 이미지란 보석 같지만 활력으로 불타는, 유기적이면서 동시에 비유기적인 것이었다. 또다른 모습의 전능한 신인데 다만 크기가 매우 작은 모델이었다. 하지만 그 이미지는 신학적이면서 정치적이다. 욕망은 폐기되기보다는 억제되므로 더이상 끝없이 성과 없는 갈망의 해로운 무한성을 표현하지 않는다. 따라서 근대의 역동성은 전통적 질서와 화해할 수 있다. 좀더 단조롭게 논점을 표현하면, 중간 계급은 정치적 안정에 위협을 가하지 않으며 앞으로 쏟아져 나올 수 있다.

폭포에 대한 콜리지의 목가적 관찰(폭포는 불변의 형태를 항상 변화하는 내용과 하나로 연합시킨다)에서 예이츠의 무희(분수, 돌아가는 팽이 그리고 밤나무)까지, 이는 하나의 극단에서 또다른 극단으로 계속해서 낭만주의를 따라다니는 이상이다. 예이츠도 이런 이상을 앵글로-아이리시 대저택Anglo-Irish Big House(앵글로-아이리시 귀족의 문화와 전통을 영웅화하고 신화화한 예이츠의 정체성 담론의 소재—옮긴이)에서 찾았는데, 그곳은 격정과 신중함, 활발함과 형식적인 특징이 그런 특징을 찬양한 시에서와 마찬가지로 조화를 이룬다. 이런 이미지는 T. S. 엘리엇T. S. Eliot의 〈네 개의 사중주Four Quartets〉의 회전하는 세상의 정지점, 움직임을 절제하는 움직임의 형태[33] 그리고 정지된 상태에서 영구적으로 움직이는 것 같은 중국 꽃병의 형태로 돌연 다시 나타난다. 키츠의 작품 〈가을에게To Autumn〉의 "다 자란 양떼full-grown lambs"라는 다소 기이한 표현에서도 언뜻 이런 흔적을 찾을 수 있다. 이는 일종의 모순어법이다. 램lamb은 아직 다 자라지 않은 어린 양이다. 다 자란 양은 쉽sheep이다. 그러나 램이 성장하면 완전히 자란 쉽이 될 수 있다. 이 표현은 어떤 것이 자기 동일성을 가질 수 있지만 그러면서 여전히 성장할 수 있는 신비로움을 암시한다. 즉 운동성이 있으면서 자기억제적이다.

*　*　*

정치적 측면에서 말하자면 고대 그리스는 혁명의 시기에 안정성의 이미지를 제공할 수 있었다. 그러나 고대를 이상화하는 작업에는 대부분 공화주의의 어조가 포함되어 있다. 프랑스 혁명을 옹호한 니컬러스 보일에 의하면 "고대 그리스는 그들에게 세계 최초로 완전히 계몽되고 사해동포주의적이며 합리적인 국가의 전조였다"[34] 그리고 데이비드 콘스탄틴은 "헬레니즘 문명은 혁명적 잠재력을 가지고 있다. 헬레니즘은 고대 그리스, 특히 페리클레스 당시 아테네의 정의 사회의 모델을 추론했다"[35]고 말한다.

헬레니즘의 정치적 모호성은 일반적으로 낭만주의의 특이한 모순으로 여겨진다. 이사야 벌린은《낭만주의의 뿌리The Roots of Romanticism》에서 이 특이한 모순을 두세 페이지에 걸쳐 요약해놓았다. 낭만주의는 젊으면서 퇴폐적이고, 이국적이면서 일상적이고, 역동적이면서 고요하다. 또한 삶을 긍정하면서 죽음을 사랑하고, 개인주의적이면서 공산 사회주의자 같고, 구체성을 사랑하지만 동시에 정신적 모호함으로 둘러싸여 있고, 투박하면서 멋을 부리고, 소박하면서 세련되고, 과거에서 영감을 받지만 창조성에 힘입어 열변을 토한다. 통합에 헌신하지만 다양성을 예찬하고, 그 자체가 목적인 동시에 사회 갱생의 도구로서 예술에 열과 성을 다한다.[36] 비슷한 맥락에서 카를 슈미트Carl Schmitt(독일의 법학자이자 정치학자. 나치에 협력한 전력이 있다―옮긴이)는 "에너지의 낭만주의, 퇴폐의 낭만주의, 삶의 즉각적 실재로서의 낭만주의, 과거와 전통으로 도피하는 의미에서의 낭만주의"[37]가 있다고 말한다. 낭만주의 운동에는 프랑스 혁명을 가장 열렬하게 지지한 이들 몇 사람이 포함되어 있을 뿐 아니라 가장 과격한 적대자들도 들어가 있다.[38] A. O. 러브조이는 고전에 관한 에세이에서 낭만주의는 프랑스 혁명과 옥스퍼드 운동Oxford Movement(19세기 전반, 옥스퍼드대학과 관련된 영국 국교회 신학자들에 의해서 행하여진 국교회 재건 운동―옮긴이)을 둘 다 잉태했어야 한다고 비꼰다.[39] 보여준 것이 거의 아무것도 없는 통합에 사상의 흐름이 이렇게까지 심취한 경우는 거의 없었다. 비합리적인 사회 제도가 합리적인 것보다 더 유효하고 오래 지속된다고 믿고, 전제 국가가 비판적 사고를 강제로 억압해야 하며 과학자, 민주주의자, 무신론자, 지식인, 유대인을 문명의 적이라고 간주한 P. B. 셸리와 조제프 드 메스트르를 포용하는 문화 사조를 어떻게 이해할 수 있을까?

하지만 그럼에도 불구하고 개념의 유명론에 항복을 해야 할 이유는 없다. 최소한 이렇게 확실한 몇 가지 모순은 연대학을 이용해서 설명할 수 있다. 독일에서는 18세기가 저물어갈 때쯤부터 이전의 수많은 급진적이고 공화주의적인 초기 낭만주의자Frühromantiker(노발리스, 슐레겔 형제, 횔덜린, 슐라이어마허)들이 좀더 반동적 자세를 취하기 시작한다. 절대주의에 반대하고, 성적 자유와 자유주의적 개혁을 열렬히 지지하는 것으로 시작한 노발리스와 프리드리히 슐레겔 같은 사상가들은 끝에는 군주제, 신비주의, 귀족주의, 중세적 문화 그리고 로마 가톨릭 교회에 정착하게 된다. 이제 사회 질서를 보완할 것은 예술보다는 종교였다. 몇몇 나치주의자들이 이런 독일 낭만주의의 기질을 칭송하기도 했다. 영국에서는 워즈워스, 콜리지, 사우디Robert Southey(영국의 낭만주의 시인—옮긴이)가 정치적으로 배신을 한 뒤 (수많은 낭만주의자들이 그랬듯) 혁명에 미혹되어 한동안 후회스러운 시간을 보내다가 이후 온전한 정신으로 돌아왔다.

이후 낭만주의는 정치적 시대와 함께 변화했다. 혁명적 이상주의가 현실 정치에 의해 퇴색되자 낭만주의는 동시대의 병폐에 대한 해결책으로 봉건주의나 절대주의를 꿈꾸는 복고적 관념주의로 손쉽게 변화할 수 있었다. 그러나 이는 완전한 180도 변화는 아니었다. 예를 들어 초기 낭만주의자는 처음에는 프랑스 혁명을 극찬했지만 나중에 옥스퍼드 운동의 주도자들과 그다지 다르지 않은 정치적 사상 쪽으로 진화했을 수도 있었다.[40] 그러나 그들은 처음부터 순수하고 열렬한 반란자는 고사하고 민주주의자도 아니었다. 이들의 자유주의는 시간이 지나면서 좌에서 우로 변할 수 있는 공산 사회주의와 섞였다. 그들 대부분이 급진적인 시기에조차 엘리트주의 규범의 형태를 옹호했고 확실히 대중을 심각하게 의심했다.

낭만주의의 모순은 단순히 논리에 맞지 않는 증상 이상의 것이다. 낭만주의가 스스로를 상대로 분열된다면 그 이유는 많은 부분 낭만주의는 중간 계급 사회의 산물이면서 동시에 그에 저항하기 때문이다. 낭만주의가 보이는 대담한 개인주의는 다른 무엇보다 이상적인 사업가의 모습이다. 또한 그 사업가가 바쁘게 만들어내는 얼굴 없는 문명에 대한 질책으로, 이 문명 안에서 수많은 사람들이 톱니바퀴와 암호로 전락한다. 정신적 개인주의는 존중받지만 좀더 소유욕이 강한 다양한 종류의 개인주의는 자연, 정신, 예술, 문화, 세계정신, 정치적인 사랑, 중세의 길드, 고대 그리스, 이상향 공동체 또는 칸트식의 취향에 대한 일치 등 어떤 형태로든 간에 조금 더 공동체적 존재의 견제를 받아야 한다.

창조적 정신에도 이와 비슷한 모호성이 있다. 인간은 스스로와 주변 조건을 변화시킬 수 있는 자기결정적 동인으로 보인다. 그래서 역사는 뉴턴이나 로크를 위해서는 가져보지 못한 가치를 떠맡게 된다. 문제는 어떻게 인간 주체가 오만의 노예가 되지 않으면서 기계적 유물론에서부터 빠져나오느냐다. 인간의 창의성은 결정론자로부터 보호되어야 하지만 그렇게 하면서 새롭게 세상을 자신의 발밑에 둔 문명은 불경스럽게 도를 넘는 것을 반드시 경계해야 한다. 객체와 싸우기 위해 객체를 만들어내는 피히테식 환상이 좋은 사례다. 카를 슈미트의《정치적 낭만주의Politische Romantik》는 낭만주의자들이 세상을 축소시켜 주체적 환상을 위한 사례로 만들고 모든 강력한 자아를 제분소에서 빻아 가루 곡식으로 만들어버렸다고 혹평한다.

그러나 이런 종류의 딜레마에는 해결책이 있었다. 나쁜 종류의 수동성이 있는데, 이는 개인을 단순히 감각 데이터를 받아내는 그릇 또는 환경의 기능 취급을 한다. 창조적 정신이 반대하려는 신조가 바로 이런 나쁜 수동성이다. 하지만 인간이 주변에 있는 생명을 가진 존재에게 인내하면서 경건하게 자신을 개방하는 내맡김Gelassenheit의 상태와 같이 지혜로운 형태의 수동성도 있다. 간섭하려 드는 의지를 유예하는 키츠의 부정적 능력이 바로 이런 사례다. 그에 따라 활동성과 수동성 사이의 균형이 아마 어긋날 것이다. 이렇게 균형 잡힌 상태의 사례로 영감받은 시인을 들 수 있는데, 여기서 시인이 터득한 예술은 그 자신이 아닌 어떤 힘에 의지해 발생한다.

다른 모호성도 매우 많다. 이성보다 감정을 지지하는 것은 상인과 직원의 피도 눈물도 없는 합리성에 도전하는 일이다. 하지만 철저히 연구하기보다 습관적이고 본능적인 탐구를 귀히 여겨 사회 질서를 합리적으로 비판하지 못하게 될 수도 있다. 분석적 사고에 저항하는 낭만적 사고는 낭만주의 운동 후기에 불길한 영향을 불러오기도 했다. 야코비는 다음과 같이 항의한다. "그 빛은 내 가슴에 있다. 그 빛을 내 지성으로 가져오려 하자 바로 꺼져버린다."[41] 야코비를 읽으려 노력하는 이들은 이 말의 의미를 정확하게 알 것이다. 애정은 대부분 지엽적이므로 이성에서 감정으로 전향했다는 것은 추상적 보편주의를 편협한 파벌주의로 바꿨다는 의미일 것이다. 감각적 개별자를 추종하는 낭만주의적 특성도 똑같은 결과를 낳을 수 있다. 에드먼드 버크의 작은 소대가 전 지구적 관점에서 항상 선호되었던 것은 아니다. 감정은 저항의 임무에 쉽게 동원될 수 있는 만큼 반응 기준에 맞춰 결집할 수 있다. 애정의 중심지는 일반적으로 가정인데, 가정에는 체제 전복적 힘이 거의 없다.

유기적이라는 개념은 기계적 이성에 환영할 만한 대안을 제공할 수 있다. 개인이 다른 개인과의 중요한 모든 연결을 상실한 듯한 사회 질서를 거절하는 것이기도 하다. 그러나 유기적 사회생활의 견본을 만드는 일은 위계질서를 구성한다는 것과 완벽하게 일치하기 때문에 분명 머리가 발톱보다 더 중요하다. 또한 여기서는 급진적인 변화보다는 점진적 진화를 선호하는 경향이 있다. 버크 같은 진화주의자들에게 어떤 하나의 제도를 만드는 일이 오랫동안 지속되고 있다는 것은 일반적으로 얼마든지 정당화될 수 있는 일이다. 지속성이 일종의 정당성인 것이다. 역사는 그 자체가 보수적인 주장으로 그 어떤 추상적 명제보다 훨씬 더 설득력이 있다. 데이비드 흄도 이와 같은 생각을 했다.

낭만주의가 스스로와 불화한 면은 좀더 있다. 자연, 예술 그리고 상상력은 모두 사회 재건의 소중한 자원이다. 하지만 정치적 희망이 퇴색되기 시작할 때 자연, 예술 그리고 상상력 등은 역사로부터 피난할 강력한 도피처를 제공할 수 있다. 그래서 워즈워스가 자코뱅을 등지고 산으로 들어간 것이다. 우주를 살아간다는 생각은 자연을 향해 어리석게 도구적 자세를 취하는 일을 질책하는 것은 물론 합리주의자들의 풀기 없는 문제에 도전한다. 그러나 이는 동시에 일종의 속임수가 될 수도 있다. 자연은 죽은 물질은 아니지만 정확하게 주체도 아니다. 자연, 예술 또는 인간성 자체를 목적으로 간주하면 어떤 경우든 인간의 문제에는 도구적 이성이 나름의 자리를 차지한다는 것을 망각할 수 있다. 도구적 이성 없이는 결코 사회 변화가 있을 수 없다. 이런 합리성은 낭만주의의 불구대천의 원수인 공리주의의 영업 자산이다. 그러나 19세기가 흘러가면서 공리주의는 놀라운 사회 개혁을 이끌어냈다. 찰스 디킨스의《어려운 시절Hard Times》에 표출된 (군중을 즐겁게 만드는) 공리주의를 향한 경멸은 경솔하고 섬세하지 못하다.

예술의 존재 이유는 교환 가치에 대항에 효과적으로 반격하는 것이지만 그것이 어떻게 세상을 보완할지를 알기는 쉽지 않다. 급진적 낭만주의자에게 예술은 지켜야 할 가치를 의미하지만 우리는 예술을 위해 살아가지 않는다. 자율성은 미학적 가치이면서 정치적 가치를 띤다. 그러므로 예술 작품의 자기의존성은 자신 이상을 말한다. 셸리와 테니슨Alfred Lord Tennyson 사이 어딘가에 이런 통찰이 잘못 놓여 있다. 상상력은 천천히 정치적 힘이기를 그만둔다. 산업 자본주의 시대가 펼쳐지면서 예술 작품의 자율성은 오로지 그 자신을 위해 말해지기 시작한다. 급진적 낭만주의자들은 세기말의 퇴폐적 미학주의에 녹아들어간다. 예술 자체가 한때 예술이 보여주었던 행복의 약속을 대신하게 된다.

낭만주의 사고의 모순은 더 있지만 간단하게만 다루겠다. 한 예를 든다면 무한성 개념은 계산될 수 있는 것이 실재라는 합리주의에 저항하는 반대 제스처일 수 있다. 낭만주의 사고는 유한함을 업신여기는 경향이 있으며 그러는 중에 모순되게도 합리주의 자체가 세계의 가치를 평가 절하하는 방식을 반영할 수 있다. 또 하나, 낭만주의가 인간성을 완전함으로 가는 경로로 간주하는 것은 인간성 타락이라는 프티부르주아 청교도의 음울한 교리를 향해 날리는 펀치가 될 수 있으며, 이는 깊이를 가늠할 수 없는 중간 계급의 힘을 향한 그들의 믿음에도 잘 맞아 떨어진다. 마지막으로 낭만주의에 매우 중요한 개념인 자기결정에는 정치적으로 이중적인 면이 있다는 점을 주목할 필요가 있다. 이는 확실히 공화주의적이고 반식민주의적이며 대중 민주주의를 의미하는 동시에 대사업가들의 교리이기도 하다.

*　　*　　*

낭만주의는 근대에 지울 수 없는 흔적을 남겼다. 예술에서 섹슈얼리티, 생태학, 주체성까지 낭만주의는 문화적 무의식의 주요 부분을 형성한다. 찰스 디킨스의 소설은 낭만주의가 얼마나 신속하고 널리 공통의 감각을 변화시켰는지를 알려주는 증거다. 근대 사상가들은 피할 수 없이 후기 다윈주의자 또는 부지불식간에 후기 프로이트주의자가 되는 것처럼 필연적으로 후기 낭만주의자다. 그들이 자발적으로 후기 피히테주의자라고 주장하기가 더욱 힘들 것이다. 게다가 낭만주의는 사제에서 시인, 성체에서 상징, 성스러움에서 완전함, 천국에서 정치적 이상향, 은총에서 영감, 신에서 자연, 원죄에서 입에 담기도 힘든 존재의 범죄로 한 걸음씩 물러나며 종교의 임시방편 역할을 훌륭하게 해냈다.

　하지만 전반적으로 통치 세력을 대신하는 게 아니라 보충하는 것이 낭만주의 운동의 운명이었다. 블레이크에서 로런스D. H. Lawrence 까지 몇몇 낭만주의 예술가들은 산업 자본주의를 향한 장려한 맹비난을 퍼부었는데, 레이몬드 윌리엄스Raymond Williams(웨일즈 출신의 학자, 소설가, 비평가—옮긴이)의 《문화와 사회Culture and Society》[42]에도 기억할 만한 것 한 가지가 기록되어 있다. 우리가 나중에 알아볼 문화 비평가Kulturkritiker들과 마찬가지로 급진 우파에서 대거 튀어나온 비평이다. 블레이크 자신은 귀중한 예외다. 이런 비평은 20세기 초의 가장 탁월한 문예 작품을 알린 세계관에서 비롯되었다. 그러나 이런 비평은 산업 자본주의 이후 야기된 정신적 피폐함에 저항해 목소리를 높였지만, 상당 부분은 자본의 권리를 축성하면서 그렇게 했다. 명예로운 예외도 있기는 하다. 19세기 말 영국의 윌리엄 모리스William Morris(영국 출신의 화가이자 공예가, 건축가, 시인, 정치가, 사회운동가—옮긴이)는 이런 전통을 정치적 흐름(노동자 계층 운동)에 이용해 프랑크푸르트 학파(1930년대 이후 등장한 프랑크푸르트암마인대학교의 사회 연구소를 중심으로 한 신마르크스주의 사회 이론가 집단—옮긴이)가 도래할 때까지 사회주의 기록에는 경쟁자가 없었던 문화 비평을 창조해냈다.

　(원시적이고, 낡고, 인간 본연의 것이고, 야만적이고 혹은 신화적인) 근대 이전의 과거를 향한 낭만적 향수는 근대에 유해한 결과를 맺었다. 그것은 모더니즘으로 인해 계승된 유산이었다. 그리고 그 이유는 정확하게 낭만주의가 봉건주의, 위계질서, 전통, 랜슬럿 앤드루스Lancelot Andrews(영국의 주교이자 학자, 엘리자베스 1세와 제임스 1세 시대에 영국 성공회 고위 성직을 맡음—옮긴이), 중국 고전 시대, 고대 멕시코를 좋아하기 때문이다. 그리고 이교의 풍요의 신 숭배 또는 모더니즘이 유물론의 재앙적 역할을 할 수 있는 17세기 영국의 가상의 유기적 사회, 금전적 연계, 소유욕이 강한 개인주의, 자연 훼손, 대중문화의 타락 그리고 인간이 가진 힘의 지배적 행사를 선호하기 때문이

었다. 이런 점에서 낭만주의의 정치적 모호성은 이 사조의 낭만적 선도자가 갖는 모호성과 크게 다르지 않다.

횔덜린에서부터 호프만슈탈의 시대까지의 여정에서 낭만주의는 종교의 역할을 계승하고자 했으나 그러지 못하고 종교의 운명을 따르게 되었다. 신을 믿지 않는 19세기가 펼쳐지면서 낭만주의는 점점 더 방어적으로 변해갔고 교회가 그랬듯 포위되었다. 초기 낭만주의자들과 급진적인 영국의 낭만주의자들부터 상징주의자, 라파엘전파(라파엘 이전 시기인 14~15세기의 이탈리아 화가들과 비슷한 양식의 그림을 그렸던 19세기의 영국 화가들—옮긴이), 19세기 말의 유미주의자들까지 세상과 절연하려는 충동이 세상을 바꾸려는 욕구를 서서히 추월해버렸다. 한때 공적 영역에서 공세에 시달리는 듯 보였던 낭만주의가 꾸준히 사생활의 영역이 되었다. 확실히 그것은 계속해서 존재할 갈등이었다. 낭만주의 사고에는 세상을 걷어차고 싶은 욕구와 세상을 변화시키고 싶은 열망 간의 긴장이 있었다. 종교에도 그런 갈등이 있었다.

예술과 종교가 사회 주류에서 동시에 밀려나고 있다면, 양자가 서로 껴안는 것이 논리적으로 보였다. 다음 장에서 살펴보겠지만 이런 정신에서 매슈 아널드는 시가 종교와 똑같은 봉사를 하도록 압박했다. 그러나 남에게 잘 속는 불운한 사람처럼 예술과 종교 그 어느 것도 서로를 도울 수 있는 상태가 아니었다.

4

문화의 위기

근대성이 진정한 무신론을 성취하기까지 얼마나 오랜 시간이 걸렸는지 생각해보면 그저 놀랍기만 하다. 그리고 마침내 무신론을 달성했을 때도 결코 종교적 믿음이 틀렸다는 것을 증명하거나, 종교적 믿음을 타파해서 얻은 것은 아니었다. 신을 믿지 않는 건 일반적으로 생각하는 것보다 훨씬 더 힘든 일이다. 전능한 신을 확실하게 보내버렸다고 생각하지만 신은 항상 다른 모습을 하고 다시 무대에 등장한다. 브루스 로빈스Bruce Robbins(콜롬비아대학 영어와 비교문학부 교수—옮긴이)가 말하듯 "신의 대체자가 항상 의혹을 제기하고 세속화를 더 야기한다 해도 실제로 그리고 의미심장하게 세속화의 역사를" 제시할 필요가 있다.[1] 로빈슨은 세속적 개념은 "종교의 앙금을 아주 많이 담고 있기 때문에" 쉽사리 종교적 믿음을 미개한 과거로 둘 수는 없다고 지적한다.

　계몽주의가 종교를 밀어내는 데 실패했다면 다른 무엇보다 그렇게 해야 하는 정치적 목적에 완전하게 맞지 않았기 때문이다. 성공했다고 해도 계몽주의의 합리성은 냉철한 초월적 존재보다 무원죄 잉태설(성모 마리아가 잉태를 한 순간 원죄가 사해졌다는 기독교의 믿음—

옮긴이)에 더 열광하는 일반 대중의 마음과 정신을 얻기에는 너무 비판적이고 지적이다. 이성으로 매일의 경험에 대한 감정(한 마디로 말해서 미학)을 보충하려는 시도는 신화를 통해 대중과 연결되려던 관념론과 낭만주의의 프로젝트가 무익한 지성주의를 결코 탈출하지 못했던 것처럼 배타적인 집단의 과업 이상은 될 수 없었다. 문화 산업은 20세기가 도래하고 나서야 (저항이 없었던 것은 아니지만) 일반 대중의 꿈과 욕망을 일제히 권력의 보호하에 둘 수 있었다. 초기 철학자들이 꿈꾸었던 대중 신화를 마침내 영화, 텔레비전, 광고 그리고 대중 언론의 형태로 이루었다는 정서가 있다.

그렇다면 문화의 개념은 무엇인가? 문화가 종교를 대신할 가능성이 가장 높은 후보였다면 그것은 문화가 토대적 가치, 초월적 진리, 권위적 전통, 도덕적 성장, 공동의 정체성 그리고 사회적 임무와 연관이 있기 때문이다. 종교는 비전인 동시에 제도, 인식된 경험이자 보편적 프로젝트인데 가장 자신감이 충만한 상태의 문화에 이 모든 특징이 들어 있다는 주장이 제기된다. 관건은 문화가 몇몇 계몽주의 학자, 관념론의 현인, 낭만주의 예술가들이 매우 불온하다고 생각한 소수의 가치와 일반 대중의 삶 사이의 틈을 메우는 일을 교회처럼 할 수 있느냐다. 소수의 가치로서 문화가 삶의 전체 방식으로서의 문화와 연결될 수 있을까? 교회는 하나의 제도로 성직자와 평신도를 감싸안으며 그만의 방식으로 이 두 가지 영역 사이의 틈을 메웠다. 비록 소박한 신앙인들과 주교와 신학자들의 의견이 정확하게 일치하지는 않지만, 그런 문제는 그들이 공유하는 믿음보다 중요하지 않다. 이런 사회 질서 안에서는 위계질서와 공동체적 연대감이 완전하게 양립한다. 슈바벤 지방의 농부가 튀빙겐의 신학자와 정확하게 똑같은 방식으로 원죄론을 이해하지는 못하겠지만 이 둘의 이해 방식에는 분명 관련성이 있다.

　두 편의 에세이 〈기독교 사회의 이념The Idea of a Christian Society〉과 〈문화의 정의를 위한 노트Notes towards the Definition of Culture〉에서 T. S. 엘리엇은 종교가 엘리트에게는 신학으로, 대중에게는 신화로 받아들여지면서 양자 간의 갈등이 없었던 이유에 대해 질문을 던진다. 지식인들이 설명하는 진리를 일반 대중은 자발적인 습관과 무분별한 관습을 통해 실행하므로 여기에서는 의식과 무의식 사이에 차이가 있다. 양자가 똑같은 가치를 공유하지만 인식의 수준은 다른 것이다. 따라서 정신적 위계질서는 일반적 문화와 조화를 이룰 수 있다. 사회주의자의 평등을 일축할 수 있다면 자유주의적 개인주의도 퇴짜를 맞을 수 있는 것이다. 엘리엇의 연극에도 비슷한 이론이 숨어 있는데 이는 등장인물과 관객을 이해 수준에 따라 확실하게 계층화하려는 의도다. 〈대성당의 살인Murder in the Cathedral〉의 주인공은 자신의 비극적 상황을 완전하게 인식하고 있는 반면, 캔터베리의 서민 여성들은 수많은 엘리엇 극의 관객처럼 무슨 일이 진행되는지에 대해 거의 아는 게 없다. 〈가족의 재회The Family Reunion〉와 〈칵테일파티The Cocktail Party〉에도 어리둥절해하는 등장인물이 나온다. 이들을 지켜보는 극장의 원형 관람석과 1등석에 앉아 있는 그다지 높지 않은 정신 수준의 평범한 사람들 역시 무엇인가 중대한 일이 일어나고 있다는 것을 막연하게 알 뿐, 그 이상의 예리한 통찰을 할 거라고 예상할 수 없다. 인류, 특히 그중에서도 하찮은 인간은 현실을 제대로 지탱하지 못한다. 문화는 자기인식의 가장 복잡한 형태지만 동시에 가장 무분별하다. 버크와 마찬가지로 엘리엇에게 문화는 일종의 사회적 무의식을 상징한다. 문화는 당연하게 받아들이는 행동에서보다는 분명한 신념에서 스스로를 밝히기를 꺼리는 타산적이고 이론적인 것의 어두운 밑면이다.[2]

과연 문화는 일반 대중과 지성인을 정신적 교감 안에서 하나로 묶으며 종교 이후 시대의 신성한 담론이 될 수 있을까? 불가사의한 진리를 종교적 믿음과 같은 방식으로 매일 실천에 집중하게 만들 수 있을까? 할 수만 있다면 규범적 개념으로서의 문화는 묘사적 범주의 문화와 하나가 될 것이다. 문화의 미학적이고 인류학적인 개념은 일상의 삶에 예술의 창조적 기백 같은 것이 부여되는 유기적 사회를 꿈꾸는 것과 관련이 있다. 문화의 이 두 가지 개념이 이제 다시 한 번 산업 자본주의의 심장부에서 만나 문화가 사회 질서와 도덕적 행동의 보증인으로서 종교의 역할을 대신할 수 있을까?

답은 한마디로 말해 "가능하지 않다"다. 가장 숭배받는 진리와 평범한 수많은 사람들의 매일의 존재를 연결하는 종교의 능력에 비견될 만한 상징적 형태는 지금까지의 역사에서는 찾아볼 수 없다. 그래서 유럽의 집권 세력이 종교의 종말을 불안히 여겼다는 사실이 전혀 놀랍지 않다. 그러나 계몽주의가 종교적 신념을 축출하는 데 실패했다면 관념론자와 낭만주의자들은 종교를 세속화하지 못했다. 종교의 임시방편 역할을 하기에 문화라는 개념은 너무 규정하기 힘들고 문제가 많은 것으로 드러났다. 미학적 문화만으로는 구원받을 수 없다는 것이 선명해졌다. 구원을 추구하기에 미학적 문화는 너무 소수만을 위한 개념이다. 그렇다고 삶의 전체 형태로서의 문화라는 개념에 원대한 구원의 희망을 걸 수도 없다. 삶의 전체 형태라는 것은 존재하지 않고, 인간 사회는 매우 다원적이며 논쟁적이다. 문화는 사회적 분열을 화해시키기보다는 반영하는 경향이 강하다. 일단 논쟁이 문화 개념 자체에 침투하기 시작하고 가치, 언어, 상징, 연대감, 유산, 정체성 그리고 공동체가 정치적 문제로서 무게가 실리게 되면 문화는 해결책이기보다는 그 문제의 일부가 되어버린다. 더이상 한편의 이익에 대항하는 공동의 대안으로서 문화가 제시될 수 없다. 대신 문화는 가짜 초월자에서 공격적인 개별주의로 전환된다. 이것이 사실상 포스트모더니즘하의 문화의 운명이었다.

*   *   *

에드먼드 버크는 문화라는 용어를 자의적으로 사용하지 않았지만 문화 자체가 혁명에 강력한 해독제라는 것을 알고 있었다. 사실 문화는 정치와는 반대라는 정서가 있다. 아니면 최소한 미학처럼 문화는 비정치적 외피를 띤 정치다. 근대에는 문화 개념에 대한 근원이 많았다.(민족주의, 지역주의, 민족 이동, 제국주의자 인류학, 반자본주의 비평, 종교적 신념의 감소, 정체성 정치 등) 그중에서도 프랑스 혁명은 문화를 낳은 주요 창시자다. 프랑스 혁명이라는 대재앙에 반응해 문화라는 개념의 절박성이 짙어진다. 버크에게 문화는 유기적 복잡성, 아주 오래된 습관, 깊이 뿌리박힌 감정 습관, 자발적 충성, 당연하게 받아들이는 경건함, 오랫동안 중시해온 제도, 본능적 애정과 반감, 미묘하게 강압적인 전통의 힘, 언어의 보물 창고, 조상 숭배와 나라 사랑, 풍경과 친척의 문제다.[3] 그러므로 문화는 일종의 지질학적인 속도로 느린 시간을 살면서 영국 해협 너머에서 갑작스럽게 일어나고 있는 변화에 열심히 저항한다. 이런 관점의 문화적 혁명 개념은 모순

159

어법적인 부분이 있다. 문화가 부여할 수 있는 은혜로 정련된 사람들은 조화와 문명이라는 미명하의 과도한 열정과 떠들썩한 당파성을 무시한다. 현 상태에 저항하는 선동은 정치적이지만 예의 없는 행동에 대항한 방어는 정치적이지 않다. 문화는 온건하고 침착한 어조로 말하는 반면 정치가 내는 목소리는 거칠고 시끄럽다. 매슈 아널드의 관점에서 볼 때 여성의 권리에 찬성을 부르짖는 일은 문화적이지 않지만 가부장제를 위한 정중한 청원은 문화의 요건에 들어맞는다. 모든 면에서의 원만함이 희한하게도 한쪽에 치우치는 편파성으로 드러난다.

　이런 유산에 충실하게 아널드의 저작 중 가장 널리 알려진《교양과 무질서Culture and Anarchy》는 그의 다른 저작《문학과 도그마Literature and Dogma》가 정말 문학 또는 도그마(독단)를 의미하듯 교양 또는 무질서를 뜻한다. 문제의 무질서는 다른 무엇보다 18세기 상업적 인문주의자들에 의해 문화의 사도로 극찬받은 매우 상업적인 계급의 무질서다. 그러나 아널드의 시대에 개인적 교양의 맥락에서의 문화는 정치적으로는 더이상 회복력이 충분치 않았다. 핵심은 교양 있는 사람으로 사회 구성원을 채우는 게 아니라 문화를 사회 불안을 막는 방어물로 배치하는 것이다. 따라서《교양과 무질서》는 빅토리아 시대 영국에서 계급투쟁이 격화될 때 미학적 버전의 문화가 사회적 버전의 문화에 영향을 미칠 방법을 추구한다. 이 작품의 역사적 맥락은 의회 민주주의에 노동 계급을 정치적으로 편입시키는 작업을 보증하는 제2차 선거법 개혁안the Second Reform Bill에 있다. 아널드 에세이의 핵심은 그들을 정신적으로도 동화시키고자 하는 것이다.

　그러나 이 두 가지 의미의 문화는 한 가지 논쟁에서 다른 것으로 옮겨가며 계속 악화되면서 아널드의 에세이 전반에 걸쳐 서로 갈등한다. 문화는 임시적이면서 영원하고, 사회 정책이면서 개인적 교양이고, 완전함을 획득하는 과정이자 완벽한 상태 바로 그 자체다. 문화는 기본적으로 삶의 실용적 방법이라기보다는 내적 작업 또는 정신의 사색 상태로 이해된다. 문화는 "인간의 완전성을 내적 상태에 둔다".[4] 풍자적 모방의 대상이 된 작업을 위한 온건한 공식으로서, 문화는 우아함과 지성, 최고의 자아, 완전함의 연구, 이성과 신의 의지가 지배적이 되게 만드는 힘, 대상을 있는 그대로 보는 것 그리고 세상에 선보이고 제시된 최고의 문제였다. 아마 의도된 것이겠지만 이런 암시적인 추상성 중 정확한 의미를 갖는 것은 아무것도 없기 때문에 이런 표현들은 계속 빙빙 돌면서 서로 다른 것을 강조하도록 상기될 수 있다. 이는 이후 나올 아널드의 산문 《문학과 도그마》에 놀라울 정도로 반복 표현이 많음을 예고한다. 이런 고결한 공허함을 감안하면 아널드가 철학자가 아님에 대해 스스로를 비난할 때(사실 이것은 은근한 자화자찬이지만) 아마 당신은 그가 대상을 있는 그대로 보고 있는지 의심하지는 않을 것이다. 아널드에게 철학은 없을 수 있지만 확실히 이념은 있다.

　　이런 문화 개념의 무효성nullity은 조잡한 사고로 인한 결과 이상의 것이다. 이와는 대조적으로 문화 개념이 모호한 것에는 어떤 필요성이 있다. 문화는 정확하게 정의할 수 없는데 그 본질이 특정한 것의 초월에 있기 때문이다. 따라서 문화의 공허함은 그 권위와 직접적으로 비례한다. 문화는 속박할 수 없기 때문에 비판할 수도 없다. 프레드릭 해리슨Frederic Harrison(영국의 법학자이자 역사가—옮긴이)은 아널드의 주장을 짓궂게 풍자하면서 금세 이런 거창한 공허감을 발견한다. 아널드식의 문화는 "영원한 움직임이며 아무것도 그에 복종하지 않는다. 모든 질문이 끊임없이 공개되지만 그에 대한 답은 아무것도 없다. 모든 것의 무한한 가능성이며 모든 것이 되고, 아무것도 되지 않는다".[5] 오귀스트 콩트의 제자이자 진보적 학풍의 옥스퍼드대학(워덤 칼리지Wadham college) 동문인 해리슨에게 문화란 애초에 정신의 상태가 아니라 좀더 뚜렷한 사회 개혁을 의미했다. 아널드의 또다른 개성의 측면에서도 마찬가지였다.

아널드의 시각에서 문화는 그 자체가 행동에 대한 질문이 아니다. 오히려 문화는 행동의 근원으로서 거기에서 어떤 결실이 맺어진다. 실러의 미학적 상태처럼 문화는 극히 사심 없는 전체성 또는 모든 특정 활동이나 사회적 이해관계가 이탈 혹은 배반으로 보여야 하는 다면성, 아널드의 고자세적 거만한 표현을 이용하면 "단순히 기계적"인 것을 상징한다. 그래서 문화는 그것이 고치려 하는 바로 그 조건을 미묘하게 평가 절하한다. 매슈 아널드가 미연에 방지하고자 하는 것은 "거칠고 천박한 행동"(이 멋진 묘사는 주목할 만하다)일 뿐이라고 주장하는 비평가들이 있었고, 아널드는 그들과 맞서려고 부단히 노력한다. 그러나 그가 행동을 내면성의 조건이라기보다는 이미 내적으로 결정한 것을 단순히 표면화하는 작업으로 간주한다는 의혹을 피하기는 어렵다. 행동으로 정신 상태를 표현할 수는 있지만 행동이 정신 상태의 구성 요소는 아니다.

실러의 견해와 같이, 전체에 대한 공평한 견해란 사물의 위대한 계획 속에서 어떤 이의 행동을 볼 때 상대성의 맥락에서 행동한다는 것을 뜻한다. 따라서 문화는 모순된 삶을 위한 공식이다. 당신은 문화에 참여해야 하지만 그러면서 감정적으로 한쪽으로 치우쳐서는 안 된다. 아널드도 스스로 교양 없는 중간 계급 출신이라고 고백했다. 그러나 그는 부패하고 천박한 동료들과는 구별되는 독립적인 존재이므로 자신이 속한 삶의 방식에 대한 심판을 모두 마치 외부에서 온 존재인 양 피해갈 수 있다. 어떤 사람의 신념에 대해 객관적일 수 있다는 것은 그가 교양 있는 사람이라는 표시다. 그러나 "문화는 자코뱅주의를 나타내는 두 가지 중요한 신호(사나움과 추상적 체계에 대한 집착)에 영원히 저항하므로"[6] 일종의 정치이기도 하다. 문화는 무엇이건 과격하고 분열적인 것에 물들지 않고 마음을 고요하게 지키며 정치의 삐걱거림에 균형을 호소하고 관리한다. 고전적인 옥스퍼드식 논거다. 지적이고 흥분하기 잘하는 프랑스인과는 달리 영국인들은 침착하며 체계적 사고에는 무능력하다는 점이 두드러진다. 영국인들은 자신의 의견에 속지 않는다. 세련되면서 평화롭고, 때로는 저자가 손으로 얼굴을 가린 채 히죽거리며 웃는 듯한 아널드의 산문 형식은 그 자체가 이런 사나움을 완화시키려는 시도다. 또한 이 산문 형식은 단조로우면서 부드럽게 자기만족적인 아널드의 글이 주장하는 것보다 이 침착한 현자가 정치적 환경에는 심하게 동요한다는 사실을 숨기는 데도 일정 역할을 한다. 토머스 칼라일의 분노에 찬 묵시적 산문과는 유익한 대조를 이룬다.

무엇이든 너무 심각하게 받아들이는 귀족 정신을 거부하는 아널드의 태평스러운 자기모순의 대척점에 서 있는 것은 중간 계급 도덕주의자와 평민 민중 지도자의 암울한 광신이다. 이들의 완고한 편협성이 양측 모두에게서 그리스적 정신의 유연성을 치명적으로 박탈해버린다. 각자가 헤브라이즘Hebraism(기독교 사상. 문화로 헬레니즘과 더불어 서양 사상을 형성해왔다. 때로 헤브라이즘은 신에 대한 복종과 윤리적 행동을 위하여 다른 모든 이상들을 포기하는 태도를 의미하기도 한다─옮긴이)적 방식을 따르는 경향을 보이며 절대적 판단을 하려 하지만 교양 있는 인간은 굳건하게 전체에 시선을 두고 그 모든 판단을 근시안적인 것으로 간주한다. 문화는 산업 자본주의를 비판하는 역할을 할 수 있으나 문화 역시 산업 자본주의에 도전하는 힘을 경멸한다. 급진적 정치는 이윤 추구나 상류층의 특권을 비난하지만 문화는 인간 존재의 다양한 전체성 내에서 그들의 역할을 파악한다. 다시 말해 문화는 일종의 고상한 체념으로, 모든 것은 그에 합당한 자리가 있다는 신념을 담담하게 받아들인다. 그런 점에서 문화 역시 신정론의 형태를 띤다.

아널드는 역사의 주요 대로에 속한 것(예를 들어 영국 국교회)은 무엇이든 높이 평가하고 미미하거나 비주류적인 것(예를 들어 감리교파)은 모두 저평가했다. 그가 영국 국교회가 감리교파보다 더 많은 진리를 보유하고 있다고 간주했다는 것은 절대 아니다. 그의 시각에는 두 교파 모두 그다지 진리에 충실하지 않았다. 중요한 것은 그저 어떤 교파가 주류로 떠올랐느냐다. 전체에 편입된다는 것은 미덕 자체를 구성하는 것이다. 이러한 사례는 순전히 형식주의적이다. 스스로를 중간 계급의 이단자로 간주하는 사상가, 야만성이라는 바다에 고립된 문명의 외로운 아바타를 자처하는 사람이 갖는 견해로는 기묘할 따름이다. 주류에 속하는 것 자체가 미덕이라면 편협함은 그 자체가 악덕이다. 어느 하나에 몰두하는 것은 교양이 없는 것이다. 문화는 균형이 관건이다. 이런 편견을 가진 아널드는 어떤 특정 정치적 입장을 공격하지 않는 것처럼 보이면서 실은 공격할 수 있다. 그는 실질적 논거, 간단히 형식 논리적 근거를 토대로 이런 문제 또는 저런 사건에 반대하지 않는다고 암시하고 싶어 하는 듯하다. 어떤 의견이 균형과 비례, 평정, 공정함에 어긋난다는 사실 때문에 그는 그 의견에 반대한다. 심지어 어지간히 무관심한 독자조차도 어쨌든 아널드가 그런 의견을 참을 수 없어 한다는 것을 분명하게 알 수 있다.

그러나 문화는 그런 중립성에 만족할 수 없다. 계급투쟁이 벌어지고 세속화가 서서히 진행되며 시장 무질서, 도덕의 해체 그리고 정신적 지도자의 면모를 보이지 못하는 가부장주의가 지배하는 시대에 단순한 내적 교양으로서의 문화는 미래가 없다. 그보다 문화는 실용적이고 공동체적이며 개혁적으로 변해야 한다. 아널드의 목적처럼 종교의 자리를 대신하려면 문화는 천상에서 내려와 공격적으로 사회적 임무를 수행해야 한다. "이웃에 대한 사랑, 행동하고 돕고 자비를 베푸는 충동, 인간의 오류를 없애고자 하는 욕망, 인간의 혼란을 없애고 그들의 비참함을 줄이며 우리가 처음 만들었을 때보다 이 세상을 더 좋고 행복한 곳으로 만들겠다는 숭고한 열망"을 모두 감싸안아야 한다.[7] 그런데 올림포스 산에서 내려다볼 때는 이것이 문화를 폐허로 만드는 것으로 보이지 않게 하려면 어떻게 해야 할까? 옥스퍼드 출신의 미학자 아널드와 근면한 공립학교 장학관 아널드는 서로 어떻게 조화를 이룰 수 있을까? 평형과 총체성이 스스로를 실현하려는 순간 비참하게 망가지지 않을 방법은 무엇일까? 평형과 총체성이 물질적 실존에 들어가지 못한다면, 문화가 선명한 공허 안에서 날갯짓을 하는 아름다우나 능력은 부족한 천사 이상의 것이 되어 아널드가 셸리에 대해 한 말[8]을 훔쳐내는 방법을 알아내기는 어렵다. 참여적이 될수록 문화는 조정자의 역할을 하기 힘들다. 그리고 문화가 조정자 역할을 하려고 노력하면 할수록 효과는 떨어지게 되기 쉽다.

특권을 받은 자들의 문화가 어떻게 하면 더 널리 유포될 수 있을까? 널리 유포되지 않으면 소수의 가치는 스스로 포위될 가능성이 높아진다. 널리 퍼져 나갈 수 있어야만 궁극적으로 보존될 수 있다. 그러나 대중에게 소수의 가치를 전파하려다가 그 존재가 먼저 없어져버릴 수 있다. 어떤 문화적 가치가 변하지 않으면서 새로운 사회 그룹으로 확장되기는 매우 어렵다. 하지만 아널드는 자신의 신념을 나누기 위해 초대된 이들이 그의 신념을 재구성하는 일에 참여할 거라고 기대하지 않는다. 문화가 살아남으려면 은둔적이어서는 안 되지만 근본적으로 다시 만들어져서도 안 된다. 문화는 실용적이고, 집단적이며, 영속적이고 그 어떤 제한을 둬서는 안 되는 과정이지만 동시에 부동의 이상을 가지고 있어야 한다. 문화는 유용성에는 단호하게 반대하면서도 긴급한 사회적 목적을 이루기 위해서는 이용될 수 있어야 한다. 문화가 널리 퍼지지 못하면 정치적 혼란이 뒤따를 수 있다. 종교의 힘이 쇠미해져가고 있는 때에 중간 계급의 탐욕과 노동 계급의 원한을 완화시킬 수 있는 유일한 수단은 문화인 것 같다. 그런데 아널드의 시대에 노동 계급의 투쟁성이 교양 없는 속물들의 자유방임적 교의에 반대하는 쪽으로 향하기는 했지만, 아널드가 말한 무질서에 중간 계급의 개인주의와 프롤레타리아의 봉기가 모두 포함된다는 것은 주목할 만하다. 그것은 사회 통제를 더욱 강화하라는 요구를 의미하는 것이다.

이때 문화는 이 살풍경한 여러 사회 계층을 하나로 동화시켜야 한다. 그렇게 하지 않을 경우, 아널드식으로 표현하자면 문화가 런던의 이스트 엔드(전통적으로 노동자층이 거주하는 런던의 동부 지역—

옮긴이)를 포용하지 못하면 결국에는 폐허가 될 것이다. 이런 전략은 관대한 마음에서 우러나온 것이라기보다 자신의 이익을 위한 것이다. 문화를 대중에게까지 확장하는 일은 도덕적 의무지만 동시에 분명 자신의 잇속을 차리는 행위다. 디킨스의 《황폐한 집 Bleak House》에 나오는 이스트 엔드의 병자들을 돌보는 것은 무엇보다 병자들에게 잠재한 치명적 감염 가능성이 그들이 속한 건강한 교외로 퍼지는 것을 방지하기 때문이다. 아널드는 "인간성의 거칠고 무관심한 특성이 우아함과 지성에 의해 감동을 받기 전까지 소수의 '우아함과 지성'은 완전하지 못하다는 점을 문화는 알고 있다"[9]고 말한다. 아널드는 문화는 무계급성을 추구하며, 이런 맥락에서 교양 있는 사람이야말로 진정한 평등의 사도라고 주장한다. 하지만 그가 진짜로 추구한 것은 계급이 아닌 계급 투쟁이 없는 상태. 수많은 열혈 자유주의자처럼 아널드는 갈등과 불화를 불쾌하게 여겼다. 그는 문화는 증오와 불화의 적이라고 선언한다. 문화가 널리 퍼지는 과정에 어느 정도 갈등이 있다는 점을 인지하지 못한 것 같다.

갈등을 혐오하면서도 아널드는 국가의 힘이 노동 계급 시위자들을 진압하는 것을 보고 싶어 한다. 국가는 "집단화되고 공통적인 특성"이기 때문에 그런 억압은 순수하며 사심이 없다. 정치적 의견을 냈다는 이유로 노동자를 수레에 싣고 감옥으로 운반하는 것은 잘 다듬어진 전체성을 추구해야 한다는 미명하에 분파의 이익을 진압하려는 시도다. 아널드는 "런던의 폭도들을 포함해 미래의 우리 자신의 최고의 자아를 위해 그들을 제압해야 할 필요가 있다"[10]고 말한다. 그리고 국가라는 모습의 최고의 자아는 반드시 "인파 넘치는 도시에 혼란과 무질서, 수많은 시위 행렬을 야기하는 것은 무엇이 되었건 강제적으로 진압해야 한다"[11]고 논평한다. 말하자면 우리의 고상한 자아가 우리의 열등한 자아를 구금시켜야 한다는 의미다. 우아함과 지성은 결코 수갑과 족쇄와 양립할 수 없다. 평화와 조화를 이루는 데 필요한 대부분의 조건과 마찬가지로 이는 유일하게 비난받는 폭력의 형태다.

정치적 저항에 직면했을 때 문화가 얼마나 결연해질 수 있는지 보면 그저 놀랍기만 하다. 편견이나 추측이 없다면 문화는 그 자체가 사고의 자유로운 움직임에 지나지 않는다. 그러나 문화의 지나친 모호함이 사람들에게 "권리는 전혀 없고 오로지 의무만"[12] 있다는 것을 알릴 수 있음에도, 문화는 아널드가 "알기 쉬운 사물의 법칙"이라고 부른 것을 고르게 밝히도록 관리한다. 그리고 문화는 저속한 당파적 견해를 가지지 않음에도 불구하고 봉건적 특권이 맹렬히 또는 순식간에 없어지기보다는 "점진적으로 그리고 은근히" 폐지되어야 한다고 우리를 설득하는 데 성공한다. 또한 "단순한 기계"를 경멸하는 것은 물론 결정적으로 내용이 없음에도 문화는 간신히 아널드를 설득해 부동산 무유언 사망법Real Estate Intestacy Bill에 반대하게 만든다.

강력한 정부를 지지한 자유주의자로서 아널드는 자유방임적 자본주의는 자연스럽게 좀더 공동체적 자본주의로 가는 과정이라는 점을 밝힌다. 그는 중간 계급의 경제적 무질서가 노동 계급을 "지배하고 그들에게 존경을 요구하는 강력한 봉건적 습관"을 종식시켰고[13], 중간계급의 강력한 자유 숭배가 노동 계급에도 전달되고 있다는 입장을 견지한다. 따라서 새로운 국가 중심의 이념인 문화가 이런 쇠퇴하는 가치를 복원해야 한다. 제멋대로인 시장의 힘이 중간 계급의 삶의 형태를 정당화하는 계층화된 정치 질서를 불안정하게 만들어 그들은 위기에 처해 있다. 그러므로 중간 계급은 도덕적 목적을 위해 더욱 공동체적인 이념은 물론이고 정치적 목적을 위해 좀더 강력한 국가를 세워야 할 필요가 있다. 문화 국가라는 이상 안에서는 이 두 가지 필요조건이 편리하게 연결될 것이다.

더욱 강력한 국가가 필요하다는 것은 정신의 자유로운 활동에 제한이 가해짐을 고백하는 것이다. 정치적 질서 자체에 대한 문제 제기를 위해 자유가 너무 과하게 허용되어서는 안 된다. 정치 질서가 우아함을 얻고 세련되게 정련되어 대중의 구미에 맞게 되려면 헬레니즘이 필수적이다. 그러나 이런 사상의 선회는 정치 질서를 방해할 위험도 가지고 있다. 정신의 자유주의가 정치적 자유주의 혹은 경제적 자유주의에 위협이 되어서는 안 된다. 정신은 특정 사회 조건에서만 자유롭게 활동할 수 있는데, 그때 그런 조건을 해치지 않고 보존하는 반자유주의적 조치가 필요할 수 있다. 한마디로 말해 관용의 뿌리에 폭력과 편견이 있다는 의미다.

이때 문화는 문제이자 동시에 해결책이 된다. 문화가 무질서에 대한 답이라지만 극한으로 압박당할 때는 문화도 무질서 자체와 같은 성향을 무심코 드러낸다. 헬레니즘은 헤브라이즘을 방해할 정도로 심하게 다변적이어서는 안 된다. 아널드에게 헤브라이즘은 순종, 양심, 자기훈련, 신에 대한 두려움을 의미하는데 이 모든 특성은 아널드가 "소란 행위"라 부른 것과 대조를 이룬다. 앏은 행위에 치명적 타격을 입혀서는 안 된다. 어떤 힘을 무모하게 분산시키는 것은 그 힘을 대폭적으로 줄이는 데 것에 있어서 어떠한 진전도 아니다. 미학적 문화의 모순적인 객관성이 도덕적·정치적 의미에서의 문화와 불화한다면 어떻게 하겠는가?

이때의 헬레니즘은 정치적 격변기에 완전히 받아들이기에는 초자아적 미덕이 너무 모자라다. 사실 모든 가능성을 묶으려는 아널드식의 헬레니즘적 욕구는 헬레니즘 자체를 헤브라이즘과 연합시키려는 다소 이상한 전략으로 귀결된다. 헬레니즘은 귀족적이고 헤브라이즘은 부르주아적이므로 이 둘의 연합은 사실상 빅토리아 시대 영국에서 진행 중이던 사회 계급의 융합을 반영한다. 상류 사회에 경직성이 필요하다면 중간 계급은 부드러워져야 할 필요가 있다. 느긋한 귀족 지도 체제가 정신의 고요함을 잃지 않으면서 헤브라이즘적 열정과 융합될 때 신중하게 문화와 양심을 연합하는 작업은 유효하다. 동시에 어두운 기운의 사업가들도 그들 자신의 역동성은 해치지 않으면서 호머와 괴테를 접해야 한다. 아널드 정치사상의 많은 부분이 그렇듯 해결책은 전적으로 지적인 부분에 치중되어 있다.

《교양과 무질서》가 출판되고 몇 년 뒤 저항적 노동 계급에 집착하는 또다른 작품이 나왔다. 디오니소스와 아폴론적 특성에 대해 이야기한 니체의 《비극의 탄생》은 아널드의 에세이와 같은 방식으로 정치적 시대를 말하는 논문이 아닌 것으로 보인다. 그러나 니체가 신화와 비극적 지혜의 재탄생을 소리 높여 요구했다면 그 이유는 그가 사회에서 노예 계급의 침울한 동요로 간주한 것, 경멸적으로 알렉산드리아적 문화 또는 과학적 합리주의 문화라고 칭한 것 때문이다. 니체는 이렇게 말한다. "자신을 불평등한 존재로 간주하도록 학습된 야만스러운 노예 계급보다 더 끔찍한 것은 없다. 그리고 이제 그들이 자신에게뿐 아니라 모든 세대를 향한 복수를 준비하고 있다."[14] 여기에 어렴풋이 나타나는 것은 다름 아닌 "이론적 문화의 자궁 속에 잠들어 있는 재난"[15]이다. 이런 폭풍우가 도래한 상황에서 니체는 누가

창백하게 지친 종교 앞에 자신 있게 호소할 수 있느냐고 묻는다. 그 대신 필요한 것은 신화의 재연이다. 그것이 현재 대중을 구슬리고 있는 진보와 긍정주의의 세속 정신을 좌절시킬 것이다. 니체가 요구한 것이 비극적 비전의 부활이라면 미학보다는 이성이 좀더 긴급하게 요구된다.

＊　＊　＊

《문학과 도그마》에서 아널드는 자신의 주장 전체를 종교적 용어로 재구성한다. 칭찬받아 마땅한 솔직함으로 그는 먼저 당대의 주요한 정치적 문제는 "믿음을 버린 대중"이라고 선언하면서 작업을 시작한다. 아널드는 자매 작업으로 낸 《신과 성경 God and the Bible》에서 "일반 대중 중 많은 수가 일종의 혁명적 이신론을 받아들였는데, 이런 이신론은 전통적이고, 오래됐으며, 안정적이고, 확립되어 있는 모든 것에 적대적이다. 또한 기존의 것을 완전히 깨끗하게 쓸어버린 후 현재의 계급들을 배경으로 두고 연기하는 주요 배우들을 위한 새로운 무대를 원한다"[16]고 말한다. 종교를 불신하게 만드는 것은 한마디로 말해 노동 운동이다. 아널드는 《문학과 도그마》에서 다음과 같이 말한다. "현재 꾸준히 증가하고 있는 가장 성공적이고, 열정적이며, 기발한 생각을 하는 장인 계급의 구성원 중 다수가 스스로 성경을 완전히 거부하거나 성경은 타파된 미신이라고 말하는 선생들을 따르고 있다."[17] 그러나 아널드는 그 자신도 성경에 대해 그들과 똑같은 견해를 가지고 있다는 점을 언급하지 않는다.

　　사실 여기에서의 쟁점은 계몽주의식의 이중 진리론이다. 볼테르나 아널드같이 교양 있는 신사가 예수의 신성에 대해 의구심을 품는 것은 전혀 문제가 없지만, 무역 연합의 극렬분자들이 같은 점을 의심하는 것은 다르다는 의미다. 아널드는 다음과 같이 경고한다. "사람들이 종교에 대해 갖는 오해나 착각을 공격해서는 안 된다. 왜냐하면 그들이 곧 착각이기 때문이다."[18] 수많은 계몽사상가들 역시 기꺼이 이에 동의했을 것이다. 착각이나 오해 때문에 노동자들이 개인 소유물에 손대지 않는다면 그건 별로 해로울 게 없다. 그러나 계몽주의 이후 변화한 점은 이제 일반 대중들이 종교적 의심을 하기 시작했는데, 종교적 의심은 사회주의와 그다지 멀지 않다는 것이다. 볼테르와는 대조적으로 아널드의 상황에서는 사람들이 갖는 미신이 아닌 회의주의가 가장 불안한 요소였다. 진보적 성향의 이단자들은 이제는 중간 계급 철학자들이 아닌 노동 계급에게 포위당한 채 공세에 시달리고 있다. 계몽주의의 합리성이 일반 대중의 종교와 너무 동떨어져 있었다면, 이제 종교는 점점 불가지론 쪽으로 기울어지는 대중과 심하게 분리되어 있는 상황이다. 이런 상황을 바꾸기 위해 아널드는 자신이 광교회Broad Church(영국 국교회 가운데 자유주의적인 신학 경향을 가진 교파—옮긴이) 신도인 아버지의 일을 계속하고 있는 것이라고 여겼다.[19] 그는 광교회파의 교리는 물론 그 어떤 교회의 믿음도 믿지 않았지만 그런 사실은 이 중요한 목적을 달성하는 데 전혀 걸림돌이 되지 않는다고 생각했던 것 같다.

문제의 해결책은 민중이 새롭게 접한 회의주의를 포기하게 만든 후 그들을 재구성하는 게 아니라 성경을 재구성하는 것이었다. 현 상태의 기독교를 믿으며 살 수 없다고 하지만 그렇다고 아예 기독교 없이 살 수도 없는 노릇이었다. 아널드는 성경이 "사람들에게 다가

가기 위한 것"이라면 문화가 필수적이라고 선언한다. 정통 종교가 일반 대중에게 감명을 주지 못할 경우 적절하게 시적으로 표현된 기독교라면 그 역할을 대신할 수 있다는 의미다.[20] 대중은 "성경의 언어는 유동적이고 일시적이며 문학적이라는 점, 고정되고 엄격하거나 과학적이지 않다"[21]는 것을 받아들여야 한다. 이 모든 것은 성경의 언어가 도덕적 절대주의나 형이상학적 교의가 아닌 시와 문화의 담론이라는 뜻이다. 따라서 아널드 같은 문학비평가들은 자신에게 새로운 중요한 기능이 부여되었다는 것을 알게 된다. 융통성을 부릴 줄 알고 독단에 휘말리지 않는 정신을 가진 지식인들은 합리주의의 시대에는 전혀 어울리지 않게 복음적 진리로 간주되는 것의 비유적 특성을 주장하고 정치적 권위의 토대를 흔드는 것을 거부해야 한다. 이것이 그들의 임무다.

아널드는 종교를 재구성해야 한다고 선언한다. 신화적 요소와 초현실주의를 들어낸 버전의 성경을 만들어 일반 대중의 충성을 주장하고 억제책으로 도덕적 영향력을 계속해서 행사하는 것이다. 사실 우리가 지금까지 봐온 지성사의 상당 부분의 목적이 바로 이것이었다. 계몽주의의 유신론이나 불가지론에서 낭만주의의 신화화 작업과 빅토리아 시대의 비신화화 작업까지, 항상 급한 우려 사항이 한 가지 있었다. 그것은 정치적 분별력의 이성을 택해 야만적 미신을 버리든, 좀더 합리적인 종교를 받아들이든, 세속적 신화를 숭배하든, 소위 문화 국가에 편입되든, 아무튼 일반 대중은 믿어야 한다는 점이다. 그게 아니면 아널드가 주장한 것처럼 좀더 편리하게 대중에게 소비되기 위해 시적으로 개조된 고급화된 형태의 기독교를 내놓든가 해야 한다.

이때 문화는 종교 역할을 하는데 이는 결국 정치 역할로 귀결된다. 아니면 아널드 자신이 주지시키듯 "현 상황에서 행동이 불가분하게 성경과 밀접한 관계가 있다면 문화는 말로 표현할 수 없을 정도로 중요해진다"[22]. 문화의 임무는 종교를 이념적 권위의 형태로 재편하기 위해 종교가 가진 독단의 껍질에서 도덕적 알맹이를 꺼내는 것이다. 문화는 종교적 신념의 신령스러운 기운, 정서적인 면에서의 수사법 그리고 높은 도덕성은 보존하고 사실 같지 않은 내용에서는 신중하게 빠져나와야 한다. 독단은 이성적 추론과 관련이 있는데, 이에 대해 아널드는 "추론의 재능을 가진 사람이 그리 많지 않다"고 평한다. 대중은 종교적 의문에 대해 이성적인 논쟁을 할 수 없다.[23] 그러나 그들은 숭배와 복종의 본능을 느끼는데 이것이 좀더 논점에 가깝다. 아널드는 "형이상학적 방식은 사람들을 장악하는 힘이 부족하다"[24]고 불평한다. 종교가 형이상학을 버리지 않으면 대중을 잃게 되기 쉽다.

아널드가 상상하는 예수는 옥스퍼드-캠브리지대학 주빈석의 자리를 잃는 일이 거의 없다. 예수의 "논쟁의 여지가 없고, 사람의 마음을 끄는 내적 작동 양식"[25]은 온화함과 부드러운 합리성의 전형적 사례인데, 이는 문화의 특성이기도 하다. 예수는 유대의 예언자로 평화가 아닌 칼을 들고 이 땅에 왔고, 가족을 파괴하고, 세상을 불로 심판할 것이라 말하고, 사기꾼과 창녀들과 어울림으로써 그 당시 종교적 권위에 적대감을 불러일으키고, 상인과 환전상을 사원 바깥으로 내쫓고, 지극히 독실한 바리새인들에게 가장 무서운 저주를 퍼붓고, 자신의 동지들에게는 그들이 약속을 지킨다면 그들 또한 나라에 의해 죽임을 당할 것이라고 경고했다고 한다. 이 점에 주목할 필요가 있다. 무엇보다 가장 경악스러운 것은 우아함과 지성을 발산하지는 않고 그저 우리를 책망하며 낯선 이방인들을 위해 삶을 바치라고 말하는 경전의 심술궂은 불합리성이다. 키르케고르 같은 신학자들은 알고 있었듯 종교의 요구 사항이 띠는 가증스러울 정도의 극단성에는 온건이나 중도가 없다. 게다가 고문당한 몸을 중심 주제로 하는 기독교의 교리는 비합리적이며 반미학적이라는 견해도 있다. 이른바 유연한 정신의 소유자라고 추정되는 아널드는 종교가 대중에게 적합한 이유는 정치적 안정을 위한 필요성 때문이 아니라는 점을 깨닫지 못한다. 그는 유대인의 성경이 야훼를 가난하고 힘없는 사람들의 옹호자, 사이비 종교를 일축하고 물신주의와 우상 숭배에 격분하며 칭호와 전형으로서의 이미지를 거부하고 그의 민족을 노예 신분에서 해방시키는 비신적 존재로 제시한다는 사실에 근거한다는 것을 고려하지 못한다.

구약의 종교가 형식에 치우쳤고 복음의 영적 내면성과는 대조적으로 법률과 의식을 준수하는 데 집중했다는 아널드의 추정은 기독교가 갖는 표준적 반유대주의와 같다. 아널드가 보기에 신약의 종교는 "주로 개인적인 문제"를 다루며, 바울 성인도 놀랄 만큼 근대의 평범한 자유주의적 견해를 닮았다.[26] 종교 재판의 희생자가 들었다면 크게 기뻐할 만한 일이다. 유대인의 경전처럼 기독교의 성경도 인류 전체의 운명을 염려한다. 기독교의 성경은 인류가 주권을 가진 개별적 주체라는 개념과는 동떨어져 있다. 하지만 그렇다고 해도, 유대인의 경전과 기독교의 성경을 섞음으로써 문화와 행동, 존재와 행동, 헬레니즘과 헤브라이즘 사이의 합당한 균형을 잡을 수 있다는 것을 알 수 있다. 유대인의 구약이 행동에 관해 다룬다면 기독교의 신약은 우리가 "그 행동이 나아가는 곳에서의 감정과 성향을 다루도록"[27] 이 끈다. 그러나 아널드가 상상하듯 예수가 "새로운 종교적 이상"을 발전시켰다는 것은 사실이 아니다. 예수는 유대인이었지 기독교도가 아니었다. 따라서 앞선 주장의 유일한 결함은 그것이 명백한 거짓이라는 것이다.

그때 종교는 초월성을 띤 도덕 양식으로 또는 "감정으로 고양되고 불타올라 환하게 빛을 밝히는 윤리학"[28]으로 재구성된다. 아널드의 관점에서 성경은 세상에서 가장 중요한 저작이지만 그러려면 불쾌한 부분이 완전히 삭제되어야 한다. 따라서 배고픈 자를 먹이고 아픈 자를 방문하는 조건으로 구원을 말하는 책은 감정의 문제로 전락한다. 아널드는《신과 성경》을 통해 종교적 감정은 "사랑, 존경, 감사, 희망, 연민 그리고 경외감"[29]과 같은 것들인데, 이는 정확하게 정치적으로 결백한 감정이 아니라고 말한다. 그는 기독교가 말하는 정의로움은 본질적으로 "자기성찰, 온화함 그리고 자기부인"이라고 믿는다. 일반 대중이 불만족스러워하는 상황에서 지배 계급에게 이런 덕성을 갖춰달라고 호소하는 것을 보기는 그리 어렵지 않다. 어떤 문예 형태가 특별히 효율적인지를 찾는 과정에서 복음은 결국 어투, 분위기의 문제로 축소된다. 그래서 아널드는 "우리 모두 정직하게 살기를 원하지만 그렇게 하지 못한다"라는 문장은 도덕적이고, "마음이 가난한 자는 축복을 받으리니, 그들은 하나님을 볼 것이다"라는 문장은 종교적이라고 말한다. 종교는 본질적으로 상호 이해의 문제다. 종교는 어투, 은유, 교화적 감정, 수사적 효과의 문제기 때문에 문학 비평가는 종교 탐구 분야에서는 철학자와 신학자를 축출해야 한다.

아널드가 사심 없는 마음에서 다른 사람들은 신을 믿기를 열렬히 희망했지만 그 자신은 전혀 믿지 않았다는 점을 우리는 반드시 인지해야 한다. 하지만 사람들이 받아들이는 것이 아널드가 말하는 신이라는 점을 감안하면, 문화(교양)에 대한 그의 개념과 마찬가지로 이것도 그저 공허한 초월성일 뿐이므로 그런 상황 때문에 사람들이 너무 힘들어 해서는 안 된다. 신은 "우리 자신이 아니며 정의로움으로 향하는 힘" 또는 "모든 것이 그들 존재의 법칙을 실현하는 성향의 흐름"[30]이다. 이는 유대인들에게 그들이 태우는 향이 혐오감을 일으킨다고 말한 야훼하고는 전혀 거리가 멀다. 아널드가 말하는 교양의 개념이 신의 대리자라면, 그의 신 역시 신의 대리자다. 아널드는 종교적 신념은 이성이라기보다는 경험의 문제라고 주장하지만 그의 무미건조한 저작 역시 대부분 학자들의 독단처럼 상당히 추상적이다. 마르크스가 아르놀트 루게Arnold Ruge(독일의 사상가, 저널리스트―옮긴이)에게 보낸 편지에서 종교는 "내용이 없다"고 주장함으로써 그는 천박한 마르크스주의자가 되었다. 그러나 종교에 관한 매슈 아널드의 사상에 대한 설명으로 본다면 마르크스가 한 말은 매우 정확하다.

아널드가 간절히 원하듯 신을 "우리 자신이 아닌 것"으로 다시 정의하는 것은 사리사욕이 마구 날뛰는 사회에 타자성에 대한 모호한 의식을 회복시키려는 시도다. 자신의 일보다 사회 전체를 바라보도록 대중을 설득하지 않으면 사회 질서의 안정성은 분명 위험에 처한다. 기독교도였던 조지 엘리엇도 후일 과학주의, 실증주의로 돌아서는데 그녀가 밀접하게 관계를 맺었던 실증주의자들과 마찬가지로 엘리엇도 유사한 주장을 한다. 실증 철학자부터 신헤겔주의자들까지 이타주의가 대유행한다. 모든 시민은 자신의 이기적 본능을 공동의 선을 위한 재단에서 불태워 죽여 순교자가 되어야 한다. 소설가 험프리 워드 부인Mrs. Humphry Ward이 소설 《로버트 엘스미어Robert Elemere》를 통해 말하듯 사회는 새로운 연대를 필요로 하며 이를 위해 이타심을 위한 문화 개념을 찾을 것이다. 이런 방식으로 "부자는 가난한 자에게 헌신하고 가난한 자는 부자의 말을 끈기 있게 들어준다"[31]. 이는 공정한 교환으로 보인다. 자유주의적 자본주의는 교조적 개인주의를 초월해 선동성을 잠재한 노동 계급을 완전하게 통합하려는 작업과 관련이 있는 더욱 연합된 체계를 향해 진화하고 있다. 찰스 디킨스의 소설 초기와 후기 사이에서 이런 진화의 모습을 추적할 수 있다. 그러나 이렇게 성장하는 조합주의corporatism는 아직까지 완전한 이념적 표현을 하지 못했는데 아널드의 작업은 다른 무엇보다 이 임무를 성취하고자 하는 시도였다.

정치적 위기가 심화되면서 아널드에게는 문화보다는 행위, 헬레니즘보다 헤브라이즘이 우위를 점하게 된다. 《문학과 도그마》의 저자는 ("정치는 물론 과학도 없고 이렇다 할 매력도 없는, 보잘것없고 성공적이지 못한 무뚝뚝한 민족인"[32]) 고대 이스라엘을 이용해 점잖게, 혐오감을 이용한 전율을 일으킨다. 고대 이스라엘은 결코 당신의 클럽 오찬에 초대하고 싶은 나라가 아니다. 하지만 문화가 결핍되었다는 점이 그들이 의로운 행동의 패러다임을 제공했다는 사실보다 더 중요하지는 않다. 《신과 성경》에서 아널드는 인권의 교의를 중시하는 근대의 자유주의는 종교적 신념의 대체자가 아니라는 감정이 고조되고 있다고 선언한다. 자유주의는 정치적 혼란과 대면하는 천박한 교리이므로 좀더 절대적인 믿음으로 보충되어야 한다. "혁명적 방식의 척박함과 부족함"은 이 점에서 강력한 도덕적 시로서의 성경과 대조를 이룬다. "모든 인간은 자유롭고 동등하게 태어난다"는 말은 "신에 대한 두려움이 지혜를 얻는 시작이다"[33]라는 말보다 덜 숭상될 신조다. 비록 아널드 자신은 신을 믿지 않았고 전혀 두려워하지도 않았지만 말이다. 문화와 종교에 대해 아널드의 저술이 부지불식간에 드러내는 지적 부정행위, 즉 투박하게 이념 게임을 누설해버리는 행위는 그의 저술에서 가장 흥미로운 특징이라고 할 수 있다.

아널드의 논거에는 마키아벨리적인 면이 있다. 마키아벨리 역시 종교에 대한 존경을 촉구하면서도 그 자신은 종교에 완전히 무심했다. 마키아벨리는 종교가 추정적으로 칭송하는 소심한 미덕에 대해 최초의 니체식 혐오감을 느꼈지만 종교 추종은 시민 사회 질서 유지에 필수적이라는 입장을 견지했다. 마키아벨리 연구자인 퀜틴 스키너Quentin Skinner는 "종교는 다른 그 어떤 선보다 공동체의 신을 선호하게끔 유도하는 방식으로 일반 대중에게 영감을 불어넣는 데 (또는 필요하다면 공포를 조성하는 데) 사용될 수 있다"[34]고 말한다. 이는 최소한 고대 로마 시대만큼 오래된 정치 전략이다.

아널드 자신은 더이상 믿지 않는 신에 대해 다른 사람들이 의혹을 제기할 때는 그가 분노했다는 점이 모순이다. 불신에서 비롯된 매우 불명예스러운 행동으로 여겨지는 부분이 하나 있다. 아널드는 존 윌리엄 콜렌소John William Colenso 주교같이 성서를 비신화화하는 작업에 몰두한 인물을 지지하지 않았다. 콜렌소 주교는 자유주의적이고 합리적인 견지에서 성경을 해석해 당시 정통 종교와 불화를 일으켰다. 아널드 자신도 성경에 대해 콜렌소와 같은 견해를 가졌음에도 불구하고 그는 재빨리 콜렌소의 작업이 초래할 수 있는 이념적 악영향을 비난했다. 아널드는 다음과 같이 말했다. "인류 다수는 먼저 마음과 상상력을 통해 유화되고 인간화되어야 한다. 그래야만 내면에서 지식이 살아 있는 뿌리를 건드리는 토양을 발견할 수 있다. 오직 이런 방식으로 관념이 그들에게 전달될 때 관습을 교란시키지 않으면서 인간은 스스로를 관습에 맞춰 조정한다"[35]. 아널드는 수많은 철학자들이 무시하고, 실러가 납득시킨 교훈을 통감하는 것 같다. 추상적인 이성은 용감한 동료 자유주의자를 그의 운명에 맡겨 비정하게 내치는 대중에게 영감을 불어넣지 못한다는 그의 주장은 정확했다.

라이오넬 트릴링Lionel Trilling이 논평하듯 아널드는 "콜렌소가 염두에 뒀던 공장 직공은 교화될 수 없다. 이 작업으로는 그들의 정신이 고양되지 못하고, 도덕의식이 고취되지 못하며, 종교적 신념 역시 강화되지 않는다"[36]는 입장을 견지한다. 따라서 자신의 믿음을 사심 없는 연구에 두고 대상을 있는 그대로 보려고 노력했던 사상가들은 이념이라는 명분 때문에 몰염치하게 이성을 희생시켰다. 사람들이 권위를 전복시키는 마음 상태인 의심에 전염되어서는 안 되었다. 이 점에 관해 아널드가 콜렌소를 침묵하게 만들 준비가 되었다면, 아널드 자신을 검열할 열정 또한 준비를 끝낸 상태라고 볼 수 있었다. 그는 독자들을 교화시키기보다는 우울하게 만들 거라는 이유로 자신의 시극 〈에트나 산정의 엠페도클레스Empedocles on Etna〉를 시선詩選에서 뺐다.[37] 우울함은 이념적으로는 무기력하다. 이후 머지않아 토머스 하디 역시 비평가들의 분노에 맞닥뜨린 후 이런 진실을 알게 된다. 예술의 목적은 기분 전환에 있다.

* * *

문화가 신의 대체자 역할을 제대로 하지 못할 경우 인간이 그 역할을 할 수 있을 거라 가정할 수 있다. 19세기 독일의 철학자 루트비히 포이어바흐의 《미래철학의 토대》에 의하면 근대의 임무는 전능한 신을 왕좌에서 끌어내리고 인간을 그 자리에 앉힘으로써 신학을 인류학으로 전환시키는 것이다. 아널드와 마찬가지로 요점은 종교적 정서를 없애는 게 아니라 재구성하는 것이다. 우리 자신을 숭배하는 좀더 만족스러운 일을 할 수 있는데 눈에 보이지 않는 신을 섬기느라 시간을 낭비하는 것은 유익하지 못하다. 프리드리히 슐레겔은 "신이 되고, 인간이 되고, 자신을 고양하는 것은 모두 같은 것을 의미하는 똑같은 표현이다"[38]라고 말했다. 특히 자연을 약탈하는 문제에 대해 오만한 인본주의를 경계한 마르크스도 "종교는 인간이 그 자신을 중심으로 두고 돌지 않는 한 인간 주변을 도는 실재가 아닌 환상의 태양일 뿐"[39]이라고 평한다. 마지막 어구는 포이어바흐의 인도교에 나타나는 집단적 자아도취를 반영한다.[40] 허버트 스펜서Herbert Spencer, 조지 엘리엇, 조지 헨리 루이스George Henry Lewes 같은 19세기 합리주의자들도 우리의 경외감, 존경심 그리고 의무감을 신에게서 인류에게로 돌리려 무던 애를 쓴다. 이런 사상가들에게 과학은 불가해한 신비로움을 불러일으키는 준종교적 활동이었다. 이런 의미에서 종교적 믿음을 방해할 수 있는 것이 오히려 그 믿음을 강화할 수도 있다. 아니면 최소한 납득이 갈 만한 대안을 제시한다.

　　인간이 스스로에 대해 상당히 만족한다면 인간을 신격화하기가 더 쉬워진다. 유럽 부르주아들이 한층 자신감에 찬 시기에, 기분 좋게 자기미화를 할 만한 합당한 이유가 있는 것 같은 때에 인도교가 출현했다. 사실 인도교의 교리는 불합리하게 저절로 부풀려진 중간 계급에 대한 의견을 증명한다. 포이어바흐의 시각에서 인간은 전혀 죄가 없고 무한한 힘을 가진 존재다. 인간의 무한성은 한계를 모른다. 찰스 테일러가 말하듯 "근대 인본주의는 죽음을 위한 자리는 마련해두지 않고 번영의 개념을 발전시키는 경향이 있다"[41]. 이와 대조적으로 처형된 신체에 주목하는 기독교는 죽음을 직면하지 않고는 번영할 수 없다는 믿음에서 죽음을 그 비전의 정중앙에 둔다.

한때 신이 절대 군주였던 곳에 포이어바흐의 인간이 이제 그 대리자로 왕관을 쓰게 될 것이다. 그런데 신학적으로 말할 때 이것은 신성한 권위의 특성을 오해하는 것이다. 정통 신학에 의하면 신의 통치권은 폭군의 그것이 아니라 자비로우며 이 세상이 그 자체로 존재하게 하는 힘이다. 따라서 이것은 인간 통치권의 원형原型이 아닌 인간 통치권에 대한 비판이다. 신이 세계를 초월한다는 주장은 신은 세계를 필요로 하지 않기 때문에 세계에 대한 강한 소유욕을 무심코 드러내는 일이 없다고 말하는 것이다. 이는 스스로의 자율성을 계속 유지하면서 신처럼 독립적으로 선다는 의미에서 신의 것이다. 또한 과학이 가능한 한 가지 이유이기도 하다. 창조는 소유의 반대 개념이고 신성한 힘은 지배와 정반대다. 그러나 이런 것들은 인도교 이론가들을 억류하는 문제가 아니다. 항상 그렇지만 진실의 반대를 희화한 것을 처리하기가 더 쉽다는 것을 증명하는 사례다.

인도교는 프랑스 혁명이 야기한 극심한 고통 속에서 성인, 순교자와 축일, 이성의 축제 그리고 조국 숭배를 통해 맨 처음 빛을 보았다. 신에 대한 예배를 폐지한 법령이 발표된 이듬해인 1794년, 초월자Supreme Being에 대한 예배를 승인하는 법이 나왔다. 무신론의 통치는 단명했다. 1794년 법령은 사람들이 불멸의 영혼과 더불어 이 숭고한 독립체의 존재를 인정했다는 점을 선언하는 것이었다.

이 점에서 오귀스트 콩트가 자코뱅파의 합리주의에 대한 반격으로 실증주의적 인도교를 만들었다는 사실은 모순적이다. 생시몽의 신봉자인 콩트는 종교를 교리가 아닌 정서, 초자연성이라기보다는 사회적 결속력의 문제로 보았다. 두 가지 면에서 콩트는 아널드보다는 좀더 합리주의자에 가깝고 집요할 정도로 체계적이기는 하지만 매슈 아널드의 프랑스 버전이라고 할 수 있다. 콩트의 교회는 사람들의 도덕적 복지를 세속적 성직자에게 위임하고 사회 전체를 포용한다. 통제적 국가는 여전히 경제의 상당 부분을 장악하고 있는 개인을 관리한다. 극도로 비현실적인 모든 기관 중에서 은행은 중세의 길드와 기업의 역할을 하게 될 것이다. 대중은 기독교에 의지하지만 동시에 기독교를 넘어서기를 바라는 형제애를 표방하는 새로운 종교에 편입될 것이다. 예술가는 대중이 새로운 과학적 비전에 따라 행동하도록 영감을 불어넣는 작업을 하며 사회 재구성에 기여하게 될 것이다.

여기에서 과학적 비전 부분이 중요한 의미를 띤다. 생시몽의 숭배자들은 콩트가 공적 여론을 형성하기에는 과학적 합리주의의 영향을 너무 깊게 받았다고 여겼다. 그들은 "어떻게 예술가가 얼음장처럼 차가운 과학의 설명에 열정적이 될 수 있는가?"[42]라고 비웃었다. 또한 실증주의 체제에서는 "과학자가 예술가에게 냉철하게 고안된 미래의 사회 계획을 전달해 대중이 그것을 받아들이게 한다"[43]고 항의했다. 그들이 생각해도 과학적 이성을 감각의 언어로 바꾸는 것은 불가능했다. 실러의 유산과 낭만적 신화주의자들은 이 정도로 잘 못된 가정에 의지하고 있었던 것이다. 이론이 이념이 되는 길은 있을 수 없었다. 생시몽 자신이 콩트의 의견에 반대하며 조언했듯 오로지 사회 과학 자체가 종교적 비전에 근거할 때만 대중의 사랑을 얻을 수 있을 터였다.

본질적으로 생시몽주의는 근대 합리론과 프랑스의 가톨릭 만민 구제주의자 반발의 혼합물이다.[44] 생시몽주의자들은 "질서, 종교, 헌 신은 무질서, 무신론, 개인주의, 이기주의의 반대 개념"[45]이라고 말 한다. 이것 또한 실증주의자들의 교리로 그들은 자기만의 세속적 예 배 장소를 만들고, 사제와 성체 의식을 제도화하고, 규정할 수 없는 어떤 대상을 향해 하루에 세 번 개인 기도를 했다. 실증주의를 창시 한 콩트는 인도교의 대제사장, 인류의 진정한 교황으로 임명되었다. 새로운 무정부적 산업 질서가 오래된 종교적 믿음의 뿌리를 뽑아냈 지만 비어 있는 그 자리에 다른 것을 심지는 않았다. 사회주의가 이 진공 상태를 채우지 않는다면 인도교가 대신 그 일을 해야만 했다. 한때 종교가 현 상태를 정당화하는 역할을 했던 반면, 종교가 쇠퇴한 이후post-religious의 종교가 이제 그 바통을 이어받을 준비가 되어 있었 다. 가톨릭의 상징적 형태는 그 초자연적 내용이 먼저 아널드적 방식 으로 소모되어가며 전용되었다. 한 논평가가 말했듯 이는 기독교가 배제된 가톨릭으로 로마 가톨릭 교회의 역사에서는 낯설지 않은 현 상이다.

아널드처럼 콩트도 정통 종교를 낡은 유물로 봤다. 그러나 종교 를 불신하는 데 일조한 인도교의 계몽적 담론은 새로운 사회 질서를 세우기에는 너무 비판적이고 부정적이었다. 앞서 보았듯 유기적인 그만의 이념을 만들어낼 수 없고, 시장 논리를 정서적 용어로 번역해 낼 능력이 없는 산업 자본주의 체계는 외부의 것을 이식해 부족한 점을 보충해야 했다. 앤드루 워닉Andrew Wernick(사회 이론가이자 지성사 역사가—옮긴이)의 논평처럼 콩트는 "영혼의 은혜를 구하는 것이 분열되고 파편화된 사회에 흩어진 요소를 하나로 묶는 것이라면 머리뿐만 아니라 가슴도 필요하다고 봤다"[46]. 성직 제도와 과학적 합리주의가 이상하게 섞인 가운데 형이상학은 뒷문으로 쫓겨난 다음 거의 소리를 죽이고 앞문으로 다시 입장했다.

　에밀 뒤르켐도 기본적으로 종교를 사회적 존재의 상징적 시멘트로 봤다. 뒤르켐은 《종교 생활의 기본적 형태》에서 종교는 인간 존재의 사회적 차원을 대표하는데, 이는 개인주의 문화가 시급하게 복원해야 할 부분이라고 말한다. 앞선 콩트나 아널드처럼 뒤르켐도 역사를 점점 더 구태의연하게 변하는 질서에서 아직은 탄생할 힘이 없는 세상으로 가는 과도기로 본다. 종교적 믿음이 소멸되면서 초월성도 함께 사라졌다. 그러나 "인간은 사회에 참여하기 때문에 개인은 자연스럽게 생각하고 행동할 때 자신을 초월한다"[47]. 어느 정도는 자크 라캉의 타자와 같은 방식으로 사회 스스로 신이 사라져버린 틈으로 들어가 신의 대리 역할을 하고 세속화된 타자성의 형태를 그릴 수 있다. 성직자, 시인 또는 철학자가 아닌 사회학자가 사회적 연대의 성스러운 의식을 주재할 열쇠를 가지고 있다. 셸링과 그의 동료들을 좌절시키려면 사회학자는 이성을 신화적 용어로 번역하기보다는 신화를 이성적 담화로 바꿔야 한다.

　사회 결속의 원천으로서의 종교 개념은 기독교 복음으로부터는 그다지 지지를 얻지 못했다. 성경에 의하면 전반적으로 예수의 가르

침은 유화적이기보다는 전복적이다. 예수는 임무를 위해 아들(자신)로부터 아버지를 떼어냈다. 정의를 이뤄야 한다는 요구 때문에 민족, 사회 그리고 가정의 유대는 뒷전으로 밀려난다. 믿음의 결속은 정당한 권세의 우선순위에서 밀려나 엉망이 된다. 예수의 공동체에 속한다는 것은 세상의 권위에 의해 죽어서 소멸될 후보로 지목되는 것이다. 존재하는 모든 제도가 종결되고, 쓸려 나가고, 미래에 정의의 심판과 심지어 지금도 급속도로 현재로 잠입하고 있는 우애의 지배를 받게 된다. 예수가 그의 추종자에게 제안하는 삶의 형태는 사회 통합적 삶이 아니며 성직이나 정치계에서는 남부끄러워할 일이다. 집도 재산도 없이 배회하며, 순결을 지키고, 사회적으로 소외되고, 살붙이를 경멸하며, 물질적 소유를 반대하고, 추방되고 버림받은 자의 친구이자 기성 체제에게는 눈엣가시 같은 존재, 돈 많고 권세 있는 자들에게 재앙이 된다는 의미다. 사실 피에르 벨은 이런 사실은 종교적 신념의 정치적 필요성에 반대하는 논점임을 지적한다. 벨은 예수가 사회를 혼란에 빠뜨리기 위해 이 땅에 왔다고 주장함으로써 기독교는 시민 질서를 위한 기초가 아니라고 말한다.[48]

뒤르켐은 종교와 과학이 서로 어울릴 수 없다고 본다. 그가 보기에 이성의 뿌리는 종교적 믿음이고 과학은 종교를 뛰어 넘어 성장한다. 이런 점에서 계몽주의가 미신을 상대로 벌인 전쟁은 합리주의자의 자손이 경건한 조상과 의절하려 애쓰는 오이디푸스적 갈등과 같은 형식으로 그 정체를 드러낸다. 오이디푸스적인 아이가 자신은 혼자 힘으로 태어났다고 믿으며 불명예스러운 혈통과 절연하는 것과 같이 계몽주의자들의 이성은 자신의 둔부에서 스스로의 힘으로 튀어나왔다고 상상하고 그렇게 함으로써 이성을 만들어낸 역사를 제압한다. 그러나 이성과 종교적 믿음은 동시대의 현상으로서 각기 분리된 영역에 속한다. 뒤르켐에게 종교는 합리성의 문제가 아니다. 이 점에 대해 뒤르켐은 세속적인 신앙 지상주의자다. 종교는 인간의 필요와 욕구의 문제이며 사람들이 몰두하는 숭배 의식은 실험실에서의 대화보다는 니체가 말한 신화와 공통점이 더 많다.

　빅토리아 시대 사람들에게 예술의 역할처럼 종교의 역할은 사람들이 불완전한 상태를 넘어서서 좀더 숭고한 업적을 이루도록 교화시키는 것이다. 이런 점에서 믿음은 죄의식이나 정의에 대한 갈구보다는 아메리칸드림과 공통점이 더 많다. 뒤르켐이 평하듯 종교는 "따뜻함, 삶, 열정 그리고 모든 정신적 활동의 예찬, 자신을 넘어서는 개인적 도취"[49]다. 따라서 낭만적 정서는 공동체의 목적을 위해 이용된다. 과학이 최종적으로 종교의 자리를 찬탈할 것이라는 몇몇 계몽주의와 빅토리아 시대 사상가들의 꿈은 근거 없는 것으로 드러났다. 뒤르켐이 보기에 이는 범주적 실수와 관련이 있다. 종교는 기본적으로 세계에 대한 이론적 주장이 아니다. 종교의 이런 입장은 곧 과학적 관점과 경쟁을 하게 된다. 사회적 관습으로서 종교는 이성만으로는 불가능한 방법으로 우리가 행동을 하게 만드는 힘이다. 과학적 시선에서 볼 때 종교적 교리는 거짓이라 해도 무리가 아니지만 그건 핵심이 아니다. 그건 코델리아(셰익스피어의《리어 왕》에 등장하는 왕의 막내딸—옮긴이)의 죽음이 우리를 울게 만들지 못하는 이유가 애초에 그런 여자가 없기 때문이라고 주장하는 것과 같다. 루트비히 비트겐슈타인도 종교적 신념에 대해 비슷한 견해를 가졌다. 그런데 본연의 특성이 그렇다고 여겨지는 종류의 현상을 파악하지 않은 채 종교적 신념을 일축한 우리 시대의 리처드 도킨스처럼 (종교는 오류적 명제

혹은 가짜 과학이라는) 반대 주장이 19세기의 합리주의자에 의해 발전했다.[50]

초기에는 독실한 로마 가톨릭교도였던 마르크스주의 철학자 루이 알튀세르Louis Althusser는 이런 관점을 다른 형식으로 계승한다.[51] 알튀세르가 생각할 때 이데올로기는 일련의 명제가 아니라 사회적 관습에 박혀 있는 주체성의 형식이다. 인간이 정치적 사회와의 관계를 실행하는 형식으로서 이데올로기는 이론적 지식에 경쟁할 만한 것을 제공하지 않는다. 알튀세르의 관점에서 이것은 주체 없는 실천이다. 이론은 사회와 인간 주체는 연합하지 못한다는 것을 의식하는 반면, 이데올로기는 사회와 인간 모두에게 일정 수준의 일관성을 부여하는데 이는 인간이 세상에서 목적을 가진 행동을 실행하기에 충분한 정도다. 다시 말해 전 시대에 신화가 몇몇 사상가들에게 했던 역할을 알튀세르에게는 이데올로기가 하는 것이다. 이데올로기는 상징적 행위, 현실 지향, 실존주의적 수단, 우리 일상의 경험을 구성하는 방식이다. 따라서 이데올로기는 인사나 저주가 아닌 것처럼 참과 거짓을 판단할 수 있는 능력도 아니다. 조르주 소렐도 저서《폭력론 Réflexions sur la violence》에서 이와 같이 실용적인 방법으로 신화를 다룬다. 신화와 이데올로기는 모두 체험적 허구다. 아폴론적 환상에 필수적인 요소로서 신화와 이데올로기는 현실의 디오니소스적 혼란에서 충분히 감각을 얻어 새겨넣으므로 우리에게 목적과 정체성의 감각을 제공한다.

따라서 이론과 이데올로기에 대한 알튀세르의 견해는 우리가 지금까지 탐구한 문제를 다루는, 때늦은 버전이라고 할 수 있다. 어떻게 이성이 생생한 체험으로 번역되는가? 철학은 어떤 도구를 이용해서 인간의 욕망과 애정 안에 집을 지을 수 있을까? 이성이 대중을 다스리려면 신화와 이미지의 영역에 굴종해야 한다. 하지만 그러면서 이성이 파멸하지 않으려면 무엇을 어떻게 해야 할까? 이 문제에 대한 알튀세르의 해결책은 역사적 유물론의 과학을 정치적 행동으로 전환할 수 있는 수단으로 보이는 이데올로기다. 경멸을 제거한 의미에서 이데올로기는 이론과 실제 사이의 필수적인 결합을 제공한다. 이전 세대의 몇몇 철학자들은 신화나 미학에서 이와 비슷한 중재 기능을 발견했다.

　알튀세르의 관점에 따르면 본래 양서류적 피조물인 우리는 과학과 이데올로기로 분열된 사회에 동시에 양쪽 발을 딛고 살 수 있는 능력이 있다. 유물론의 시각에서 군주제에 관한 논문을 쓰는 것은 과학의 문제지만 컴퓨터를 하다가 얼핏 TV에서 나온 군주의 모습을 보고 진저리를 치는 것은 이데올로기의 문제다. 그러므로 과학과 이데올로기 영역의 차이는 계몽주의의 이중 진리론의 재활용이라고 할 수 없다. 그러니까 중간 계급의 철학자는 순수한 이론의 공기를 들이마시는 반면 일반 대중은 이데올로기의 진흙탕 속에서 뒹굴고 있다는 말이 아니다. 먼저 주지할 것은 알튀세르의 어휘 사전에서 이데올로기는 결코 경멸을 내포하고 있는 용어가 아니라는 점이다. 인종주의에 항거하는 행진은 사회 관습이자 생생한 체험의 문제며, 따라서 알튀세르의 용어에서 행진이라는 단어는 나치당의 상징이었던 십자 표시를 자랑스럽게 다는 것만큼 이데올로기적 문제다. 또다른 쟁점은 지식인과 민중 모두 똑같이 이런 영역 사이를 계속해서 오간다는 점이다.

　그리고 배관공이 이론가나 철학자가 되어서는 안 될 이유는 없다. 문제의 차이점은 사회학적이라기보다는 인식론적이다. 이성이나 이론이 반드시 소수에게 한정되어야 할 이유는 없으며 신화 혹은 이데올로기를 결코 대중이 독점하는 것도 아니다. 알튀세르의 좌파적 합리주의는 이론 자체가 생생한 체험을 통해 성장한다는 것을 인정하지 않는다. 이런 점에서 최소한 이 두 세계는 완전히 뚜렷하게 구별되지 않는다. 이성은 인간의 몸에 뿌리를 두고 있다. 인간의 몸이 결국 이성의 탄생지라는 점을 인식한다면 이론이 어떻게 매일의 존재를 깨닫는지를 알기란 더욱 쉽다. 어떤 경우든 개념이 어떻게 실제로 어떻게 실행되는지에 대해 특별히 철학적인 문제는 없다. 문제가 있다면 그것은 알튀세르 자신이 처음부터 이론이 행동 그리고 경험과 불화한다고 정의함으로써 스스로 만들어낸 것이다. 몇몇 계몽주의 철학자들도 정확하게 이와 같이 행동했다.

5

신의 죽음

일단의 계몽주의의 현자들에게 종교는 어쩌다 한 번씩 결실을 내놓기는 하지만 대개는 오류다. 낭만주의자들은 종교를 신비로운 껍질에서 뽑아낼 심오한 진실을 품은 그 무엇으로 보았다. 마르크스, 니체 그리고 프로이트에게 종교는 바짝 경계해서 번역해야 하는 일련의 증후군이다. 결정적인 변화는 아마도 니체에 이르러 찾아오는 것 같다. 니체는 스스로 최초의 진정한 무신론자라고 강력하게 주장한다. 물론 니체 이전에도 신을 믿지 않는 사람은 많았지만 신의 죽음에 대한 충격적이고 흥미진진한 결과에 맞선 이는 니체다. 이성, 예술, 문화, 정신, 상상력, 국민, 인간, 국가, 민족, 사회, 도덕 그 밖의 다른 허울 좋은 대체자에 의해 신의 자리가 채워지는 한 초월적 존재는 결코 죽지 않는다. 신이 죽을 정도로 아픈 상황일 수는 있다. 하지만 신은 자신의 일을 특사에게 위임했다. 그러니 불안해할 이유가 없다. 회사 소유주가 없더라도 비즈니스는 평상시와 같이 돌아갈 것이다. 신의 대체자가 모든 문제를 완벽하게 처리할 거라고 인간들을 설득하는 것도 대체자인 신의 특사의 임무 중 하나다. 인류가 신성을 위해 봉사하는 문제에 관해, 인간은 스스로 신을 죽이는 행위로 인한 공황 상태에 빠져서 가장 가까이 있기 때문에 쉽게 접근할 수 있는 존재다. 다시 말해 다른 인간과의 사이에 생긴 틈을 메워야 하는 기이한 상황에 처해 있다. 인간은 바로 그 자신인 무서운 심연을 메우는 데 집착한다. 인간은 자신이 부정하는 신을 닮은 진정한 이미지이므로 인간이 이 세상에서 없어져야만 전능한 신은 진정한 휴식을 취할 수 있다. 오로지 그때만 겁 많고 우상 숭배를 하는 인간이 자신을 초월해 미래의 화신인 위버멘쉬Übermensch, 즉 초인이 된다. 진정한 인간은 인간의 다른 측면에서만 태어날 수 있다.

니체는 아르투르 쇼펜하우어를 최초의 무신론자라고 칭했다. 이 우울한 철학자의 흥미를 끈 유일한 형태의 종교(불교)에 무신론적 요소가 있는 것은 사실이지만 쇼펜하우어의 악명 높은 의지는 역겨울 정도로 전능한 신을 모방한 것이므로 은밀하게 신학적이라는 견해가 있다. 신과 마찬가지로 이 해로운 힘은 모든 현상의 본질이며, 신처럼 이 힘은 인간이 자기 자신에게 가까운 것보다 더 인간에게 가깝다. 후자의 견지에서 보면 의지는 아우구스티누스와 아퀴나스의 하느님이 악의를 품은 버전이자 프로이트의 무의식의 전신이다. 쇼펜하우어의 《의지와 표상으로서의 세계》가 전통적인 신의 모습에 덧붙인 악의적인 왜곡은 '나'라는 존재의 자리를 구성한다. 그리고 '나'가 알 수 있는 그 어떤 것과도 비교할 수 없을 정도로 직접적으로 몸 안에서 느껴지는 이 힘은 파도를 휘젓는 힘처럼 무정하고, 특색이 없다. 인간의 마음에는 사실 어떤 종류의 초월성이 있지만 이 초월성은 인간에게 매우 확고하게 이질적이다. 주체성은 우리의 것이라고 부를 수 있는 최소한이다. 의식을 말하는 사람은 기만적인 의식을 말하는 것이다. 우리는 마치 영원히 괴물을 잉태하기라도 하듯 우리 존재의 중심에 무의미함이라는 무거운 짐을 지고 있다. 마치 쇼펜하우어의 섬뜩한 세계관이 신이라는 개념을 조롱하고 동시에 신 없이도 잘 살 수 있다고 생각하는 탈형이상학적 진보주의자들을 비웃는 것 같다.

쇼펜하우어가 인간 존재에서 찾은 공허는 낭만주의자와 감상주의자들이 우리의 본능과 애정, 욕망의 동요와 영혼의 흔들림 속에서, 가장 중요하다고 생각하는 장소에서 정확하게 그 자신을 드러낸다. 욕망은 더이상 긍정적인 능력이 아니다. 비트겐슈타인처럼 쇼펜하우어에게 많은 영향을 받은 프로이트에게 욕망은 더이상 인간 해방의 측면에서 명백하게 보일 수 없다. 우리는 관념적 사고를 향한 인간의 열망은 절대성에서 그 성과를 이루고, 낭만주의자들은 이런 목적에 다소 회의적이기는 하지만 그런 절대성을 얻으려 노력하는 과정에서 가치를 찾는다는 것을 안다. 이와 대조적으로 쇼펜하우어에게 욕망은 병적이다. 활기 넘치는 혁명의 후유증 가운데 나온 여러 저작의 빛나는 환상이 하나의 거대한 장터처럼 인간의 눈을 멀게 만들므로, 쇼펜하우어가 볼 때 현재 돌이킬 수 없을 정도로 결함이 있는 것은 그야말로 주체성 그 자체의 전체 범주다. 이 열렬한 염세주의자에게 "고통받고 고뇌하는 존재의 전장, 지속적인 투쟁, 만인의 전쟁, 모든 것이 사냥꾼이고 모든 것이 사냥당하는 (…) 서로를 집어삼킴으로써 당분간을 살아가는 항상 궁핍한 피조물의 세상, 불안과 결핍 속에 존재를 소모하다 마침내 죽음의 팔에 안길 때까지 종종 끔찍한 고통을 감내하는"[1] 존재에게 원대한 목적이란 없다.

형식상 말하자면 쇼펜하우어의 의지는 헤겔주의자의 관념이나 낭만주의적인 삶의 힘과 비슷한 역할을 하지만 그와 같은 가치와는 전혀 관련이 없고, 선한 목적을 향해 진화하지도 않는다. 사실 진화라는 것을 아예, 전혀 하지 않는다. 형이상학적 상태로 올라선 보통 부르주아의 상스러운 탐욕에 지나지 않는다. 신이 있다면, 그 신은 악마와 같다. 이 근거 없이 앙심을 품은 존재에게 기도하고 싶은 사람은 아무도 없을 것이다. 신의 창조는 전혀 쓸모없다. 인간이라고 알려진 허영심 강한 이기주의자들은 아예 존재하지 않는 게 더 낫다는 것은 주지의 사실이다. 쇼펜하우어가 보기에 인간의 사업이 이룬 성취가 고통보다 더 크다고 상상하는 것은 그저 광기일 뿐이다. 자신의 최고의 가치에 경건하게 설득당한 이 비열한 자기기만적 존재는 입속에 넣는 즉시 재로 변할 보잘것없는 상을 좇아 서로가 가진 것을 빼앗으려 싸운다. 새뮤얼 베케트Samuel Beckett의 고갈된 인물처럼 이들은 비극의 존엄성에 오를 능력도 없다.

쇼펜하우어는 일종의 종교적 이단자이자 그가 몹시도 시기한 헤겔의 악몽 버전이며 순수한 형이상학자다. 쇼펜하우어의 어두운 우주에는 아마 의미는 없지만, 그런 의미 없음을 의지라는 개념이 어떤 전반적인 형태로 채운다고 본다. 당신이 어디를 바라보든 목적과 가치를 찾을 수 없다. 철저한 공허감이 얼마나 정례적으로, 일관성 있고 지속적으로 나타날 수 있는지 놀랍기만 하다. 또한 의지는 목적이나 의미를 가지지 않지만 초월적 존재만큼이나 설득력 있게 우주의 이치를 설명하는 역할을 할 수 있다. 관념론 사고의 총체화의 형식은 보존되고 있지만 그 내용은 이제 빈약하고 가치가 저하되었다. 더이상은 정치적 행동, 종교적 신념 또는 창조적 상상력으로 이 황량한 상태를 초월할 수 없다. 희생당한 우리 동료에 대해 순수한 자기망각적 공감의 형태로 미적 심사숙고를 통해 우리는 사물의 중심을 꿰뚫어보고 자아의 오만한 변덕과 의지의 잔인한 마수로부터 잠시

나마 해방되는 경험을 할 수 있다. 신이 죽어버린 후 욕망의 죽음만
이 우리를 구원할 수 있다. 예술의 임무는 욕망을 재교육시키기보다
는 아예 없애버리는 것이다. 욕망이 집단 구원을 약속하면, 그 일은
영혼이 자멸하는 형식으로 이루어진다. 자아는 실현되지 않고 소멸
되며, 미적 특질은 나이팅게일 앞에 서 있는 키츠처럼 자아가 황홀하
게 용해될 수 있는 곳이다.

　니체는 신이라는 존재에 내재한 의미까지 없앨 수 있을 때 진정
신을 제거할 수 있다고 인식한다. 전능한 신은 비극을 극복할 수 있
으나 부조리는 극복하지 못한다. 사물에 어떤 내재적 감각이 있는 것
같은 한, 인간은 언제나 그 사물의 원천에 대해 질문할 수 있다. 주
어진 의미를 없애는 것은 깊이의 관념을 파괴하는 것으로, 이는 그
곳으로 피난하는 신과 같은 존재를 근절함을 의미한다. 니체의 뒤를
따른 오스카 와일드처럼 니체는 공허한 깊이로 본 것을 표면의 심오
함으로 대체하려 애쓴다. 막스 베버는 에세이《직업으로서의 학문
Wissenschaft als Beruf》에서 모든 신학이 세계에 의미가 있다고 추정하지만
사실 용기 있는 소수만이 신학이 세계에는 의미가 없다고 인정할 수
있다고 말한다. 니체가 볼 때 진정한 초인은 우주의 공허감에 맞서고
종교의 위안 없이 살 수 있는 사회 과학자다. 이런 위험한 진실을 얻
을 수 없는 자들에 대해 베버는 "낡은 교회의 문은 정답게 활짝 열려
있다"[2]고 말한다. 이것은 일반 시민은 유익한 환상 속에 살아도 괜찮
지만 지식인은 가차 없이 그 환상의 공허를 응시한다는 근대판 이중
진리론이다. 베버의 시각으로 볼 때 삶의 무의미함의 전형은 죽음인
데, 기독교는 이 죽음에 가장 많은 의미를 부여한다는 점을 첨가할
사람이 있을 것이다. 미국 신보수주의의 아버지인 정치 철학자 레오

스트라우스Leo Strauss는 베버의 주장에 마키아벨리식 극단주의를 접목해 더욱 강조를 한다. 위정자들은 일반 대중의 이익을 위해 그들이 지키며 사는 도덕적 가치에 굳건한 토대란 없다는 체제 전복적 진실을 듣지 못하게 방해하며 속여야 한다.[3] 통치자는 말로 표현할 수 없을 정도의 추잡함을 베일로 가리고 잘 속아 넘어가는 대중의 시선으로부터 토대가 없다는 것을 은폐해야 한다.

니체는 문명이 신성을 버리면서 여전히 종교적 가치에 매달리는 과정에 있으며 이렇게 나쁜 믿음의 터무니없는 행위에 반대 의견이 있어야 한다고 본다. 기초를 무너뜨렸는데도 건물이 여전히 서 있을 거라고 예상할 수는 없다.《즐거운 학문》에서 니체는 신의 죽음은 인류 역사상 가장 중대한 사건인데 인간은 이것이 그저 소소한 재조정 현상인 양 행동한다고 말한다. 이제 당신은 인간을 좌절시키지 않으면서 동시에 신 없이 살 수 있다는 위로의 환상을 포기해야 한다. 프랑스의 철학자 질 들뢰즈Gilles Deleuze도《차이와 반복》에서 "자아가 보존되는 한 신은 유지된다"[4]고 말한다. 니체가 보기에 이런 모든 본질이 천체의 디자인 또는 형이상학적 기층이 주는 힌트와 관련이 있다. 이런 것 또한 근절되지 않으면 인간은 계속해서 전능한 신의 그림자 속에서 시들어갈 것이다.

신을 계속해서 생존하게 하는 다양한 인공호흡기 중 가장 효율적인 것은 도덕이다. 포이어바흐는 "신의 존재가 불가능한 희망이기 때문에 선함, 정의 그리고 지혜가 불가능한 희망이라고 말할 수는 없다"[5]라고 걱정스럽게 주장한다. 아마 그렇지 않을 것이다. 그러나 니체는 우리가 신성의 권위를 없애고 평상시와 같이 도덕적 행동을 계속해나갈 수 있다고 보지도 않는다. 진리, 미덕, 정체성에 대한 우리의 개념, 자율성, 균형 잡히고 일관성 있는 우리의 역사 감각 모두 신학적 토양 깊은 곳에 뿌리를 박고 있다. 이 모든 것이 그 근원에서 떨어져 나와도 온전할 거라고 생각하는 것은 어리석다. 따라서 예를 들자면 도덕은 스스로 처음부터 다시 생각하든가, 도덕이 거짓이라고 알고 있는 근원에 호소하는 고질적으로 나쁜 믿음에 기대서 계속 존재하든가 해야 한다. 신의 죽음 이후 여전히 도덕을 의무, 양심 그리고 책임과 같은 것이라고 생각하는 사람들이 있지만, 그런 생각의 근원에 대해 혼란스러워 하는 이들도 있다. 이것은 기독교의 문제가 아니다. 기독교가 그런 근원에 근거한 믿음을 가져서가 아니라 애초에 도덕이 기본적으로 의무, 양심 그리고 책임감의 문제라고 믿지 않기 때문이다.

니체는 볼테르에서 콩트까지 프랑스의 자유사상가들이 이타주의와 박애주의, 미덕(이는 니체가 동정, 연민, 자비 그 밖의 비슷한 인도주의적 허언만큼 혐오한 것들이다)을 이용해 "기독교에서 동떨어진" 기독교를 만들어내려 했다고 비판한다.[6] 니체는 이런 데서 전혀 가치를 찾을 수 없고 그저 나약함이 교활하게 힘으로 치장될 뿐임을 발견한다. 이 또한 신이 사라졌음을 부인하는 방법이다. 신은 사실상 죽었고 그를 죽인 암살자는 우리다. 하지만 우리가 저지른 진정한 범죄는 신을 죽였다는 것보다는 우리가 위선적이라는 점이다. 우리는 모든 오이디푸스적 반란 중에서도 가장 극적으로 신을 살해하고, 그 몸을 감추고 충격적인 사건의 모든 기억을 억압하고, 영화《싸이코》의 노먼 베이츠처럼 죄를 짓지 않은 듯 행동하며 범죄 현장을 정리했다. 또한 우리는 무의식적인 죄책감을 속죄라도 하듯 여러 가지 부끄러운 사이비 종교를 이용해 신을 살해했다는 것을 숨겨왔다. 다시 말하면 근대의 세속 사회는 효과적으로 신을 없애버렸지만 마치 그렇게 하지 않은 양 행동하는 것이 도덕적으로 그리고 정치적으로 편리하며, 반드시 그렇게 해야 한다는 것을 알게 되었다는 의미다. 세속 사회는 실제로는 신을 믿지 않지만 여전히 믿는다고 상상할 필요가 있다. 세속 사회가 저지르는 신에 대한 불경스러움이 점점 더 이치에 맞지 않아 보여도 신을 아예 없애버리기는 힘들다. 하나의 이념으로서 신이 너무도 중요하기 때문이다. 문명사회가 한다고 주장하는 일과 실제로 하는 일 사이에는 수행적 모순이 있다. 문명사회가 독실하게 주장하는 것이 아닌 그 사회의 행동에 구현된 신념을 보면 신에 대한 믿음이 전혀 없지만 그들이 아직 그런 사실을 주목하지 않고 있다는 점을 알 수 있다. 니체 스스로 지정한 작업 중 하나가 정확하게 이 일을 실행하는 것이다.

　신이 억압적인 도덕에 의해 밀려났다면 이는 중간 계급 무신론자들이 계속해서 신을, 그것도 악마적인 신을 믿고 있기 때문이라는 정서가 있다. 이런 맥락에서 이중 진리론은 교정해야 할 필요가 있다. "개인적으로 어쩌다 보니 나 자신은 믿지 않게 되었지만 대중은 믿는 것이 신중한 처사다"는 "개인적으로 나는 믿음이라는 게 이치에 맞지 않는다는 것을 인정하지만 그래도 자발적으로 믿는다"로 다시 써야 한다. 동요하는 유령처럼, 당신은 자신이 죽었다는 것을 모르기 때문에 계속 살아갈 수 있다. 그리고 이것이 종교가 처한 상황이다. 아니면 슬라보이 지제크Slavoj Žižek(슬로베니아 출신의 철학자. 헤겔, 마르크스, 라캉 정신 분석학에 기반한 비판 이론가—옮긴이)의 말처럼 "우리는 신이 죽었다고 알고 있는데, 과연 신은 죽었는가?"[7]라고 물을 수 있다. 신이 정말 기한 만료되었다면 이는 결코 좋은 소식이 아니다. 도스토예프스키에 반대하며 라캉이 주장하듯 신이 죽었다면 우선 허락해줄 이가 없기 때문에 아무것도 허락되지 않는다. 이제 우리는 우리 자신 말고는 그 누구에게도 책임을 지울 수 없다. 그럼에도 그렇게 하겠다고 보증서에 사인을 하고 인증을 하는 것은 죄책감을 누그러뜨리려는 행동이다. 그때 우리는 신이 죽은 후 불안과 자기기만이 인류에 대한 고삐를 조이기 때문에 도덕적 불편함이 심화될 거라고 예상할 수 있다.

앤드루 워닉이 지적하듯 니체의 투쟁은 디오니소스 중 하나로서 자신이 한 말을 적용하기 위해 십자가에 못 박힌 자에게 대항한 것이 아니라 우리가 이 연구에서 줄곧 추적해온 기독교의 "계몽된 사후"에 저항하는 것이다.[8] 브루스 로빈스는 "신은 사실상 숨어버렸고 이제는 도덕에서 자연, 역사, 인간성 심지어는 문법 등 다양한 세속적 현상에서 신의 연기를 뿜어내야 한다"[9]고 말한다. 니체에게는 이렇게 허울만 그럴듯한 형태의 종교는 단순히 우리가 신을 죽였다는 사실을 감추기 위한 방법으로 여겨졌고 그렇기 때문에 그 시체와 함께 완전히 없어져버려야 했다. 일찍이 이렇게 대담한 자를 위한 아편은 없었다. 초인 또는 탈인간적 동물은 자연, 이성, 인류 그리고 도덕으로 알려진 가짜 종교로부터 스스로를 해방시킨 자다. 오로지 이 대담한 동물만이 실재의 심연을 꿰뚫어보고 신의 죽음과 인류의 새로운 종을 찾아낼 수 있다. 기독교의 믿음처럼 우리의 손이 신의 피로 물들었다는 고백과 함께하는 곳에서만 시작할 수 있다. 신과 화합하고 신의 무한성을 본떠 만들어지는 한, 인간 역시 반드시 해체되어야 한다. 인간은 전적으로 그를 만든 창조주에 의존해 정의되므로 인간과 창조주는 반드시 일치해야 한다. 인류의 장례식 없이는 전능한 신을 위한 장례도 없다. 신의 죽음은 현재 인간이라는 이름의 비열하고 죄에 찌든 의존적 피조물의 죽음의 전조가 되어야 한다. 그리고 인간의 자리를 대신할 존재는 초인이다. 그러나 자연에 대한 통치권과 으스대는 자기독립적 모습의 초인에게서 신에 대한 신성함의 기색 이상의 것을 발견할 수 있는데 이는 역설적이게도 신이 결국 죽지 않았음을 의미한다. 신을 대체할 것이 계속해서 신의 이미지가 될 것이다.

신의 죽음은 새로운 형태의 인류 탄생과 더불어 인간의 죽음과 관련이 있다는 것이 정통 기독교 교리인데, 니체는 이런 사실을 알지 못했던 것 같다. 성육신成肉身은 예수의 자기강탈로 상징되며, 신과 인간 양측이 일종의 신성 포기 또는 자기비하를 겪는 지점이기도 하다. 이런 비극적 자기비움을 통해서만 새로운 인류의 탄생을 희망할 수 있다. 추방된 자 그리고 고통받는 자와 연대한 예수의 십자가에서의 죽음은 모든 오만한 인간성을 비판한다. 오로지 상실과 실패를 고백함으로써 힘의 진정한 의미는 부활의 기적으로 변모될 수 있다. 신의 죽음은 우상 파괴자 예수의 생명이다. 예수는 우상적 모습의 야훼를 노여움을 잘 타는 폭군으로 간주해 타파하고 연약한 육체와 피를 가진 모습으로 드러내 보인다.

인간을 물신화해 신의 부재를 가릴 수도 있지만 제거된 신은 애초에 물신에 불과한 존재인 것 같다.[10] 윌리엄 블레이크의 유리즌 Urizen(블레이크의 작품에 나오는 보편적 이성이자 법의 화신─옮긴이)이나 노보대디nobodaddy(블레이크의 시에 나오는 인간화된 기독교의 신을 조롱하는 표현─옮긴이)처럼 기독교의 신은 재판관, 족장 또는 초자아가 아니라 고발당하는 친구이자 연인, 동료라는 받아들일 수 없는 진실로 벌받기를 원하는 인류를 보호하는 간편한 방법이었다. 신은 방어를 하는 변호인이지 고발을 하는 검사 측이 아니다. 게다가 신의 확실한 부재는 신이 갖는 의미의 일부분이다. 미신을 믿는 자는 어떤 징후를 보겠지만 정말 중요한 아버지의 징후는 십자가에 못 박힌 육신이다. 기독교 믿음에서 신의 죽음은 신이 사라졌음에 대해 던지는 의문이 아니라 신이 가장 완전하게 존재함을 의미한다. 예수는 신을 대신해 일을 하는 인간이 아니다. 예수는 신이 미약하고 무가치한 인간이라는 존재로 온 성육신임을 나타낸다. 죽음을 마지막까지 경험하고 이런 현실을 완전하게 살아가야만 비극 너머로 가는 길에 도달할 수 있다. 이는 결코 인도교와 어울리는 주장이 아니다.

  마르크스 또한 신의 죽음을 인간의 종말과 연관 지었다. 신은 스스로 소외시킨 인류의 생산물로 이런 조건이 수정되어야만 비로소 신이 시들어버릴 것이다. '인간'이 거짓으로 통합된 부르주아 인본주의의 주체로서 의미가 있다면 자만심으로 잔뜩 부풀어 오른 이 피조물에게 임박한 죽음을 마르크스도 니체만큼 환영한다. 하지만 다른 맥락에서 마르크스는 낭만주의적 인본주의와 비슷한 부류로 남아 있는데 이는 마르크스의 무신론이 미완성된 상태임을 암시한다. 이제 모든 존재의 근원은 신성한 건축가가 아닌 인류다. 어떤 시점에서 마르크스는 인간이 역사적 현실의 근본, 니체가 파내 던져버리고자 하는 근본의 원인이라고 말한다. 생산의 힘이 권력 의지나 초인보다 신의 대체자로서의 가능성이 약한 것은 사실이다. 그렇다고 해도 우리는 이미 마르크스 사상 특히 그의 초기 사고는 유대-그리스도교의 영향을 깊이 받았다는 것을 알고 있다. 그렇다면 그에게서 진정한 무신론을 찾을 수는 없다.

니체와는 달리 마르크스가 가진 미래의 비전은 인류에게 있다. 전반적으로 마르크스는 인간이라는 동물에 관해서는 실재론자다. 하지만 니체는 그렇지 않다. 니체가 인간 종의 자아실현을 말하는 모습을 상상하기는 힘들 것이다. 그러나 우리가 이미 보았듯 마르크스는 이따금씩 포이어바흐식 환상에 빠진다. 그런 면에서 보면 니체가 좀더 순혈의 무신론자 같다. 하지만 니체의 무신론 역시 미완성 상태로 남아 있다. 니체가 보기에 내재적 의미는 인간의 능력으로 만들어진 의미로 대체되어야 하기 때문에 이것이 그 일을 수행하는 초인을 작은 창조주로 변화시키지 않을지를 알아내기가 힘들다. 전능한 신처럼 초인도 오로지 자신에게 의지한다. 퇴행적으로 신학을 훔쳐보지 않으면서 자율성이나 자기생산을 말할 수는 없다. 인간은 오로지 자기창조를 해서 신에 대한 의존성과 만일의 사태를 없애버릴 때만 신을 대체할 수 있다. 그러나 인간이 자기창조적으로 된다는 것은 그저 다른 형태로 신성을 영속화시키는 행위일 뿐이다. 종교를 없애버리려 시도하면서 종교에 경의를 표하는 셈이다. 기독교 신학이 순진한 반대 행위로 보는 것 중에 인간의 자율성과 신에 대한 의존이 서로 반대 행위로 보일 수 있다. 이렇게 고도로 문명화된 초인이라는 짐승은 역사 또는 계보학의 산물로, 이를 통해 초인은 멋들어지게 자아형성을 한다. 당신이 신을 꾸짖을 수 없듯 무엇이 이 미래 인간의 콧대를 꺾는지 그의 뒤에서 몰래 엿볼 수는 없다. 허구로서의 자아에 대한 니체의 견해를 말하면, 그는 가장 극렬하게 무신론적이다. 그러나 그와 대조적으로 자율적이며 자기결정적 초인은 또다른 모조 신학이다. 게다가 니체의 견해에서 인간은 인간 이외의 모든 것이 중심으로 삼는 원칙이 아니지만 실은 그런 원칙이 있다. 니체에게 신을 대체하는 형태는 힘으로의 의지 또는 권력으로의 의지Will to Power다. 결국 니체에 와서도 결정적 변화는 일어나지 않는다.

마르크스에게 자아형성을 하는 주체는 우리가 그 밑을 파볼 수 없는 토대다. 이 주체는 자연, 노동, 힘, 역사, 문화, 연대감의 산물이다. 마르크스의 유물론이 무신론적이라면 유물론이 물질이라는 미명하에 정신을 거부해서가 아니라 인간의 위치를 알게 하는 물질적 전제 조건을 인정하고 그것이 여전히 자유의 영역에 존재할 것이라는 점을 인정하기 때문이다. 니체가 초인으로 득의양양하게 완성한 인간의 통치권은 따라서 준엄하게 그 자격을 인정받는다. 이런 의미에서 최소한 마르크스에게 인류는 자기결정을 하는 절대적 존재가 아니며 그래서 비어 있는 창조자의 왕좌를 재빨리 차지할 수 없다. 어떤 의미에서 마르크스가 니체보다 더 종교적이라면, 다른 의미에서는 덜 종교적이다.

*　　*　　*

니체가 자유롭게 무신론을 설파한다면 다른 무엇보다 그가 문화의 집합적 의미와 관련이 없기 때문이며 그에 대한 초자연적 근거를 찾는 문제에 무관심하기 때문이다. 사실 니체는 그 어떤 형태의 사회적 결속에도 관심이 없었다. 그런 개념 자체가 그의 대담한 개인주의에 대한 모욕이었다. 니체와는 매우 다른 키르케고르의 개인주의도 똑같은 혐오감을 표현한다. 문화와 개신교는 서로 불편한 연관성을 가지고 있다. 두 사람이 어떤 면에서 공통되는 부분이 있다는 생각은 키르케고르의 급진적인 개신교 감각에 대한 불쾌감의 표현이 될 수 있고 니체의 귀족적 거만함에 대한 모욕도 될 수 있다. 정신의 영역에는 교환 가치가 있을 수 없다. 니체에게 "공동의 기준"이란 표현은 터무니없는 모순 어법이다. 사회적 연대감은 무조건 따라가는 획일성, 평범성을 띠고, 고결한 정신은 파멸하고 대중이 우위에 선다는 것을 의미한다. 니체는 《우상의 황혼Gotzen Dammerung》에서 보편적 미덕은 사회적 모방과 다를 바 없다고 일축하고《선악의 저편Jenseits von Gut und Böse》에서는 공동선이라는 개념을 비웃는다. 그는 사회적 실용성을 이유로 종교적 신념을 유지하는 것에 무관심할 뿐 아니라 그런 프로젝트를 자기모순으로 간주한다. 어떻게 이타적 가치가 개인의 이익을 추구하는 사회적 목적에 도움이 된단 말인가? 사회 질서는 경찰과 정치인에게 맡기면 된다. 니체는 중간 계급 사회를 끊임없이 괴롭히는 딜레마, 즉 개인주의에 의해 정치 질서가 약화되지 않으면서 개인주의를 보호할 수 있는 방법에 대해 급진적 해결책을 내놓은 사상가인 셈이다.

그가 새로운 신화의 필요성에 매달린다면 그 이유는 기본적으로 사회 안정을 위해서가 아니다. 《비극의 탄생》에서 니체는 "신화가 없으면 모든 문화의 창조성은 건강하고 자연스러운 힘을 잃는다"[11]고 말한다. 신화는 구체적인 이미지를 가지고 법, 도덕, 그리고 국가의 모호한 추상성에 맞서므로 다시 한 번 예술이 융성하게 만든다. 앞서 우리는 이전의 몇몇 사상가들은 신화와 미학이 이성을 공동 경험의 심장부로 옮기는 보철물 역할을 한다고 간주했다는 사실을 확인했다. 그러나 《비극의 탄생》의 니체에게 이성(또는 진리)과 미학은 서로 대조를 이룬다. 예술과 진리는 서로 떼어놓을 수 없는 불가분이라는 개념은 사상의 역사에서 중대한 변화다. 미학 또는 아폴론적 특성은 우리를 인간 존재의 디오니소스적 공포로부터 보호해주는 위대한 환상이다. 미학 혹은 아폴론적 특성의 임무는 진리를 구현하기보다는 감추는 것이다. 아름다움과 끔찍함이 서로 바싹 붙어 있듯 비극적 예술은 문화이면서 동시에 문화의 부정이다. 탈인간적 동물은 창조자를 추방하고 그 자신과 주변 세상에게 무엇이 되었건 자신이 그리는 환상의 매혹적인 형태를 주입시키며 대담하게 자신의 존재를 조절할 기회를 찾음으로써 무의미함의 공포를 용감하게 감싸안는다. 비극적 예술과 흡사하게 익숙한 공허함에서 감각을, 공포에서 아름다움을 그리고 필요에서 자유를 뽑아낸다.

　어떤 의미에서 니체는 신의 죽음은 물론 문화의 죽음을 알린다. 자아는 허구일 뿐이고, 객체는 힘의 의지에서 나온 부산물이며, 의견 일치는 비열하고, 세계는 형태가 없고 불가해하며, 문명의 역사는 기괴한 사건의 장황한 설명일 뿐이고, 도덕은 가학적 자기폭력의 문제며, 현실은 일련의 부분적 해석이고, 진리는 삶을 강화하는 환상이라면 어떻게 문화가 있을 수 있는가? 그러나 다른 측면에서 보면 문화는 니체의 저작 중 매우 중요한 위치를 차지한다. 사실 니체는 초인의 영적 생활 방식을 나타내기 위해 힘의 의지라는 표현을 꼭 집어 사용한다. 공동 삶의 문화는 없애버리므로 개인의 자아실현 문화가 더욱 자유롭게 번영할 것이다. 공유하는 삶의 형태로서의 문화는 개인이 각자 법을 내면화하는 작업과 관련이 있는데, 이 프로젝트는 그 당시에는 필수적이었으나 이제는 그것을 새로운 종의 동물에게 양보해야 한다. 이제는 이 동물이 법을 자신에게 부여하는 데 미적 가공품처럼 행동할 것이다. 이 피조물은 그 어떤 권위 앞에서도 비굴해지지 않으므로 스스로를 위조하지 않는다는 점에서 칸트나 루소의 시민과 닮았다. 다만 오로지 자신의 특별한 존재의 법에만 충성 서약을 한다는 점에서는 칸트나 루소의 시민과 다르다. 우리가 도덕으로 알고 있는 집단적 자기고문의 연대기를 정당화하는 탈인류의 멋진 표본이 출현한 것이다.

초인에 대한 비판 한 가지는 그가 가난한 자의 얼굴을 짓밟으려 나서는 나치의 전형이 아니라 고전적인 문화 영웅, 특히 니체처럼 놀라울 정도로 전위적인 사상가의 작지만 소중한 진보를 의미한다는 점이다. 초인은 말년의 칭기즈칸적이기보다 겸허하고 고상하며 기백이 풍부하고 행동거지의 도량이 넓다. 사실 니체는《우상의 황혼》에서 금발의 튜턴족 야수의 자격에는 맞지 않는 괴테를 일종의 초인으로 극찬한다. 통합된 주체에 대한 자신의 회의주의에 대해 니체는 결코 자기실현의 윤리를 거부하지 않는다. 오히려 그는 공동의 문화라는 개념을 거의 생각할 수 없게 된 지점을 강조한다. 사회적 기준과 집단적 관습은 그 자체가 억압적이며 후기 구조주의의 일부가 될 재앙을 초래하는 오해다. 예술 작품으로서의 자아는 모든 공동의 존재와 불화한다. 문화의 이 두 가지 주요 의미는 현재로서는 상호 양립할 수 없는 상태다.

니체가 이룬 가장 멋진 성과 중 하나는 문화적 이상주의를 분명하게 설명한 것이다. 그는《도덕의 계보학Zur Genealogie der Moral: Eine Streitschrift》에서 "모든 '선한 것들'의 근저에 얼마나 많은 피와 잔인함이 서려 있는가!"[12]라고 말한다. 신화 말살에 지배적인 역할을 한 근대의 사상가 마르크스와 프로이트 역시 니체와 같은 주제를 다뤘다. 문화와 도덕성은 빚, 고문, 복수, 의무와 착취의 야만적 역사의 결과물이다. 다시 말해 인간이라는 동물의 내장을 모두 들어내고 심신을 약화시켜 문명화된 사회에 적합하게 만드는 끔찍한 전체 과정의 역사라는 의미다. 니체는 모든 소중한 관념이 탄생하는 고난과 투쟁을 문화적 이상주의자들의 위안적 진화론에 대비시켜 계보학이라고 부른다. 그들이 역사라고 알고 있는 것이 니체에게는 "허튼소리와 사건의 끔찍한 지배"다.[13] 더욱 풍요로운 미래로 가는 매끄러운 통로라고 확신할 것이 아니라 인간이 치유되어야 할 부분이다. 문명에서 모든 진보는 종속과 자기고뇌를 통해 그 값을 치렀다. 도덕은 폭력과 자기억압을 통해 탄생한다. 도덕의 고향은 어떤 사람이 주체성이라고 부르고 싶어 하는 죄책감, 아픔 그리고 꺼림칙한 마음의 내적 공간이다. 이는 정신을 무력화시킴을 의미한다. 이 현상 너머를 보지 못하는 이들(칸트, 영국인, 종교적인 유형)은 야비한 환관이다.

　대부분의 전위주의자들처럼 니체는 기억상실적 성향이 매우 강하다. 우리는 과거의 재앙을 의도적으로 망각함으로써 미래를 시작할 수 있다. 여기에 칸트나 실러식 비전의 교양은 없고 인류가 집단적 힘을 실현할 수 있는 상향식 이동에 대한 믿음도 없다. 사뭇 다른 의미에서지만 마르크스와 마찬가지로 토대의 변화와 개조를 통해서만이 우리는 조건을 수정할 수 있다. 다른 면에서도 마르크스와 친연성이 있다. 형이상학을 혐오했음에도 불구하고 니체는 인간의 행동에서 그다지 칭찬할 만하지 않은 면에 대해서는 완전한 신정론자의 입장을 취하며 미래 인류의 번영에 그것들 모두 나름의 역할을 하고 있다고 본다. 초월성을 얻으려면 개인이 아닌 종 전체가 침례를 받아야 한다. 도덕법의 시대는 아마도 재난이었을 수 있지만 초인의 도래에 반드시 필요한 전주곡이다.[14] 유사하게 마르크스도 비참함과 잔악함에도 불구하고 자본주의는 사회주의가 도래하기 위해 없어서는

안 될 요소로 봤다는 것이 논쟁의 소지가 있다.[15]

니체는 마르크스와 같은 역사적 유물론자가 아니고 스스로를 고결하고 영원한 것으로 제시하는 많은 것들의 매력 없는 기원을 폭로하며 자기만의 방식을 따르는 유물론자다. 가장 고결한 이상은 요구, 불안, 시기, 악의, 경쟁의식, 공격성 등에 뿌리를 두고 있다. 니체는 인류 역사를 일종의 동물학으로 보고 조잡한 생리적 환원주의를 즐긴 쇼펜하우어의 천박한 유물론의 혈통도 받아들인다. 쇼펜하우어의 담론은 인두와 후두, 통증, 경련, 간질, 파상풍, 공수병 중 하나다. 마르크스에게 그렇듯 니체에게도 문화는 유형의 물체에 근거한다. 니체는《즐거운 학문》에서 철학이 "단순히 몸에 대한 오해는 아니었는지"[16] 스스로에게 물어본다. 그리고《우상의 황혼》에서는 짐짓 엄숙하게 전형적으로 축제에 어울릴 만한 문체로 인간의 코에 대해 존경과 감사를 담아 이야기한 철학자는 아무도 없었다고 말한다.

* * *

코에 대해 논하든 아니면 좀더 중요한 문제에 대해 이야기하든 과학의 담론은 문화에 도전한다. 다윈에게 인간의 문화는 그 자체로는 모두 의미 없는 과정 중 우연히 생긴 결과물이다. 니체와 프로이트가 생각한 것과 마찬가지로 다윈에게도 허튼소리의 뿌리는 결국 상식적인 제정신이다. 셸링이 자연 과학을 그의 정신적 비전에 통합시키려 했다면 콩트와 스펜서 같은 사상가들은 그와 반대를 목표로 했다. 인간의 의미와 가치는 연체동물의 진화와 행성의 움직임을 관장하는 법의 지배를 받게 되었다. 자연주의와 실증주의의 입장에서 인간의 정신은 더이상 단순화할 수 없다. 인간에 대한 해석학이 존재하듯 인간의 과학도 있을 수 있다.

　나중에 구조주의가 모든 생명 형태를 보편적 정신의 변치 않는 법의 단순한 변형으로 취급하며 문화의 중심성에 의심을 품는 나름의 역할을 한다. 또한 정신 분석을 인간 주체의 과학으로 보는 사람도 있다.

　19세기가 펼쳐지면서 문화의 개념은 그 천진함을 벗어버리기 시작한다. 문명에 대해 우리가 치러야 하는 대가가 너무 크고 소수가 행하려는 개선이 다수의 고통을 의미하는 상황이 더욱 악화되기 시작한다고 말하는 장자크 루소의 저작에서 이미 의혹이 불거지기 시작했다. 루소가 보기에 예술과 과학은 전반적으로 도덕적 타락의 요인으로 작용했다. 허영, 사치, 나태, 타락이 없이는 문명이 있을 수 없다. 몇몇 낭만주의자들과 마찬가지로 프리드리히 슐레겔은 문화가 우리를 자연으로부터 소외시킨다고 꾸짖는다. 문화가 우리 안에서 키우는 것은 그 원천에서부터 오염되었다. 인간의 열망은 결코 명백한 선이 될 수 없다. 욕망은 오직 외부의 힘에 의해 좌절될 때만 무시무시하게 변한다는 일종의 자유의지론적 낭만주의는 더이상 생각할 수 없다. 단순히 욕망을 억압하거나 소외시켜서 또는 욕망의 편향성 때문에 우리의 힘이 곪아터지는 게 아니다. 그보다는 처음부터 어떤 일정한 질병에 의해 욕망이 침투해 들어온다. 욕망은 삐뚤어진, 거의 병적인 힘이다. 욕망은 자신의 종말을 전망하는 자기파괴적 쾌락을 기대한다. 따라서 근대 후기는 낭만적 자유의지론자와 합리주의 철학자들을 넘어서 원죄의 근대 이전 개념을 돌아본다. 이 개념은 마르크스에게는 없지만 프로이트가 자신만의 탈아우구스티누스적 언어로 재창조해낸다.

자연에서 문화로의 낙하는 다행스러운 일이지만 우리 자신에게 무시무시한 폭력을 가하기도 한다. 우리 존재의 핵심에는 문화가 없으면 창의력도 있을 수 없다는 결함 혹은 기억 상실증이 있다. 니체에서부터 아도르노까지 문명의 이점이 부정되지는 않지만 "문화라는 반석 아래 들끓고 있는 공포"가 점점 더 소리를 높이며 주목을 끌고 있다.[17] 아우슈비츠 수용소 시기의 가장 복잡한 형태의 인간 개조를 의미하는 단어(문화)는 말로 표현할 수 없는 타락과 밀접한 관계가 있다. 발터 베냐민은 "역사적 유물론자가 예술과 과학에서 조사하는 것이 무엇이든 그것은 공포를 빼고는 생각할 수 없는 혈통을 가진다. 이것의 존재는 그것을 만들어낸 위대한 천재들의 노력은 물론 그들 동시대인들이 하는 익명의 고된 일에도 빚을 진다. 문화의 기록은 동시에 야만의 기록이다. (…) 문화적 역사는 인류의 등에 쌓인 보물의 무게를 증가시킬 것이다. 그러나 문화적 역사는 인간이 그 보물을 떨쳐버릴 힘을 주지 않으며 그렇게 해서 역사가 그 보물을 차지한다"[18]고 논평한다. 독일의 사회학자 게오르크 지멜Georg Simmel도 이 문화적 전리품의 부담스러운 면에 대해 안다. 그가 보기에 문화는 객관화된 형태의 정신이다. 그러나 근대의 문화는 인간의 목적에는 차갑고 무관심하며 오로지 자신만의 자율적 논리를 상정해 주체적 존재를 압도한다. 인간은 이제 문화의 부재로 시들어가기보다는 문화의 억압적 과잉 현상 밑에서 비틀거리고 있다.[19]

반대 감정이 공존하는 베냐민의 문화 평가는 전반적으로 마르크스주의의 문화 평가이기도 하다. 모든 원시주의를 경멸하며 마르크스주의는 문명을 찬양하지만, 한없이 낙천적인 진보주의에 직면하면 문화의 성취는 인류를 착취한 결과라는 끔찍한 대가를 치른다고 주장한다. 마르크스주의는 문화를 부인하기보다 재배치한다. 포스트모던 문화주의자는 문화의 몰락을 점치지만 문화는 갈 데까지 가지 않는다. 언어가 그 자체는 중요하지 않은 기호의 생산물이고 프로이트에게 의식은 본래적으로는 의미가 없는 힘에 그 근원이 있듯, 문화 그 자체는 문화적이지 않은 물질적 힘에서 솟아난다. 게다가 실러와 아널드에게 통합의 원칙인 문화는 마르크스에게는 분열을 은폐하는 방법이다. 즉 문화는 이념이나 힘든 노동에 매우 가까우며 확실하게 존재한다. 문화가 권력의 반대 극단에 서 있다는 주장은 기만적이거나 모자라다 싶을 정도로 순진하다.

이 주제에 있어서 마르크스와 니체의 차이점은 고상함의 근원에 비열함이 있는지의 문제가 아니다. 마르크스와 니체 둘 다 이 점에서는 열렬한 유물론자다. 이것은 사실을 구성하는 것이 무엇이냐의 문제다. 마르크스주의자의 견지에서 문명의 결실이 그것을 만드는 데 동원된 야만성을 정당화할 수 있는지는 미결의 문제다. 마르크스주의자는 (놀랍게도 거의 아무도 그렇게 하지 않겠지만) 계급 역사가 진행되는 동안 대다수의 운명이었던 노역만큼 가치 있는 미래의 풍성한 보물 같은 것은 없다고 주장할 것이다. 미래 사회주의자의 질서는 얼마나 오랫동안 견디어야 하고, 살아있는 이들의 마음에 악몽 같은 무게의 과거를 보상하기 위해 얼마나 맹렬히 번영해야 하는 걸까? 터널 끝에 빛이 있다면 도중에 죽은 사람들, 길을 잃은 사람들, 정치적 구원에 이르지 못하고 역사의 기록에서 이름이 지워져버릴 사람들은 어떻게 한단 말인가?

니체는 문명이 그것과 연관된 야만성의 사소한 것 하나하나까지 모두 가치 있다는 점을 전혀 의심하지 않는다.《비극의 탄생》에서 빠진 글을 보면 니체는 고대 그리스 예술의 기원에서 노예의 역할을 냉랭하게 정당화하고 "다수의 고상한 사람들이 예술의 세계를 창조해내기 위해 힘겹게 살아가는 근대 일반 대중의 비참함이 더욱 강화되어야 한다"[20]고 말한다. 고상한 계급의 일원 중 최소한 한 사람의 이름을 대는 것은 어렵지 않다. 문화는 착취의 반대 개념이지만 착취를 정당화하기도 한다. 대중의 비참함을 정당화할 때 문화는 마르크스주의 용어의 맥락에서는 이념적이다. 그러나 니체의 시각에서는 문화는 스스로를 숨기거나 부정해야 한다는 의미에서 이념적이지 않다. 대표적인 자유주의 사상가 중 한 명인 존 스튜어트 밀John Stuart Mill은 고대 세계의 노예 제도는 그로 인해 발생한 정치와 지적 문화에 의해 정당화되었다고 말하며 니체의 의견에 동의했다.

이런 종류의 신정론은 결코 비극과 양립하지 못한다. 니체가 고통으로 본 것은 문화가 발생한 토양으로 단언할 수 있지만 인류 번영의 중대한 부분이기 때문에 칭송을 받기도 한다. 존재 그 자체는 척박하고 잔인하며 제멋대로 날뛰며 파괴적이다. 그리고 초인은 즉시 거칠게 남자다움을 과시하며 가학적이고 자신의 열정을 억제함으로써 스스로에게 고통을 가할 때 기쁨을 느낀다. 정신적으로 거세된 다양한 종류의 사람들만이 비극적 기쁨의 비명을 지르며 이런 전사의 윤리를 받아들이지 못한다. 니체는 특히 기독교도가 섬뜩한 즐거움으로 슬픔 속에서 흥청거리며 노는 범주에 속하는 부류라고 생각한다.

사실 기독교는 고통을 받아들일 수 없는 것으로 간주하기 때문에 주장하건대 니체의 교의보다 훨씬 더 비극적 교의를 가지고 있다. 기독교의 믿음은 기독교도들을 구원하기 위해 고통과 절망에 맞서는 비극적 행동을 중심에 둔다. 하지만 이는 오직 기독교도들이 다른 사람의 도덕의 근육을 만들어줄 선망의 대상이 아닌 있는 그대로 보일 때만 가능한 일이다. 신약의 예수는 단 한 번도 병자에게 자신의 고통과 타협하라고 조언하지 않았다. 예수는 오히려 그들이 병든 근원을 악마로 간주하는 것처럼 보인다. 겟세마네 동산에서 죽음이 임박했음을 느끼고 공황 상태에 빠진 예수는 자신의 운명으로부터 벗어나게 해달라고 기도한다. 예수에게 예정된 운명은 비극적일지 모르나 영웅적이지는 않다. 그러나 고통을 고귀한 것으로 받아들인다면 영웅적일 수 있다. 한편 이런 정치적 처형은 비극적이다. 그 이유는 고통은 그 자체로는 아무런 득이 되지 않을 뿐더러 정치적 처형은 대부분 피할 수 있기 때문이다. 여기서 "이 사람의 고통은 불필요하기 때문에 나를 오싹하게 만든다"고 말하며 비극의 교의를 냉소적으로 재작업한 브레히트를 떠올리는 사람이 있을 것이다. 다른 정치범이 죽지 않았듯 예수도 죽을 필요가 없었다. 이 점을 인정하지 않는 것은 그런 형벌을 부과한 권력을 용서하는 것이다. 고통에서 어떤 가치를 뽑아낼 수 있다면, 뭐 좋다. 하지만 덜 고통스러운 근원에서 이득을 얻을 수 있다면 그 길을 더 선호할 것이다. 이와는 대조적으로 니체는 고통을 피하는 것을 비겁함으로 볼 뿐이다. 니체에게 고난은 그 자체로 가치가 있다. 따라서 비극에 대한 니체의 비전은 고통을 겪는 것에 큰 의미를 두는 위험을 감수한다. 테오도어 아도르노는 정확하게 이런 이유에서 비극을 의심했다. 아도르노에게는 이것이 무의미한 것에 너무도 많은 의미를 부여함으로써 비극의 공포를 줄이는 것으로 보였다.[21] 바로 그 예술 형태가 비도덕적인 내용을 원래보다 더 구미에 맞고 논리 정연하게 만들 위험이 있는 것이다.

＊　＊　＊

마르크스와 니체가 우리에게 문화의 지나친 대가를 상기시킨다면 프로이트는 모든 선한 것의 바닥에 깔린 유혈과 잔혹함을 인정하는 또다른 사람이다. 후기 저작에서 프로이트는 인류에 기본적으로 공격성이 있다고 상정한다. 그런데 이 공격성은 승화되고, 에로스와 융합되며, 도시를 건설하고 자연으로부터 문명을 건져 올리기 위해 자연을 지배하는 임무에 이용된다.[22] 따라서 우리의 폭력성 안에 잠복해 있는 죽음을 향한 충동은 비도덕적 의도에 속고 사회 질서 건설에 봉사하라는 압박을 받는다. 그러나 그런 질서를 설립해 지키며 살아가는 일은 만족감을 포기하는 것이다. 권위, 이상주의 그리고 사회가 존재를 유지하는 데 필수적인 도덕적 양심인 초자아가 이 임무를 떠맡는다. 문명화되면 될수록 우리는 만족감을 더욱 많이 포기해야 한다. 또한 더 많은 임무를 짊어질수록 악의에 찬 초자아의 힘이 커져 우리에게 고압적인 공포를 가한다. 게다가 비겁하고 고질적으로 피학성을 띠는 자아는 벌을 받음으로써 외설스러운 쾌락을 얻기 때문에 우리는 순진한 자유주의자가 확연히 상반되는 것이라고 상상하기 좋아하는 두 가지 현상인 법과 욕망의 소름끼치는 공모에 붙잡힌 우리 자신을 보게 된다. 윌리엄 블레이크처럼 현명한 자유주의자는 그런 환상을 품지 않았다.

따라서 기쁨을 느낀다는 것은 우리를 징벌하는 힘에서 얻는 쾌락으로 인해 깊어지는 죄책감을 느끼는 것이다. 우리가 훌륭한 관념론자로 성장할수록 내면에는 치명적인 자기혐오의 문화가 더 많이 축적된다. 또한 우리가 성욕 에너지(또는 에로스)를 바깥으로 발산해 문명 건설 임무로 돌릴수록 이런 에너지의 근원은 점점 더 고갈되어 에로스의 오랜 대적인 타나토스 혹은 죽음 충동의 먹이가 되기 쉽다. 이렇게 문명화의 과정에는 모든 면에서 특이하게 스스로 실패의 원인이 되는 무엇인가가 있다. 창조의 충동 안에 죽음 충동이 도사리고 있다면 공손함에 기여하는 것에는 그것을 손상시키려는 요소 또한 있는 것이다. 질서를 위한 우리의 분노에는 무질서적인 면이 있다.

　프로이트는 문화 혹은 문명 프로젝트가 우리가 제대로 생산해 낼 수 있는 것 이상을 요구할 수 있다고 간주하는데 그 이유는 특히 둔감하고 앙심을 품는 초자아는 우리가 순종할 수 있을지 그러지 못할지에 냉담할 정도로 무관심으로 일관하며, 그저 초자아의 칙령을 발표해버리기 때문이다. 문화는 구역질날 정도로 불안정하다. 프로이트는 《환상의 미래》에서 어떤 사회가 다수의 억압에 의해 소수의 만족이 좌우되는 상황 이상으로 진화하지 못하면, 그 사회는 "지속적으로 존재할 것이라고 전망할 수 없으며, 그럴 만한 자격도 없다"[23]고 말한다. 이 주장의 정치적 영향은 실로 극적이다. 20세기 그리고 이후까지 이 영향은 점점 더 뚜렷해졌다. 이제부터 그것에 대해 이야기해보겠다.

6

모더니즘 그리고 이후

종교의 힘이 약화되기 시작하면서 종교의 다양한 기능은 그 후계자가 되기를 열망하는 독립체들에게 소중한 유산처럼 재분배되었다. 과학적 합리주의가 종교의 교리적 확실성을 인수하고, 급진적 정치는 세상의 얼굴을 변모시키는 임무를 물려받는다. 미학적 의미에서의 문화는 종교의 정신적 깊이를 보호한다. 사실 가장 미학적인 개념(창조, 영감, 통합, 자율성, 상징, 예수 공현 등)은 진정 추방당한 신학의 파편이다. 의미하고자 하는 것을 성취한 기호는 미학에게는 시로, 신학에게는 성체로 알려져 있다. 한편 좀더 넓은 의미의 문화는 종교의 공산주의적 정신과 같은 무엇인가를 보유한다. 말할 필요도 없지만 과학, 철학, 문화 그리고 정치는 종교의 쇠퇴에도 존속하며 제각기 그들만의 사업을 만드는 데 성공했다. 그러나 이들은 각자의 사업을 유지하면서 종교의 임무 중 몇 가지를 나눠서 수행해야 하는 입장이다.

종교처럼 하이 컬처high culture(상류층 문화)는 현대 문명을 비판하는 동시에 문명의 퇴보로부터의 피난처를 제공하는 이중 역할을 하고 있다. 소위 말하는 문화 비평의 혈통에서는 과학, 상업, 합리주의, 유물론, 공리주의, 평등, 민주주의 그리고 대중 문명 등 수많은 것들이 비판의 대상이다. 젊은 시절 토마스 만Thomas Mann은 "독일의 민주주의에 대해 말하자면 나는 그것이 실현될 거라고 전적으로 믿으며, 정확하게 이 점이 나를 비관적으로 만든다"[1]고 말했다. 이런 급진-보수적 유산은 실러, 콜리지, 칼라일, 키르케고르, 알렉시스 토크빌에서 니체, 카를 만하임Karl Mannheim, 쥘리앵 방다Julien Benda, 오르테가 이 가세트Ortega y Gasset, 초기 죄르지 루카치, 초기 토마스 만, 마르틴 하이데거, D. H. 로런스, T. S. 엘리엇, W. B. 예이츠, 프랑크 리비스 F. R. Leavis를 비롯한 수많은 20세기 사상가들에게 전달되었다. 우리 시대에는 아마도 마지막 문화 비평가라고 할 수 있는 조지 슈타이너 George Steiner가 계속해서 이 횃불을 운반한다. 루트비히 비트겐슈타인을 이 보수적 문화 회의주의자들의 대열에 끼워넣음으로써 설득력을 얻을 수 있다.[2]

이에 대적하는 좌파 버전은 프랑크푸르트 학파의 저술에서 분명하게 드러난다. 프랑크푸르트 학파 지지자들은 대중 문명이 아닌 민주주의를, 합리주의와 기술이 아닌 자유와 평등을 선호했다. 헤르베르트 마르쿠제Herbert Marcuse(독일에서 태어난 미국의 사회철학자이며, 프랑크푸르트 학파의 사회주의 사회학자로 분류됨―옮긴이)의 작업은 문화 비평의 익숙한 주제를 반복하지만 구원적 힘으로서의 문화라는 환상을 깨는 작업도 한다.[3] 1960년대 후반 이런 문화 비평은 거리로 나가 가두시위를 벌였다. 그로부터 몇 년 후 마지막 혁명적 전위주의 이념인 상황주의Situationism(1968년 프랑스에서 일어난 '68혁명' 당시 주도적인 역할을 했던 상황주의자라는 단체가 주장했던 이념으로 일상을 비일상화함으로써 자본주의를 극복하는 새로운 개인과 사회를 만들어보자는 것―옮긴이)가 명을 다했다. 당장은 더이상 대규모의 문화-정치 연합(나치주의는 문화-정치 연합의 가장 유해한 사례였다)은 없었다. 대신 포스트모더니즘이 도래하며 다소 다른 모습의 문화 정치학이 전면에 등장했다. 넓은 의미에서 모더니즘은 문화를 정치의 대안으로 삼았다. 하지만 이와 대조적으로 포스트모더니즘은 문화와 정치를 융합했다.

문화 비평의 태두들은 정치보다는 윤리학을, 진보주의보다는 비관주의를, 계몽보다는 숭배를, 대중보다 엘리트, 국가보다 개인을, 사회보다 공동체 그리고 합리적인 것보다 정신적인 것을 선호했다. 미학을 정치의 적으로 생각했던 초기 토마스 만의 경우 이 모든 것은 제1차 세계대전의 전장에서 독일과 프랑스가 서로를 도륙하기 바쁜 때에 프랑스에 대항하는 독일인을 위한 선택으로 귀결되었다.⁴ 지적 측면에서 이야기하면 독일과 프랑스의 싸움은 문화와 문명의 싸움으로 보이는데, 프로이트는 이런 구분은 무의미하고 공허하다고 생각했다.⁵ 프로이트의 승화, 억압, 공격성 등의 이론은 차별 없이 이런 이분법에 영향을 미친다. 프로이트는 에로스와 타나토스 사이에 벌어지는 내부의 싸움과 대조했을 때 윤리학과 정치학의 차이를 아주 사소한 것으로 봤다. 프랜시스 멀헌Francis Mulhern(《뉴레프트리뷰》부편집인 겸 편집위원, 미들섹스대학 문화연구교수—옮긴이)에 의하면 프로이트는 "문화와 문명의 중요한 통합을 입증했고 그러므로 '교양 있는 인간'의 근거를 약화시킨다"⁶. 인류에 관한 프로이트의 비전은 실러보다는 홉스에 가깝지만 그는 사회가 "게으르고 우둔한" 대중에 둘러싸인 몇몇 용감하고 사심 없는 영혼으로 구성되어 있다는 입장을 유지할 만큼 문화 비평가적이었다.

독일 저자 슈테판 게오르게Stefen George보다 더 혁명적인 보수 사상가도 극히 드물었다. 플라톤주의, 라파엘 전파, 프랑스 상징주의,

유미주의, 중세 정신, 독일 민족주의를 혼합한 사상에 영감을 얻은
게오르게는 볼셰비키주의의 공포와 산업 자본주의가 모든 전통적
연대와 가치를 파괴했다는 믿음을 결합시켰다. 그가 주변에서 끌어
모은 예술가들로 구성된 배타적 엘리트는 현실 정치를 경멸하고 근
대성의 모든 측면 특히 민주주의를 본능적으로 적대시했다. 게오르
게 역시 생김새 면에서 그와 구별하기 쉽지 않은 새로운 제국의 구세
주, 인종을 정화하고 그의 조국에 새로운 국가적 문화를 형성할 선지
자의 필요성을 주장했다. 겸손한 척하는 태도가 전혀 없는 게오르게
는 1904년 뮌헨의 야외 가장행렬에 피렌체의 견습 기사로 분한 어린
친구를 대동하고 자신은 단테로 분해 나타났다. 나치 당원들 중 몇몇
은 게오르게를 문화의 선구자로 추앙했지만 다른 이들은 퇴폐적이
라고 일축했다.[7]

휠덜린에서 슈타이너까지 이런 전통에서 가장 지속적으로 사용
된 주제는 비극이었다. 근대 유럽 사상사에 자주, 게오르크 뷔히너
Georg Büchner(독일의 극작가―옮긴이)에서 헨리크 입센으로 이어지는
긴 행렬 가운데 특히 예술의 탁월한 견본이 눈에 띌 정도로 적은 시
기에 종종 이 주제가 불쑥 나타나곤 했던 이유가 뭘까? 영국의 철학
자 사이먼 크리츨리Simon Critchley가 지적하듯 비극의 철학은 "독일 지
성사의 전통에서 기이하게 느껴질 정도로 지속적으로"[8] 재발한다.
의심할 여지없이 한 가지 이유는 비극이라는 개념이 근대성을 간접
적으로 비판하는 역할을 했기 때문이다. 비극은 생기 없는 부르주아
시대의 기억의 흔적, 유물론 시대의 초월성의 잔여물을 나타낸다. 비
극적 예술은 평범한 중간 계급 시민보다는 신, 영웅, 전사, 순교자 그
리고 귀족에 관해 이야기한다.[9] 비극이 기록하는 경험은 대개는 정신

적 엘리트에게 제한되어 있다. 비극은 면직 공장이나 보편적 참정권 보다는 신화, 의식, 운명, 죄책감, 중범죄, 속죄 그리고 피의 희생을 주로 다룬다. 비극이 불러일으키는 느낌은 종교에 준하는 두려움, 존경심, 경외감 그리고 복종 같은 감정이다.

비극은 모더니즘이 아닌 모든 것이다. 비극은 평등주의적이기 보다 귀족적이고, 과학적이기보다는 정신적이며, 불시에 일어나거나 우연적이기보다 절대적이고 자기결정이 아닌 운명에 관한 것이다. 비극적 예술은 중간 계급 진보주의자의 방식으로 인간의 가치를 부각시키기보다 그 인간이 불의 심판을 통과하도록 강제함으로써 그가 죄를 지은 존재이자 유한한 존재임을 상기시키며 꾸짖는다. 그렇게 해서 비극은 일반인 무리의 영역을 넘어선 영웅의 꿋꿋함과 담대함을 드러낸다. 천박한 사회적 희망이 비극의 예술로 인해 촉발된 파괴적 힘을 이기고 살아남을 수는 없다. 그러나 이 힘은 정치적 이상향을 위한 그 어떤 계획보다 더 소중한 정신적 회복력을 경험한다.

고통은 이상적인 인도주의 방식으로는 없어지지 않는다. 비극의 예술은 모든 도덕적 유약함을 꾸짖는다. 대신 전사나 귀족의 궁극적인 기개를 시험하는 방식으로 고통을 받아들인다. 메두사의 머리혹은 복수의 여신 퓨리의 악취에 꽁무니를 빼고 달아나는 것은 은행원이나 상점 직원 같은 인물들이다. 하지만 비극은 세속화된 형태의 신정론이기 때문에 문제의 고통이 무의미한 것이 아니다. 피상적인 생각에 젖는 계몽주의자들은 세상이 도덕적이거나 합리적이라고 생각하지만 실은 그렇지 않다. 그럼에도 불구하고 실패와 와해에서 가장 고상한 가치를 뽑아낼 수 있다. 이런 방식으로 진보 옹호자의 계략에 빠지지 않으면서 계속해서 희망할 수 있다. 예술의 후원자인 디오니소스는 고통인 동시에 황홀함이며, 음란한 즐거움의 신이지만 기쁨과 재생의 신이기도 하다.

비극의 세상은 어두운 수수께끼다. 이런 불분명함이 인간이 가진 합리성의 한계를 극명하게 보여준다. 이성은 가장 약한 특성으로 드러나고 그와 대조적으로 악마적 힘은 그런 이성을 포위한다. 하지만 비극적 예술은 동시에 우리로 하여금 우주적 질서라는 감각을 가질 수 있게 하기 때문에 이성의 불신이 허무주의로 빠지지는 않는다. 이 질서는 너무 뚜렷하거나 도식적이어서는 안 된다. 그렇게 되면 중간 계급의 합리주의에 조건부 항복을 하는 셈이 된다. 그러나 너무 규정하기 어려워서 천국이 모든 인간의 노력을 조롱한다고 암시해서도 안 된다. 대신 우리는 인간의 가치를 포기하지 않으면서도 그 유약함은 인정해야 한다. 냉소주의와 승리주의 사이에 난 길을 찾아야 한다. 신비로운 수수께끼와 초월성의 후광을 지닌 비극은 계몽주의의 얄팍한 합리주의에 대한 책망이다. 또한 계몽주의가 표방하는 개인주의에 대한 꾸짖음이기도 하다. 인간은 자유 인자로서 자신의 운명을 결정할 수 있다는 풋내나는 믿음이 있을 수 없다. 그런 비전은 운명의 확고한 힘, 비극적 행동의 공통적 특성 또는 비극이 밝혀내는 인간 운명의 불가해한 교합을 이기고 살아남을 수 없다. 그런 자유는 단순히 필연성을 무시하는 것이다. 비극은 정도를 벗어난 주관주의와 모멸적 결정론을 모두 거부하며 둘 사이의 대립을 해체한다. 셸링은 《예술철학》에서 자유와 필연성은 "완전한 무관심에서 나타나며 승리인 동시에 완패다"[10]라고 말한다. 어떤 한 사람의 운명을 그가 선택하게 만드는 것은 자발적인 것과 필수적인 것을 구분하는 게 틀렸음을 입증한다. 이때 희망은 있지만 원기 왕성한 긍정주의는 없다.

주인공이 그의 상황에 대해 완전히 책임을 진다면 비극의 정서는 치명적으로 약해진다. 우리는 자신이 무슨 짓을 벌이는지 분명히 알면서 아버지를 살해하거나 딸을 희생시키는 자들에게 연민을 낭비하지 않는 성향을 가지고 있다. 따라서 부르주아의 개인의 자유 숭배는 반드시 거부되어야 한다. 그러나 기계적 유물론자들이 인간을 간주하는 방식처럼 영웅은 결코 단순히 외부의 힘에 따라 움직이는 꼭두각시가 아니다. 자유의지와 결정에는 다른 비율이 적용되어야 한다. 비극의 주인공은 필연성을 받아들이기 원하며 당신이 시장에서 찾을 수 있는 그 어떤 것보다 더 소중한 자유의 형태를 드러낸다. 자유를 포기하는 결정보다 더 자유로운 행위는 없다. 이런 선택을 하면서 영웅은 자유에 경의를 표하는 동시에 법 앞에 고개를 숙인다. 따라서 그는 모든 천박한 결정론을 딛고 일어선다. 그러나 이것은 복종을 통해 얻은 초월성이므로 우리는 여전히 의지의 한계를 인식하게 된다. 인간의 자유를 축하하면서 우리는 인간의 미덕과 자기희생을 인정한다. 이런 점에서 비극은 정치적이고 철학적인 문제에 대한 미학적 해결책을 제공한다. 비극은 자유와 결정론 사이의 갈등을 해결하는 방법(이 방법이 근대의 사상을 괴롭혔다)을 우리에게 가르쳐주는데, 한 가지를 소개하면 혐오스러운 결정론을 섭리 또는 신이라는 좀더 고상한 개념으로 바꾸는 것이다. 비극은 여러 가지 방법으로 근대에 또다른 형태의 분열된 종교 역할을 했고 개념이라기보다는 이미지의 문제로 더욱더 인상적인 존재감을 풍겼다. 고결한 정신을 가진 영혼들은 직접 논문을 써서 계몽된 부르주아 철학자들의 논리에 맞서 대응하지 않는다. 대신 그들은 의기양양하게 보일 수 있지만 말로는 쉽게 표현할 수 없는 형태의 예술을 들먹인다.

예술이 우리의 구원이 될 수 있다는 믿음이 얼마나 회복력이 강한지 놀랍다. 이것은 처음부터 끝까지 니체의 주제였고, 후기 빅토리아 시대high Victorian의 붕괴와 1차 대전의 대학살을 극복하고 살아남을 수 있었던 희망이다. 다른 분야에서와 마찬가지로 서로 불구대천의 원수지간인 블룸즈베리 그룹Bloomsbury과 계간지《스크루티니Scrutiny》에서도 이런 믿음의 다양한 버전을 찾아볼 수 있다. 예술은 잠식해 들어오는 야만성에 대항하는 요새다. I. A. 리처즈I. A. Richards(영국의 문학 비평가, 수사학자―옮긴이)는 "시는 우리를 구할 수 있다. 혼란을 극복하는 완전히 가능한 수단이다"[11]라고 말한다. 프랑크 리비스는 지독히 물질적인 사회에 "생각과 감정의 종교적 깊이"로 대항하는 것을 위대한 문학에서 찾아볼 수 있다고 말한다.[12] 미국의 시인 월리스 스티븐스Wallace Stevens는 "어떤 사람이 신에 대한 믿음을 버린 후 삶의 구원으로서 신의 자리를 차지하는 본질이 바로 시"[13]라고 말한다. 스티븐스는 〈푸른 기타를 든 남자The Man with the Blue Guitar〉에서 "시와 훌륭한 음악이 천국의 빈자리와 찬송가를 대신한다"고 말한다. 예술의 적절한 역할이 종교를 계승[14]하는 거라고 말한 초기 말라르메Stéphane Mallarmé(프랑스 상징주의 시인―옮긴이)처럼 들린다고 생각할 만한 대목이다. 당시 신학을 위한 봉사를 마친 미학이 이제는 신학을 대신하려 시도한다. 예술 작품이 정신적으로 타락한 세상에 황홀감을 느낄 수 있는 마지막 전초 기지 중 하나를 제공함으로써 하이 모더니즘은 속속들이 신령스럽다. 그러나 감정 없기로 악명 높은 포스트모더니즘은 신령스러움을 탈피한다. 또한 어떤 의미에서는 미학적 특성도 탈피하는데, 일상의 미학화는 예술로 알려진 특별한 현상이라는 개념을 약화시키는 지점까지 확장되기 때문이다. 충분히 뻗어나간 미학의 범주는 스스로를 상쇄시킨다.

프루스트의 위대한 소설에 나오는 기억의 구원적 힘부터 조이스풍 작가들의 사제적 소명까지 은혜의 수단으로서 상상력은 모더니즘의 변함없는 주제 중 하나다. 헨리 제임스는 예술에서 성스러운 자기희생을 찾는다. 초월성의 공현은 버지니아 울프의 소설과 릴케의 시에서 떠나지 않는 주제다. 죽음, 희생 그리고 재탄생에 기반한 인류학은 가장 널리 알려진 영국의 한 모더니스트 작가의 시의 근간을 이룬다. 이 작가는 후일 자신의 저서 《문화와 정의에 대한 노트 Notes Towards the Definition of Culture》를 통해 민중의 문화가 번영하려면 반드시 종교에 기반을 둬야 한다고 주장한다. 그러나 수많은 모더니즘 예술가들은 독실한 영국 가톨릭 신자가 아니었고, 따라서 그들이 선호한 전략도 문화가 종교를 대체하는 것이지 종교에 의지하는 것이 아니었다. 신의 죽음은 철저하게 세속화된 20세기의 비평가 중 한 명인 프랑크 커모트의 작업에 여전히 그림자를 드리운다. 커모트는 평론집 《종말의 의미 Sense of an Ending》에서 신화는 종교적이고 정치적이며 반드시 자의식적 허구로 바뀌어야 한다고 말한다.

정확하게 신은 죽지 않았지만 인간에게 등을 돌려 인간은 이제 신이 불길하게 부재할 때만 참을 수 없는 신의 존재를 감지할 수 있다. 미학을 세속화된 형태의 초월성으로 보는 약간 극단적인 개념은 살만 루슈디 Salman Rushdie의 1990년 허버트 리드 기념 강연에 생생하게 나와 있다. 이 강연에서 루슈디는 예술은 우리에게 답보다는 질문을 던진다는 고상한 자유주의의 진부한 이야기를 반복한다. 이것이 단테나 미켈란젤로가 문제를 본 방식이었는지는 분명하지 않다. 또한 예술이 사실상 초월성의 근대적 버전이라면 대부분의 극렬 칼뱅주의자들이 주장하는 것보다 더 적은 수의 사람이 은혜를 입을 것이라는 생각에 루슈디가 동요하는 것 같아 보이지도 않는다.[15]

모더니즘의 도래로 문화의 두 가지 주요 정신인 미학적 요소와 인류학적 요소는 점점 더 분열된다. 이 두 가지 주요 정신은 로런스의 작품에 나오는 멕시코, 예이츠의 영국-아일랜드의 사유지, 계간지《스크루티니》참여자들이 말하는 유기적 사회, 엘리엇의 계층화된 기독교 사회, 미국 신비평의 미학적 남부 또는 하이데거의 소작농들 사이에서 실행된 철학적 탐구의 비전(아도르노는 그 철학적 탐구에 대한 소작농들의 의견을 알고 싶어 하는 사람이 있다고 반박했다)과 같은 가상의 세계에서만 집중될 수 있다. 예술로서의 문화와 삶으로서의 문화 간의 경쟁은 소수문화와 대중문화 사이의 심각한 경쟁 구도로 대치하게 된다. 모더니즘은 다른 무엇보다 문화 산업에 대한 방어적 반응이다. 모더니즘은 문화 산업과 함께 쌍둥이로 태어났다. 급진적 계몽주의의 꿈(학식이 있으면서 대중적이고, 지배 세력에 도전할 수 있을 정도로 자원이 충분하고 그 기준에 맞춰 일반인들을 불러모을 수 있을 만큼 충분히 선명한 문화)은 이제는 확실히 끝난 것 같아 보인다. 예술, 문화 그리고 정치를 공동의 프로젝트로 묶으려는 급진적 낭만주의의 희망도 마찬가지다. 통합보다는 분리의 시대였다.

*　*　*

쿨리지 이후로 쭉 문화와 문명은 일반적으로 동맹이라기보다는 적대자로 보였다. 하지만 항상 그런 것은 아니었다. G. A. 포콕G. A.

Pocock(영국의 정치사상 역사가―옮긴이)이 상업적 인본주의 이념이라 명명한 개념이 18세기 영국에서 문화와 문명을 밀접한 관계로 만들었다.[16] 사실 이 두 가지는 도덕적 품성과 물질적 성취를 의미하며 '문명'이라는 단어로 묶인다. 그래서 이론에 의하면 개인 간의 상업적 거래는 문화와 문명의 울퉁불퉁한 모서리를 다듬고, 편협성과 모난 성질을 마모시키고 상호 작용의 연결통로가 마찰 없고 효율적이 되도록 상호 공감의 깊이를 발전시킴으로써 번영하고 빛나게 만들 가능성이 높다. 옛 귀족 질서의 오만함과 무례함은 다정한 교제를 받아들여야 한다. 평화와 정중함은 사업에 효과적이며 공손함은 경제라는 바퀴의 윤활유다. 애덤 퍼거슨의 《시민 사회의 역사에 관한 에세이 Essay on the History of Civil Society》에 의하면 무역의 확장과 도덕적 감정의 보급이 서로를 고양시키는 것으로 증명된 바, 감정과 사회적 관계는 함께 손을 맞잡고 간다. 공감적 상상력 작업인 상대방의 입장이 되어보는 행위를 통해 교류는 재정적인 면에서는 물론 정신적으로도 수익을 낼 수 있다. 애덤 스미스가 도덕주의자인 동시에 경제학자인 것은 결코 우연이 아니다. 상인과 감정의 인간은 서로 반대 유형으로 취급되지 않는다.

　20세기는 문화와 문명을 연합하는 또다른 양식을 목격하는데, 이는 18세기의 커피 하우스와 많이 다르지 않다. 산업과 기술이라는 의미의 문명이 예술에 이용되는 일이 얼마든지 가능했다. 이는 혁명적 전위파 예술가들의 꿈이었는데 이들에게 예술은 하이 모더니즘 방식으로 예술에 저항하는 게 아니라 기계적 재생산의 시대에 적응함으로써 생존할 수 있었다. 그러므로 기술적 문화의 새로운 형태가 발명되고 기존의 것을 대체하는 것이다. 위험한 일을 결심한 미래주의자, 구성주의자 그리고 초현실주의자들이 건 도박을 마르크스주의식으로 표현하자면, 역사는 나쁜 측면으로 발전할 수도 있다는 것이다. 즉 기존 체계의 기술적 도구를 장악해 그것을 혁명을 위한 목적에 이용할 수 있다. 다시 말해 당신은 자본주의의 기술을 이용해 그 주체성의 형태를 전복시킬 수 있다. 토대가 상부 구조에게 등을 돌릴 수 있는 것이다.

그러나 이 실험은 스탈린주의와 나치주의에 짓밟혀 실패로 돌아갔다. 몇 십 년이 지난 후 포스트모더니즘이 부상하면서 논의의 중심이던 두 가지 버전의 문화는 마침내 조화를 이루게 되었다. 1980년대 이후 예술 개념의 문화는 점점 더 대중의 인기에 영합하고, 세상 물정에 밝으며 일반적이 되었고 삶의 형태로서의 문화는 처음부터 끝까지 미학적으로 변모했다. 그리스 문명 숭배자와 낭만주의자에게 삶의 형태로서의 문화는 창의적으로 성취감을 주는 일종의 공동생활을 의미했고 포스트모더니즘 입장에서는 다소 덜 도취된 상태로 이미지에 의존하는 정치와 경제를 뜻했다. 오랜 염원이었던 예술과 일상생활의 결합에 대해 혁명적 전위파 예술가들은 그것이 정치 벽화나 강력한 정치 메시지를 담은 선동적인 연극에서 완성된다고 보았지만 오히려 패션과 디자인, 미디어와 홍보, 광고 대행사와 레코드 스튜디오에서 찾아볼 수 있다. 문화는 문화 비평이 적으로 간주했던 일상의 삶을 받아들였다.

그러나 문화는 민주적 조건에서 얻은 것을 비평적 조건에서는 포기했다. 일상의 습관을 거만하게 경멸하는 문화 비평은 보수주의의 엘리트적 태도다. 예술과 상업을 융합한 포스트모더니즘은 대중에 영합한다. 문화 비평이 일상이나 진부함을 너무 신랄하게 평가한다면 포스트모더니즘은 거기에 너무 많이 관여한다. 문화 비평과 포스트모더니즘 모두 대다수의 삶을 불신의 눈으로 본다. 문화 비평의 입장은 대다수의 삶을 따분할 정도로 평범하다고 보기 때문이고 포스트모더니즘은 합의라는 개념과 대다수는 본래 무지몽매하다고 봐서 소외된 소수자들이 이념적으로 우세하다고 잘못 추정하기 때문이다. 문화 비평은 국가, 계급, 경제 그리고 정치 기구와 같은 단조롭고 따분한 문제를 경멸한다. 또한 과도하고, 일탈적이며 관습을 거스르는 것에 도취된 포스트모더니즘은 국가, 계급, 경제 따위를 위한 열정은 거의 동원할 수 없다.

여러 가지 면에서 포스트모더니즘은 유사 형이상학적 사상이 부족하기는 하지만 니체가 말하는 의지, 초인 그리고 인류가 어떻게 야만성에서 도덕적으로 훌륭한 상태에 이르렀는지에 대한 준목적론적 이야기에 덧붙이는 후기다. 또한 포스트모더니즘은 니체의 비극적 비전을 포기한다. 문화 비평이 비극을 너무 과장한다면 포스트모더니즘은 비극 때문에 혼란스러워 한다. 포스트모더니즘은 문화의 탈비극적인 형태다(물론 이때 탈비극이란, 알랭 바디우가 탈마르크스주의자라는 맥락보다는 가수 모리세이가 탈모차르트적이라는 맥락에서다). 힘겹게 비극을 뚫고 나타나 맞은편에서 적당히 변신한 모습을 보여주려는 것이 아니다. 포스트모더니즘의 견지에서는 현실에서 내재적 의미가 없는 것은 맞서야 할 추문이 아니라 받아들여야 할 사실이다. 모더니즘은 열정적으로 진리를 좇는 중에 어두운 디오니소스적 힘, 완전한 해체에 맞설 준비 태세와 관련이 있다. 하지만 포스트모더니즘은 그런 필요성을 못 느낀다. 진리, 통일, 전체성, 객관성, 보편성, 절대적 가치, 안정적인 정체성과 튼튼한 기반이 있었다고 상

233

기시키기에는 너무 어려서 그런 것들이 없다고 해도 전혀 불안해하지 않는다. 이런 점에서 포스트모더니즘은 재앙에 충격을 받아 여전히 비틀거릴 만큼 가까운 곳에 있는 전임자인 모더니즘과는 다르다. 포스트모더니즘에게 통합은 철저히 환상이기 때문에 분열이란 없다. 같은 이유에서 보편적 진리가 없기 때문에 가짜 의식도 없고, 아무것도 이탈될 것이 없기 때문에 토대가 흔들릴 일도 없다. 마치 진리, 정체성, 기반이란 몹시 성가실 정도로 규정하기 힘든 것이 아니라 그저 원래부터 없었던 것만 같다. 진리, 정체성, 기반은 영원히 사라지지 않는다. 단지 그들 뒤에 유령만 남겨 놓을 뿐이다. 여기에 환각지幻覺肢(절단된 팔과 다리가 아직 그 자리에 있는 것처럼 느끼는 증상—옮긴이) 증후군 같은 것은 없다. 모나리자의 손에 헤어드라이어가 없는 게 확실하듯 진리, 정체성, 기반의 부재는 명백하다. 돼지가《실락원Paradise Lost》을 암송할 수 없다는 사실을 개탄스러워하지 않듯 이런 것들이 없다고 해서 슬퍼하는 사람도 없다. 미국의 철학자 리처드 로티Richard Rorty가 말하듯 가렵지 않은 곳을 긁는 것은 소용이 없다.

모더니즘이 신의 죽음을 축하할 이유이면서 충격적인 사건, 모욕, 비통함의 원천으로 경험하는 반면 포스트모더니즘은 신의 죽음을 전혀 경험하지 않는다. 포스트모더니즘의 우주의 중심에는 프란츠 카프카, 새뮤얼 베케트 심지어 필립 라킨Philip Larkin(영국 시인 겸 소설가. 신시운동新詩運動 무브먼트The Movement파의 대표적 시인—옮긴이)이 있으므로 신의 형상을 한 구멍 같은 것이 없다. 포스트모더니즘이 탈비극적인 여러 가지 이유 중 하나가 바로 이것이다. 비극은 회복할 수 없는 상실과 관련이 있는데 포스트모더니즘에서는 중대한 것을 잃는 일이 없다. 그런 사실을 더 높고, 고상하고, 심오한 것을 좇는 강박적 사냥을 하는 가운데 기억하지 못할 뿐이다. 어떤 경우든 비극은 일정한 깊이의 주체성을 필요로 하는 것으로 여겨지는데 이것이 바로 베케트 작품에 비극이 결핍된 것처럼 보이는 한 가지 이유다. 포스트모더니즘의 주체는 본질적으로 비극적 자아박탈에 적합한 후보가 되기에 충분한 깊이와 연속성을 찾도록 쪼들림을 당한다. 당신이 결코 가져본 적이 없는 자아를 그냥 줘버릴 수는 없다. 더이상 신이 없다면 그 이유는 부분적으로 신이 스스로 편안하게 자리 잡을 은밀하고 내적인 장소가 더이상 없기 때문이다. 깊이와 내면성은 낡아빠진 형이상학에 속해 있는데, 이것을 근절한다는 것은 신이 숨어 있던 지하의 장소를 파내 신을 없애버린다는 의미다. 이와는 대조적으로 정신 분석에서 인간 주체는 분산되고 불안정하지만 내면의 깊이로 무장하고 있다. 이 두 가지 사실은 서로 가까이 동맹을 맺고 있다. 따라서 인간 주체는 비극적 의미의 현대판 계승자들 축에 끼지만 포스트모더니즘은 그렇지 않다.

비극은 일반적으로 역사성과 밀접한 관련이 있다. 이는 시간의 직선적 특성 때문에 일단 파괴적 행동이 실행되면 돌이킬 수 없음을 의미한다. 그 치명적 결과는 근원 너머 저 멀리까지 퍼져나가 미래를 오염시킬 수 있다. 그러나 이 복구 불가능성이 행동의 건설적 형태와 마찬가지인 것처럼 비극적 교착 상태를 표현하는 수단은 또한 잠재적 구원의 장이 된다. T. S. 엘리엇이 〈번트 노튼Burnt Norton〉(장시長詩 〈네 개의 사중주〉 중 첫 번째 시─옮긴이)에서 표현했듯 시간은 오로지 시간을 통해 정복된다. 직선적 일시성을 의심하는 모더니즘은 상당 부분 이 주장에 반대한다. 직선적이지 않은 시간 또한 비극에 우호적일 수 있다. 끝없는 반복으로서의 일시성의 비전은 지옥살이같이 모진 괴로움을 유쾌하고 코믹하게 그린 플랜 오브라이언Flann O'Brien의 소설《세 번째 경찰관The Third Policeman》처럼 지옥의 초상이다. 하지만 모든 것이 조금씩 변해서 되돌아오는 포스트모더니즘의 공간화된 시간에서는 그렇지 않다. 반복은 아마 비극을 만들어내면서 동시에 비극을 피하는 도구가 될 수 있다. 이는 예이츠와 조이스의 기본적으로 코믹한 세계관에서는 맞다. 예이츠와 조이스는 순환적 시간을 믿는다. 우주의 소용돌이 안에서 완전하게 사라질 수 있는 것은 없다.

낭만주의에서 우리가 역사로 알고 있는 욕망은 일종의 무한성을 의미한다. 그러나 이와는 대조적으로 모더니즘에서 욕망은 무한성보다는 영원함과 관계있는데, 이는 어떤 비밀스러운 본질 속에 있는 현재의 핵심이나 따분한 시간 낭비에서 빼낸 깨달음의 순간에 찾을 수 있는 수수께끼다. 포스트모더니즘으로 인해 역사는 대부분 상품화된 문화유산, 항상 존재하는 물려받은 형식 목록 그리고 과거에 접근할 때는 "묵시록 예언 실현론자"가 되어버린다. 이미 벌어진 일의 변경 불가능한 최후는 진실이 반드시 무한히 변화 가능한 것이어야 하는 사람들에게는 추문을 일으키게 되어 있다. 역사는 끝없이 선택을 즐거워하는 문화에게 너무도 가혹하게 바쳐진다. 역사는 현재 우리가 누리고 있는 자유가 우리가 과거라고 알고 있는 돌이킬 수 없는 숙명론의 제약을 받는다는 반갑지 않은 사실을 상기시켜준다.

포스트모던 문화가 깊이가 없고, 반비극적이고, 비직선적이며, 신령스럽지 않고, 토대가 없으며, 보편성에 저항하고, 절대성을 의심하며, 내면성을 혐오한다면 아마 누군가는 모더니즘과는 전혀 다른 포스트모더니즘이야말로 진정 종교의 몰락 이후 도래할 현상이라고 주장할 것이다. 예를 들어 대부분의 종교 사상은 보편적 인류를 상정하는데 이는 신이 보스니아 사람 또는 키가 177센티미터 이상인 사람처럼 오로지 특정 집단의 인간들과 관계를 맺는다면 초월적 존재의 품성에 적합한 공정한 자비심이 결여된 것처럼 보이기 때문이다. 또한 우리 자신과 구약의 아브라함 사이에 이치에 맞는 공통의 기반이 반드시 있어야 한다. 그러나 포스트모더니즘은 위대한 서사는 지구 위의 모든 곳에서 사라져버렸다고, 어디를 봐도 안정적인 정체성을 찾을 수 없다고 주장하면서도 악명 높을 정도로 보편성에 신경을 곤두세운다. 사상의 흐름으로서 포스트모더니즘은 무신론에 기여한 니체 철학의 특성 대부분을 계승한다. 그러나 세상 물정에 밝은 포스트모더니즘은 니체의 초인 개념을 거부하고, 구세대적 신성을 대체하기 위해 새로운 형태의 신성을 밀반입하는 것도 반대한다. 보편적 인류라는 개념 전체에 회의적인 포스트모더니즘은 신은 물론 인간까지 부인하며 그 과정 중에 인본주의가 주는 준종교적 위안도 거부한다. 이런 점에서 인간이 전능한 신과 나란히 무덤에 누워 있을 때만 신은 진정 휴면 상태에 있을 거라는 니체의 경고가 결국 심각하게 받아들여진다.

앞서 살펴보았듯 니체는 고전적 인본주의의 폐허에서 활동적인 인간 주체의 비전을 지탱하려 했다. 초인은 본질적으로 단순히 끊임없이 변화하고 차이가 존재하는 세상에 자신의 이미지를 각인시킨다. 초인은 또한 똑같은 방식으로 자신의 욕망도 지배한다. 이런 점에서 미셸 푸코Michel Foucault가《성의 역사》에서 말한 자아형성은 진정한 니체 스타일이라는 인상을 준다. 그러나 이것은 전반적으로 후기 구조주의와 포스트모더니즘의 비전형적 특성이다. 이 두 가지 사상에게 현실의 끊임없는 변화는 이제 주체에 침투해 그것의 통합이용해되고 주체의 대행자가 약화되는 지점까지 이르렀다. 포스트모더니즘의 주체는 초인처럼 자신의 손에 쥔 진흙으로서, 자신의 명령에 따라 형태를 바꿀 수 있다. 하지만 똑같은 이유에서 이 주체에게는 니체의 탈인간적 동물이 자신의 요구에 맞춰 현실을 바꾸는 불굴의 의지가 결여되어 있다. 니체나 오스카 와일드적 의미에서 누군가를 예술 작품으로 변화시키는 게 아니라 키르케고르식으로 모든 통합과 원칙이 결여되는 의미에서 미학적이다.

인간이 더이상 본질적으로 대리인 혹은 창조자로 보이지 않으므로 더이상 초월적 존재로 오인받을 위험이 없어졌다. 마침내 인간은 성숙해졌지만 그렇게 되기 위해 자신의 정체성을 포기했다. 그는 칸트와 헤겔 같은 이에게 자유가 의미하는 바와 같이 자기결정적 존재로 보이지 않는다. 그렇게 되기에 자아는 더이상 일관적이지 않다. 무엇보다 유일한 하나가 바로 신이며 신은 존재의 기본 토대이기 때문에 이는 확실히 포스트모더니즘이 신학적 논쟁을 탈피하는 한 가지 방식이다. 당신이 신을 없애버리길 원하면 주체성 자체의 개념을 다시 정립해야 할 필요가 있는데, 이것이 바로 포스트모더니즘이 추구하는 바다. 자본주의 시스템이 생산자로서의 주체에서 소비자로서의 주체로 변하는 과도기에 발생한다면 이는 성취되기 더 쉽다. 소비자는 수동적이고 분산적인 임시 주체인데 이는 전통적으로 그려지는 전능한 신의 방식과는 사뭇 다르다. 인간이 생산자, 노동자, 제조자 또는 자아형성을 하는 주체로 보이는 한, 신은 결코 없어질 수 없다. 생산의 모든 행동 뒤에는 창조의 이미지가 도사리고 있으며 특정한 생산 활동 한 가지, 즉 예술은 전능한 신과 경쟁을 한다. 그러나 신조차 영원한 소비자인 인간의 도래를 극복하고 살아남을 수 없다.

그렇다면 아마도 20세기 후반부의 몇 십 년은 신이 마침내 죽음을 맞이한 시기로 보일 것이다. 포스트모던 문화가 도래하면서 신령함을 그리워하는 감정이 마침내 사라진다. 구원받아야 할 것이 없으므로 구원이 없다고 주장하는 것은 아니다. 포스트모더니즘보다는 후기 근대 문명에 더 많은 것이 있으므로 종교는 확실히 계속해서 존재한다. 하지만 그렇다고 해도 실패한 프로젝트, 잘못된 전략 그리고 이론상의 막다른 골목이 길게 이어진 후 포스트모더니즘의 등장과 함께 인류 역사상 처음으로 진정한 무신론이 탄생했다고 주장하는 것이 그렇게 심한 것은 아니다. 포스트모더니즘이 성년이 되기 위해(이것이 성년이 되는 것이라면) 막대한 대가를 치렀다는 것은 사실이다. 종교를 삭제하면서 포스트모더니즘은 다른 수많은 중요한 질문을 완전히 형이상학적 환상으로 일축해버린다. 포스트모더니즘이 종교를 버린다면 앞서 지켜봤듯 깊이를 포기하는 대가를 치러야 하는데 이는 확실히 신경이 곤두서는 일이다. 그래서 포스트모더니즘은 다른 가치를 상당량 폐기시켜버린다.

포스트모더니즘이 초월성의 묘한 흔적을 타자에 대한 물신적 숭배 방식으로 보유한다는 것은 사실이다. 하지만 타자성이 풍부하기는 해도 정말 중요한 타자, 위대한 총체성이나 초월적 기표는 없다. 게다가 다른 문화가 어떤 하나의 문화와 어울리지 않는다고 해도 스스로를 가꾸고 기르는 문화는 없다. 한때 신이 그렇게 할 거라고 여겨진 것처럼 문화도 끝까지 간다. 문화는 수줍어하는 형태의 기초주의Foundationalism다. 당신은 문화를 뒤에서 엿보거나 그 밑을 팔 수 없다. 엿보기나 밑을 파는 행위 자체가 바로 문화적 절차기 때문이다. 따라서 문화는 일종의 절대성, 매슈 아널드가 생각했던 것보다 더 숭고한 의미의 조건으로서 작용한다. 그러나 여기서 문화는 궤도 바깥의 어떤 신성한 영역으로서의 문화라기보다 모든 현상의 가능성의 조건으로서의 문화이므로 초월적이기보다는 내재적이다.

몇몇 포스트모던 문화의 가짜 영성에도 초월적인 자취가 있는데 이것은 전적으로 유물론자의 사회에서 생긴 것으로 예상할 수 있는 일종의 감상적인 싸구려 종교성이다. 유머 감각이 없는 사람들이 편안하게 느끼는 유일한 코미디가 외설적 유머이듯 신비로움이 주는 혼란스러운 정서는 감정에 치우지지 않는 냉정한 사회가 열망할 수 있는 유일한 형태의 믿음이다. 그래서 월 스트리트의 종말은 상상하지 못하는 사람들이 카발라를 완벽하게 믿을 수 있다. 사이언톨로지, 이슬람 신비주의, 기성 신비주의와 즉석에서 할 수 있는 초월적 명상법 등이 억만장자들 사이에 유행하는 여가 선용 사례라든가 할리우드가 힌두교에 눈을 돌린다는 사실 등이 결코 놀랍지 않다. 아무것도 믿지 않는 현실적인 사람들이 무엇이든지 믿는 일종의 몽상가로 드러나기도 한다. 제임스 조이스가 지적했듯 점잖은 시민들이 조이스를 보고 부스스한 머리의 보헤미안을 예술가라고 생각했던 것처럼 부유하고 세속적인 사람들은 종교를 우주적 조화이자 소수만이 숭배하는 것으로 생각한다. 배고픈 사람들을 먹이는 일은 일상에서 탈출하기 바라는 사람들의 소득 신고서 양식을 작성하는 것과 너무도 흡사하다. 영성의 핵심은 스타일리스트나 주식 중개인은 채워주지 못하는 필요성을 충족시키는 것이다. 그러나 이 모든 독창성이 결여된 비현실성이야말로 진정한 무신론의 형태다. 신이 주는 총체적인 불편함 없이 고양되는 기분을 느낄 수 있는 방법인 것이다.

앤드루 워닉은 근대에 조작된 다양한 신성의 대체자가 차례대

로 해체되었듯 포스트모더니즘은 신의 두 번째 죽음과 관련이 있다
고 지적한다. 예를 들어 사회 개념은 뒤르켐에게 초월적 형태를 제공
한다. 하지만 장 보드리야르Jean Baudrillard(대중과 대중문화 그리고 미디
어와 소비 사회에 대한 이론으로 유명한 철학자이자 사회학자, 미디어 이론
가—옮긴이)는 소셜the Social(사회학적 실재) 자체의 종말을 선언한다.[17]
문화의 개념도 마찬가지다. 매슈 아널드의 문화가 다른 무엇보다 신
에게서 신화를 제거해버린 것이라면 포스트모더니즘은 문화 자체
에 대한 신비를 벗겨낸다. 모더니즘에서 신성의 후광은 미학의 아우
라에게 그 자리를 내주었는데, 포스트모더니즘의 테크놀로지 아트
technological art(전자 공학이나 전기·음향에 관한 기술을 이용하여 전기적·광
학적 장치를 작품화하거나, 작품의 일부에 도입하는 조형 예술—옮긴이)가
결국 그 아우라를 없애버린다. 여전히 남아 있는 아우라는 제품이나
유명인사가 풍기는 아우라 정도인데, 이는 항상 구별하기가 쉽지는
않다. 카를 슈미트가《정치적 낭만주의》에서 주장하듯 낭만주의가
불가해하고 무한하며 전능한 주체를 이용해 신을 대체하려 했다면,
포스트모더니즘은 페리 앤더슨의 표현을 빌리자면 "주체 없는 주체
성"을 대변한다.[18] 신이 죽었다면 한때 신의 자리를 대신할 꿈을 꾸
었던 인간의 시간 역시 끝이 가까워지고 있는 것이다. 이제는 사라질
것이 그리 많지 않다.

*   *   *

포스트모더니즘 사상이 왜 미학적인지에 대한 이유 한 가지를 말하
자면 믿음을 의심하기 때문이다. 여기서 믿음은 종교적 믿음뿐만 아

니라 일반적인 범주의 모든 믿음을 뜻한다. 이는 모든 열정적 신념이 초기에는 독단적이라고 가정하는 오류를 범한다. 도깨비가 있다고 철썩같이 믿는 것으로 시작한 당신이 마지막에 강제 수용소에 갇히는 것이다. 키르케고르가 《죽음에 이르는 병 Sygdodommen til Doeden》에서 선언한 "믿는 것이 존재하는 것"에서 더이상 앞으로 나아갈 것이 없다.[19] 니체도 믿음에 대해 비슷한 반감을 보였는데 특히 이론적 유형의 믿음을 싫어했다. 가장 위대한 정신을 관장한 것은 열정이지 믿음이 아니었다. 추상적 교리는 거짓으로 동등하게 만드는 작업이다. 추상적 교리는 자코뱅주의, 사회주의, 기독교 도덕성의 지적 등가물로서 일종의 정신의 교환 가치다. 니체가 보기에 칸트의 추상성에 대한 사랑과 끔찍한 소극笑劇으로 알려진 프랑스 혁명을 칸트가 옹호한 사실에는 어떤 관계성이 있었다. 변치 않는 교리는 일시적이고 임시적이며, 특별하고 심미적으로 구체적인 것의 죽음을 말한다. 진리는 자신이 느끼는 가장 최근 기분에 지나지 않는다고 여겼던 오스카 와일드도 이와 똑같이 생각했다. 그러나 루트비히 비트겐슈타인은 이와 대조적으로 진리를 의견의 문제로 받아들이지 않았다. 왜냐하면 의견을 전달하는 매개체는 언어인데 그의 눈에 진리는 애초에 언어의 문제가 아니라 좀더 실용적이고 물질적이며 제도적인 문제였기 때문이다.

　니체가 보기에 진정 고결한 정신의 소유자는 자신의 원칙에 갇히는 죄수가 되길 거부한다. 대신 그는 가장 소중히 생각하는 의견에 무심한 객관성을 적용해 다루면서 그것을 자신의 의지대로 채택하기도 하고 버리기도 한다. 이것은 수많은 모더니스트처럼 니체의 영향을 받은 예이츠와 의견이란 은행원이나 상점 직원에게 걸맞은 본질이라고 생각하는 사람들이 스프레차투라sprezzatura(노력하고 신경 쓴 사실을 드러내지 않는 일종의 가장된 무심함, 아무리 힘들어도 무심하지만 세련되고 우아하게 표현해내는 방식을 뜻함—옮긴이)라고 명명한 것이다. 한 사람의 신념이란 그 사람 신체의 장기라기보다는 그가 하고 싶은 대로 고용하고 해고하는 남자 하인과 같다. 이 하인은 찰스 테일러나 스탠리 피시의 방식으로 개인의 정체성을 구성하는 요소로 간주되지 않으며, 그 사람이 마음대로 입고 벗을 수 있는 의상으로 치부된다. 대부분 킬트와 크라바트(넥타이처럼 매는 남성용 스카프—옮긴이)처럼 입고 벗는 행동을 관장하는 미학적 고려 사항일 뿐이다. 좌파 역사가 A. J. P 테일러A. J. P. Taylor는 옥스퍼드 협회 선거 위원회에 자신이 극단적인 정치적 견해를 가졌지만 그 의견을 온건하게 수용한다고 말한 바 있다.

니체는《즐거운 학문》에서 그가 과학과 합리주의의 "확실성에 대한 열망"이라고 부른 것, 인식론상으로 확신을 하고 싶어 안달이 난 상태를 경멸한다. 이런 상태의 이면에 고질적인 정신의 불안감이 자리하고 있음을 감지하기는 그리 어렵지 않다. 니체가 보기에 믿음에 대한 강박은 확실한 진리에 도달하지 못해 애매모호함에 머물러 있기에는 너무 소심한 사람들을 위한 것이다. 종교를 원하는 욕구는 권위에 대한 열망이다. 단호하게 '~하지 말라'는 권위가 내리는 명령이 우리의 도덕적이고 인지적인 불안감을 경감해줄 거라고 믿는 것이다. 이와 대조적으로 자유로운 정신은 오로지 "빈약한 끈과 가능성만으로 스스로를 지탱하지만 심연의 가장자리에서도 춤을 추며 확실성을 향한 바람" 없이 지내는 용기를 가졌다.[20] 당신이 자유를 믿는다면 그 자유는 분명 당신의 신념이 들어간 자유를 포함할 것이

다. 이 자유가 어떤 사람이 자신의 신념에서 자유로워야 한다는 신념
으로부터 얻는 자유까지 뻗어나가야 하는지는 논리학자들이 기꺼이
맡아 논의할 문제다.

　이는 후기 구조주의가 도래하면서 다시 발생할 문제였다. 확실
성이라는 개념에 폭군과 테크노크라트technocrat(과학적 전문 지식을 바
탕으로 조직이나 사회에서 정책 결정에 영향력을 행사하는 사람―옮긴이)
의 기미가 보이는 시대에는 확실한 불가지론이 미덕이 된다. 불확정
성과 결정 불가능성은 본래 설명이 된 상품이다. 따라서 니체와 그를
계승한 포스트모더니즘의 후손은 확실성으로부터 해방되기 위해 자
신이 처한 상황에 대해 일정한 확실성을 필요로 하는 사람들에게 주
의를 기울이는 데 실패한다. 확실성이라고 무조건 독단적인 것은 아
니고 모호성이 완전히 정의의 편인 것도 아니다. 문인 타입은 법률가
보다 이런 사실을 잘 인식하지 못할 가능성이 높다. 어떤 사람이 사
랑에 빠졌다는 것 또는 누군가가 어쩌다가 팔이 못에 찔렸다고 확신
하는 것은 분명 무익한 독단이나 독재적으로 엄포를 놓는 것과는 다
른 문제다.

　신념은 자아의 일관성을 주장한다. 그런데 그것은 진보된 자본
주의의 변덕스럽고 적응적인 주체와 편하게 지내지 못한다. 교리는
너무 많으면 소비하기가 나쁘다. 동시에 이는 구시대적 발상이기도
하다. 신념은 루터파 교회나 보이스카우트 운동을 접목시키는 것처
럼 사회를 하나로 연합시키는 것이 아니기 때문이다. 실용적이고 공
리주의적인 성향을 감안하면 후기 산업주의의 화신인 자본주의는 본
질적으로 믿음이 없는 사회 질서다. 너무 강한 믿음은 자본주의 운영
에 필요하지 않으며 바람직하지도 않다. 믿음은 논쟁을 초래할 잠재

성이 많기 때문에 비즈니스는 물론이고 정치적 안정에도 도움이 되지 않는다. 믿음은 또 상업적으로도 불필요하다. 따라서 체제를 세우는 데 필요한 열렬한 이념적 수사법은 펼쳐지자마자 퇴색한다. 그러니 시민들이 일을 하고, 세금을 내며, 경찰관을 공격하지 않은 한, 그들은 자신이 원하는 것을 믿을 수 있다. 이는 마치 인간의 의식을 경험하는 데 더이상은 이념이 필요하지 않은 것과 같다. 런던 시장에게 어떤 신념을 갖고 있냐고 질문을 했을 때 그는 운전하다가 위법 행위를 한 적이 한 번 있다고 대답했다('conviction'에는 신념이라는 뜻과 유죄 판결이라는 의미도 있다. 질문의 convictions는 신념을 의미하는데 대답을 한 시장은 convictions를 범법 행위로 받아들여 대답한 것이다—옮긴이).

자유주의 국가가 전통적으로 중요하게 여기는 믿음이 한 가지있다. 그것은 개인은 무엇이든 자신이 원하는 것을 믿을 자유를 누려야 한다는 것이다. 물론 이 개인이 그와 똑같이 할 수 있는 다른 사람의 능력을 침해하지 않거나 이런 원칙 자체에 위협을 가하지 않아야한다는 것이 전제되어야 한다. 그렇지 않으면 국가는 그 주체들의 의견에 대해 건설적인 의미에서 무심함을 표출한다. 국가가 상당히 공격적인 신념을 실행하게 만드는 것이 바로 무심함이다. 이런 믿음이여전히 결정적 역할을 하는(예를 들어 북아일랜드 같은) 곳은 왠지 원시적이거나 거의 병적인 상태로 보인다. 이런 곳들은 확실히 색다르다. 언제나 창피스러울 정도로 요란하게 이념을 드러내온 미국은 이법칙에서는 예외적인 경우다. 자본주의가 집에서는 믿음을 가진 자가 되지만 시장에서는 불가지론자가 되는 시민을 필요로 했다는 것은 언제나 진실이었다. 하지만 자본주의는 점점 더 발전하면서 눈에띄게 불가지론자 쪽으로 기울었다. 전반적으로 틀이 큰 믿음은 정치적 위기 때만 이용된다. 사회적 존재는 개인의 의견만큼 변덕스러운 것에 과하게 의존하지 않고 홀로 일하는 편이 더 낫다.

믿음을 가지지 않는 선진 자본주의의 모습은 자본주의 체제의 일상적 관행 속에서 찾아볼 수 있다.[21] 이것은 기본적으로 시민들이 신을 믿느냐 아니면 회의주의적이냐의 문제가 아니다. 사회 성원 모두가 열렬한 복음주의자로 다시 태어난다고 해도 시장은 계속해서 무신론에 입각해 행동할 것이다. 물론 신은 절대 사라지지 않았다. 소비자 자본주의가 실제로 신을 이용하는 일은 희박하겠지만 여전히 어느 정도는 신의 형이상학적 유산에 저당 잡혀 있을 것이다. 전반적으로 선진 자본주의는 니체가 맹렬히 비난한 부정의 상태에 머물러 있다. 경제는 아마 순전한 무신론자일 수 있지만 경제를 감시하는 국가는 여전히 진정한 믿음을 가진 자가 될 필요성을 느낀다. 물론 오로지 종교적 믿음을 가져야 한다는 게 아니라 단순히 적자의 규모나 실업률에서 파생될 수 없는, 확실한, 도덕적이고 정치적인 불후의 진실을 믿는다는 의미다.

자본주의 체제를 위한 미래를 상상하는 일은 얼마든지 가능하다. 그 안에서 붙박이처럼 자리하고 있는 무신론이 공식화된다. 뒤늦게나마 니체의 본을 따라 자기기만을 던져버리고 실제에서 점점 더 불필요할 뿐 아니라 자본주의의 신성 모독적 활동과 창피스러울 정도로 불화하는 도덕적 상부 구조 없이 지낼 수도 있다. 하지만 그런 미래는 여전히 요원하다. 종교적 믿음과 관련해 인간은 역사상 가장 성공을 거둔 상징체계를 하루아침에 버리지 않는다. 서구 자본주의가 바로 이 방향을 향해 나아가고 있는 시점에 두 대의 비행기가 세계무역센터 빌딩과 충돌했고 형이상학적 열정이 새롭게 발생했다.

냉전에서 승리하자 서구는 몇몇 그 옹호자들이 상상했듯 더이상의 열정적인 믿음, 원대한 서사와 거대한 교리 체계를 필요로 하지 않았다. 그에 따라 '역사의 죽음'도 널리 유포되었는데 이는 결코 처음 발생한 일이 아니었다. 헤겔은 역사가 그의 머릿속에서 막을 내렸다고 겸허하게 믿었다. 하지만 이는 후대의 여러 사상가들을 자극해 그 주장에 도전하게 만들었고 마무리되었어야 할 이야기를 지속시켰다. 역사가 완료되었다는 주장은 자기성취적 예언이 아닌 것으로 판명됨을 거의 피할 수 없다. 예를 들어 역사를 없애려 노력한 아방가르드는 역사를 증식시키는 결과를 낳았다. 역사를 무효화하려는 시도 자체가 역사적 행동이기 때문이다. 그러나 '역사의 죽음' 무역상으로 인해 진부한 이론보다 더 중요한 무엇이 위태로운 상태에 놓이게 되었다. 독트린상의 승리주의는 냉전 후 서방이 전 세계를 대상으로 펼친 고압적인 정치 활동이 증가했음을 반영했다. 이로 인한 결과 중 하나가 급진 이슬람의 저항이 촉발된 것이다. 역사의 문을 닫으려는 시도는 다시 그 문을 비틀어 열려는 반발을 불러일으켰다. 하나의 거대한 이야기의 종말은 또다른 이야기, 소위 말하는 테러와의 전쟁의 시작이 되었다.

이런 모순된 상황을 과소평가하기는 어렵다. 완전히 무신론적인 문화, 더이상 초조하게 신을 위한 플레이스 홀더place-holder(빠져 있는 다른 것을 대신하는 기호나 텍스트의 일부—옮긴이)를 찾으려 하지 않게 되자마자 신이 맹렬한 기세로 중요 안건으로 되돌아왔다. 이 두 가지 사건이 관련되지 않았다고 할 수 없다. 원리주의의 근원은 혐오라기보다는 불안감이다. 새로운 세상에 의해 쓸려나갈지 모른다고 느끼는 병적인 마음가짐인 것이다. 원리주의자들 중 몇몇은 오로지 슈퍼마켓에 폭탄을 터뜨려야만 저평가된 그들의 존재에 주목하게 만들 수 있다는 결론을 내린다. 말할 필요도 없지만 이것은 서양과 동양의 차이 때문이 아니다. 원리주의는 전 지구적 교리다. 원리주의를 신봉하는 자들은 시리아 다마스쿠스의 시장에서는 물론 미국 몬태나 주 언덕에서도 발견할 수 있다. 이에 따라 세상은 너무 심하게 믿는 자들과 너무 믿지 않는 자들로 양분된다. 어떤 사람은 전혀 믿지 않는 반면 다른 사람은 너무 극렬하고 심각하게, 믿음으로 가득차 있다. 권력과 이익 이외 다른 것에는 거의 충실하지 않는 사람들이 있고 그런 도덕적 공허감으로 인한 결과에 분노해 어린아이들의 머리통을 날려버릴 수 있는 교리를 내세우는 이들도 있다. 존 밀뱅크 John Milbank(성공회 신학자이자 노팅엄대학 종교·종차 윤리 연구 교수—옮긴이)는 "광신을 피하기 위해 디자인된 불가지론이 지금은 직간접적으로 광신을 조장하고 있는 듯하다"[22]고 말한다.

이념적 측면에서 말할 때 서구는 무장 해제를 하기에 가장 위험하다고 증명된 시기에 일방적으로 무장 해제를 해버렸다. 실용주의, 문화주의, 향락주의, 상대주의 그리고 반기본주의가 혼합된 이념 상태의 서구는 이제 부분적으로 서구의 정책으로 인해 태어났고 절대적 진리, 일관성 있는 정체성과 굳건한 토대 같은 것을 전혀 문제로 여기지 않는 순혈의 형이상학적 적대자와 직면하고 있다. 공식적으로 말해서 서구가 여전히 자유, 민주주의 그리고 심지어 (최소한 대서양 너머는) 신과 악마와 같은 논박할 여지가 없는 절대성을 믿고 있다는 것은 사실이다. 그리고 지금은 그런 믿음들이 그것을 심각하게 약화시킨 회의주의의 문화 속에서 생존해야 할 때다.

즉 서구 자본주의는 세속주의뿐 아니라 원리주의를 낳는 데도 일조한 셈인데, 이는 가장 칭찬할 만한 변증법의 위업이라 할 수 있다.[23] 신을 없애버리고 난 후 서구 자본주의는 이제 그들의 약탈적 정치에 의해 탄압받았다고 느끼는 이들의 피난처이자 힘을 주는 역할을 할 신을 다시 살려낼 패를 손에 쥐고 있다. 서구 자본주의가 살인도 저지르는 종교적 교리에 의해 외부로부터 포위당하는 자신을 발견한다면, 내부에서는 자본주의의 우선순위에 밀려 먹고살 길이 막막해진 원리주의자 시민들이 분노와 편집증에 시달려 가하는 공격에 노출된다. 동시대 자본주의가 탈신학, 탈형이상학, 탈이념, 탈역사의 시대를 향해 움직이는 것처럼 보이는 시점에 분노에 찬 신이 자신의 부고 공지를 너무 빨리 올렸다고 항의하기 위해 다시 한 번 고개를 들었다. 전능한 신을 관에 넣고 단단히 못을 쳐 가두는 일이 실패한 것이다. 신은 그저 간단히 주소를 바꿔 미국의 바이블 벨트Bible Belt(기독교가 강한 미국 남부와 중서부 지대—옮긴이), 라틴 아메리카의 복음주의 교회 그리고 아랍권의 빈민가로 이동했고 그의 팬클럽 회원은 꾸준히 증가하고 있다.

후기 자본주의가 세상살이에서 의미를 고갈시키므로 두 가지 주요 의미의 문화는 예전보다 일상의 실존에 목적과 가치를 잘 부여하지 못하고 있다. 반면 좀더 좁은 의미의 문화는 현재 포장되어 관리되는 정치와 더불어 전반적인 의미의 출혈을 공유하고 있다. 앞선 근대와는 확연히 다른 점을 갖추고 이런 정신적 진공 상태로 급히 달려 들어올 수 있는 것은 종교다. 확실히 문화는 많은 부분 더이상 종교를 대체하려 하지 않는다. 사우디아라비아의 와하비 무슬림과 미국 남부의 침례교도를 구별하기가 점점 더 어려워지고 있다. 하이 모더니즘 방식으로 볼 때 문화와 정치는 서로 적대적인 관계가 아니다.

반면 넓은 의미에서 문화의 수명이 엄청나게 연장된 것은 상당 부분 정치적인 이유 때문이다. 종교적 믿음이 중심이 되는 문화의 형태는 착취당해왔고 서구에 모멸감을 안겨줬다. 그리고 이런 맹공에 대한 서구의 반응을 문화적, 종교적 그리고 정치적으로 구분하기는 쉽지 않다. 종교가 어떤 사람의 일상에 개입하기 시작할 때 종교를 포기해야 한다는 주장은 전혀 옳지 않다. 믿음이 어떤 사람의 일상의 실존에 밀접해질 때 문제가 되기 시작하는데 이는 영국의 이스트 그린스테드East Grinstead에서보다 테헤란에서 더욱 그렇다. 종교가 계몽주의가 매기는 우선순위에서 상위를 차지한다면 그 이유는 정치적 중요성 때문이다. 급진 이슬람의 경우도 마찬가지다.

계몽주의가 도래하면서 과학과 이성은 종교의 권위 비슷한 것을 계승하려 했다. 급진적 낭만주의 시대에는 이성보다는 예술이 통치권을 찬탈하려 했다. 혹은 찬탈까지는 아니라도 최소한 신의 자리를 대체하려 했다. 예술은 이성적으로 추리하는 새로운 패러다임이었다. 널리 유행하는 음악이나 그림에 대한 열정 정도가 아니라 계몽주의 이후 유럽에서 미학을 극히 중요한 문제로 만든 것이 바로 이 패러다임이다. 정통 종교가 거의 포기해버린 세상을 변혁시키는 임무를 맡으면서 예술을 급진적 정치 모델로 채택한 사람들도 있었다. 민족주의에서 아방가르드까지 정치와 문화의 폭발적 혼합물이 기존 질서의 토대를 흔들었다. 하이 모더니즘과 문화 비평은 다른 무엇보다 이런 격동의 유산에 대한 반응이었다. 이런 변화에 대해 문화는 대부분 정치적인 것으로부터 단절되었다. 아니면 최소한 반정치적 버전으로 보였다. 예술은 믿음의 대안이자 교양 없는 세상의 대안이기도 했다.

고급문화가 점점 더 방어적으로 변해가는 동안에도 종교적 믿음은 끈질기게 지속됐다. 혁명적 정치도 마찬가지로 퇴짜를 맞았다. 20세기의 마지막 수십 년 동안 문화가 제국을 전복시킬 수 있다고 (혁명적 민족주의를) 역설한 정치는 문화적 정치라고 알려진 다소 덜 야심찬 사업을 위한 길을 마련했다. 혁명적 민족주의의 종말과 포스트모더니즘의 시작은 역사에서 같은 순간에 개시된다. 종교, 고급문화 그리고 정치 혁명이라는 세 가지 거대 담론은 이제 자연스럽게 사라져가는 듯했다. 세 가지 모두 더이상은 옹호할 수 없는 형이상학적 추정에 의지하는 것 같아 보였다. 정확하게 바로 이 시점에 파리의 센 강 서안과 다른 곳에서 해체된 형이상학은 종교 원리주의 형태로 전 세계적으로 발발했다. 이 또한 비논리적이지 않다. 포스트모더니즘이 중시한 정체성 정치는 종교적 정체성의 문제 또한 함께 다뤄야 할 의무가 있었다. 그런데 이 문제는 어색하게도 동성애자의 권리나 콘월 민족주의(콘월이 잉글랜드에서 독립하여 자치自治하기를 추구하는 사회 운동―옮긴이)와 함께 논의되었다.

서구와 급진 이슬람의 대치 상황에는 수많은 모순이 있다. 현대 서구의 입장에서는 급진 이슬람이 정치, 문화, 도덕 그리고 종교를 확실하게 구분하기를 거부하는 점이 명백하게 전근대적으로 확대되어 보인다. 그러나 이 상황의 서구 포스트모더니즘에서 종교를 배제하면 급진 이슬람과 유사한 경계의 모호성이 드러난다. 급진 이슬람주의자들과는 완전히 다른 방식이지만 포스트모더니즘 또한 정치와 문화를 융합하는 경향이 있다. '문화 정치'라는 용어가 에드먼드 버크의 상속자들에게는 모순 어법처럼 들린다면, 포스트모더니즘 신봉자들에게는 유의어 반복의 기미로 느껴질 것이다. 포스트모더니즘은 이슬람주의와는 사뭇 다른 형식이긴 하지만 문화와 도덕성을 융합하는 경향이 있다. 포스트모더니즘은 도덕적 가치를 특정 문화에 대비시켜 상대적으로 다룸으로써 문화와 도덕의 영역을 연결한다. 반면 이슬람은 도덕과 문화를 물샐틈없는 삶의 방식의 측면으로 본다. 따라서 전근대pre-modern와 포스트모던은 서로 공감한다. 예술, 도덕성, 문화 그리고 정치를 포함하는 것으로 보이는 이슬람의 종교적 믿음에서 서구는 근대성의 시작으로 특징지을 수 있는 영적 노동의 대분열이 일어나기 전 자신의 예전 이미지를 바라볼 수 있다. 이런 통합에 내재된 자유가 결핍되었음을 후회하고 있는 서구는 그들의 삶에 방식에는 분명히 없고, 상대방의 정체성에 부여한 견고함에 대해서도 후회할 수 있다.

그러나 모순은 여기에서 끝나지 않는다. 소위 말하는 테러와의 전쟁이 극렬해졌고, 계몽주의의 기성품 버전이 미국에 가한 테러 공격 직후 수년간 소위 새로운 무신론으로 재활용되었으므로 이 책에서 거론한 이야기는 원점으로 돌아온 듯하다.[24] 수많은 권위주의자들의 환상처럼 포스트모더니즘이 이성, 진리, 과학, 진보 그리고 객관성을 일축하자마자 이런 것들은 포스트모더니즘이 제안해야 하는 그 어떤 것보다 이념을 중요시하고 불안해하는 자유주의 지식인들에 의해 다시 한 번 상기되었다. 새로운 무신론이 결코 세계무역센터의 폐허 속에 태어난 것은 아니지만 그 사건으로 인해 위기감이 새롭게 강조되었다. 동양으로부터의 위협이 임박해 보이는 현재 시점에 서구 문명을 보호할 새롭고 전투적인 방어 체제가 필요했다. 극단적 종교 비판자인 미국의 합리주의 철학자 샘 해리스Sam Harris는 지금까지 이 세상에서 가장 도덕적으로 정의로운 존재는 자신의 동포 미

국인이라고 믿는 것처럼 보인다. 하지만 그럼에도 그는 9·11 테러사
건 이후 핵무기를 개발하고 있다고 알려진 이슬람 국가를 대상으로
선제적 핵 공격을 고려할 준비를 마쳤다. 핵 공격으로 수천만 무고한
시민의 죽음을 초래할 수 있음에도 말이다.[25] 반드시 알아야 할 점이
하나 있는데, 이것이 바로 야만성에 대항하는 문명의 격렬한 비난의
목소리다. 해리스는 스스로를 자유주의자로 간주하는 듯한데 이는
좀더 중도 우파적인 해리스의 동료들이 이슬람 세계에 대해 어떤 불
쾌한 깜짝쇼를 준비해두었을지 궁금하게 만든다. 과거 버전의 우월
주의의 조건이 바뀐 상태기는 하지만 지금은 새로운 형태의 서구 문
화 우월주의가 만연해 있다. 현재 신은 야만의 편에 서 있고 불신은
문명의 편에 있다. 서구적 진보의 경로를 가로막고 서 있는 것은 서
구 자신의 문제가 아니라 타인에 대해 갖는 구시대적 교리다.

현대 사회가 무엇을 상상하건 더이상은 종교를 이념의 목발 삼
아 지나치게 의지할 수 없게 되었다고 주장하는 새로운 무신론이 아
마 옳을 것이다. 앞서 살펴본 대로 몇몇 계몽주의 사상가들이 오래
전에 이런 충고를 했다. 근대의 인간 대부분이 초자연적 현상에서 도
덕성을 얻지 않는다. 급진적 계몽주의는 알고 있었듯 이성 역시 신화
라는 목발이 필요 없다. 이성 혼자 벌거벗은 채 자력으로 이미지, 우
화, 경험, 직감 그리고 감각적 독특함의 방해를 받지 않고 갈 수 있어
서가 아니라 진정한 합리성은 이미 그런 문제를 포함하고 있어야 하
기 때문이다. 그렇지 않으면 이성은 완전하게 합리적이지 못할 것이
다. 달랑베르에서 도킨스까지 합리주의가 인정하기 싫어한 부분은
인간의 합리성이 물질적이라는 점이다. 토마스 아퀴나스가 말한 것
마처럼 우리는 우리가 생각하는 대로 생각하는데 이는 우리가 그런

몸을 가졌기 때문이다. 이성은 그 자신 너머에 놓인 무엇인가에 뿌리를 둘 때 진정 합리적이다. 이성은 자신에게 적대적인 것은 아니라도 이성이 아닌 다른 것에서 그 근원을 찾아야 한다. 순수하게 자신을 개념의 조건으로 파악하고, 덜 지적인 방식으로 감각의 세계와 연결하려는 이성의 형태는 무엇이 되었건 처음부터 약화된다.

마지막으로 고려해봐야 할 모순이 한 가지 더 있다. 최근 좌파 사상의 전체 흐름을 특징짓는 데 사용될 만한 표현인 '신앙 없는 자들의 신앙Faith of the Faithless'이란 제목의 책에서 사이먼 크리츨리Simon Critchley는 그가 철저한 세속주의자 세계관의 한계로 보는 것을 인정하고 급진적 정치는 종교적 차원 없이도 충분히 효과적일 수 있다는 자신의 의문을 기록한다.[26] 현재는 우파가 아닌 좌파 진영에서 정치에 대한 종교적 '보충물'을 찾는 이들이 있다. 이는 부분적으로는 분명 후기 자본주의의 정신적 공허감에 대응하기 위해서지만 사실상 믿음, 희망, 정의, 공동체, 해방 등에 대해 세속적 개념과 종교적 개념 사이에 중요한 관련성이 있기 때문이기도 하다. 그래서 바디우, 아감벤Giorgio Agamben(이탈리아의 철학자, 미학자—옮긴이), 드브레Jules Regis Debray(프랑스의 철학자, 저널리스트—옮긴이)에서 데리다, 하버마스 그리고 지제크까지 일련의 저명한 좌파 사상가들이 신학의 문제로 관심을 돌렸고, 이에 그들의 지지자들 중 몇몇은 분통을 터트리거나 곤혹스러워하고 있다.

'무한성 주장' '소명에 귀 기울임' '무한한 책임'과 같은 신교도의 용어를 힘주어 말하는 일단의 독실한 유물론자들의 모습에는 우스운 점은 물론 약간의 비애감마저 서려 있다. 그레이엄 그린Graham Greene(영국의 소설가이자 극작가, 문학 평론가—옮긴이)의 소설이 전능

한 신을 없애버리고 싶지만 뭔가 치명적인 중독처럼 신에게 붙어 있
는 자신을 발견하고 주저하는 기독교도들로 넘쳐난다면, 오로지 신
을 믿지 않는다는 사실 때문에 때때로 캔터베리 대주교와 구분될 수
있는 망설이는 무신론자 사상가들도 있을 것이다. 에드먼드 버크가
자신의 적대자들은 그들이 선동하는 열정 말고는 정치와 아무 관련
이 없다고 말한 것처럼 무신론적 사상가들은 종교적 믿음에서 본질
만 빼고 모든 것을 다 가지고 있다. 조지 슈타이너와 로저 스크루톤
Roger Scruton(영국의 철학자이자 미학자—옮긴이)도 다양한 시기에 그런
열렬한 옹호자들의 그룹에 이름을 올렸다. 불가지론을 주장하는 정
치 철학자 존 그레이는 또다른 사례다. 지독한 불신자들 사이에서는
종교적 믿음이 유행하는 법이 좀처럼 없었다.

　　지독한 유물론적 풍토에 불편함을 느껴 좌파 동료들과 함께 자
본주의를 옹호하는 사람들이 있다. 이들은 유물론적 삶의 방식에 우
아함과 지성을 부여하기 위해 종교적 정신을 장악하고자 한다. 원시
적인 명제를 적절히 씻어낸 종교적 믿음은 상스러운 사회 질서를 대
신할 일종의 미학적 대체물을 그릴 수 있다. 프랜시스 스푸포드Francis
Spufford의 《사과하지 않는 자Unapologetic: Why, Despite Everything, Christianity Can
Still Make Surprising Emotional Sense》는 부지불식간에 즐거움을 주는 알랭 드
보통의 《무신론자를 위한 종교Religion for Atheists》처럼 이런 유행의 징
후다. 드 보통은 "종교적 생활의 국면에는 세속 사회의 문제에 유익
하게 적용될 수 있는 부분이 있다"[27]고 주장한다. 우리는 얼마나 많
은 이전 사상가들이 권력을 위해 종교를 이용할 목적으로 이와 같은
주장을 했는지 이미 보았다. 매슈 아널드 이후 한 세기 반이 지난 후
드 보통은 아쉬운 듯 여전히 문화가 종교의 바통을 빼앗기를 바라고

있다. 그는 "우리는 세속 문화를 종교적으로, 다시 말하면 길잡이의 원천으로 생각하기를 꺼린다"고 말한다.[28] 하이 빅토리아 시대의 언어로 명확하게 의사 표시를 하는 드 보통은 현대판 매슈 아널드다. 종교는 "공동체의 매력"을 알려주는 것은 물론, "우리에게 예절과 서로를 존중하며 신실하고 냉철할 것을 가르친다"[29]. 지적 측면에서 볼 때 종교는 순전히 헛소리지만, 종교가 반드시 필요한 공손함, 미학적 매력, 사회 질서 그리고 도덕적 교화에 기여한다면 지적 측면에서 헛소리라는 것은 논점이 되지 않는다. 그 자신은 철저히 무신론자인 드 보통은 여전히 종교는 "돌발적으로 흥미롭고, 유용하며 위안이 된다"[30]고 주장한다(이렇게 말하니 기분이 처질 때 디저트로 뚝딱 수플레를 만들어내는 것처럼 들린다). 기독교는 낯선 사람을 위해 필요하다면 누군가가 목숨을 내놓을 것을 요구하므로, 드 보통은 위안에 대해 조금 묘한 개념을 가지고 있는 것이 틀림없다. 그가 생각하는 믿음은 정의를 설파했기 때문에 제국의 힘에 의해 고문당하고 처형된 예언자 그리고 똑같은 운명을 맞이해야 했던 그 예언자의 추종자들이 생각하는 믿음과는 매우 다르다.

그때 종교는 일정한 정서적 필요를 성취하는 간편한 방법을 제공한다. 종교는 도덕적 훈련을 강조할 수 있고, 사회 질서를 강화하고, 일정 수준의 의식의 형태, 미학적 울림과 얕은 삶을 사는 이들에게 정신적 깊이를 제공할 수 있다. 종교는 지적 이중성의 첫 번째 사례다. 종교는 니체와 입센에서부터 콘래드Joseph Conrad, 바이힝거Hans Vaihinger 그리고 존 미링턴 싱J. M. Synge의 작품 어디에서나 찾아볼 수 있는 가능성 있는 허구 또는 구원적 거짓말 속의 신뢰를 반영한다. 앞서 보았듯 자유주의적 자본주의 사회는 선천적으로 분열적인 성질을 상쇄시키기 위해 종종 공산 사회의 정신을 신중하게 주입할 방법을 모색한다. 오늘날 종교에 대한 우리의 관심이 다시 고개를 드는 것을 목격한다면 그 이유는 자본주의자들의 질서가 정신적으로 점점 더 파탄 상태가 되어가므로 믿어야 할 필요성이 더욱 강해지기 때문만은 아니다. 그런 파탄이 급진적 이슬람의 망령에 의해 확고한 신념이 되어버렸기 때문에 소위 말하는 테러와의 전쟁에서 이기려면 반드시 종교를 다뤄야 한다. 아널드가 종교에서 교리적 내용을 비우고 대신 정치적 동기로 채웠듯 동시대의 몇몇 미학 철학자들은 현대판 신앙 지상주의자가 되어 그들 자신의 도덕적·정치적 목적에 맞추기 위해 종교의 내용을 비워서 한쪽으로 치워놨다. 아마도 신은 죽었을지 모르지만 아널드와 콩트의 정신은 여전히 살아 있다. 그러나 기독교의 믿음은 도덕성 고양이나 정치적 통일 또는 미학적 매력에 대한 것이 아니다. 기독교는 "무한한 책임"이라는 거창한 모호함에서 시작되지 않고 십자가에 못 박힌 몸에서 시작한다.

우리는 주저하는 모습의 무신론의 역사가 무척 길다는 것을 보았다. 마키아벨리는 종교적 개념은 공허하지만 공포를 조장하고 폭도를 진정시키는 데 유용한 수단이라고 생각했다. 그리고 볼테르는 하인이 자신처럼 신앙심이 없어지지 않을까 두려워했다. 톨런드는 "합리적인" 기독교 믿음에 매달렸지만 일반 대중들은 여전히 미신을 믿어야 한다고 생각했다. 모든 시대를 통틀어 가장 유명한 회의주의자 중 한 명인 에드워드 기번은 종교적 교리를 경멸했지만 그것이 사회적으로 유용하다는 점을 증명할 수 있다고 생각했다. 몽테스키외나 흄도 마찬가지였다. 우리 시대에는 위르겐 하버마스가 이에 동의한다. 디드로는 종교를 조롱했지만 종교의 사회적 응집력에는 가치를 부여했다. 아널드는 그 자신이 직접 기독교 교리의 시적 버전을 만들어 노동자 계급 사이에 서서히 퍼져나가고 있던 무신론적 유행에 대항하고자 했다. 철저한 유물론자인 오귀스트 콩트는 세속 사제 제도를 이용해 종교라는 의심스러운 혈통을 부조리의 정점으로 끌어올렸다. 뒤르켐은 그 자신은 신을 받아들이지 않았지만 종교가 의식을 고양시키는 정서의 중요한 원천이 될 수 있다고 생각했다. 철학자 레오 스트라우스도 종교적 믿음은 사회 질서에 필수적이라는 입장을 견지했지만 그 자신은 믿지 않았다. 철학의 엘리트들은 정치 사회에 적합한 확실한 토대가 없다는 사태의 진실을 알고 있었지만 무슨 수를 써서든 대중이 그 진실을 알지 못하게 막아야 했다. 전능한 신이 올림포스 산의 신들이나 플라톤적 형태의 길을 택한다면 사회 질서와 도덕적 자기훈련이 어떻게 유지된단 말인가?

이런 유산에는 불쾌할 정도로 솔직하지 못한 면이 있다. "어쩌다 보니 나는 믿지 않게 되었지만 정치적 방편으로 당신은 믿어야 해"라고 말하는 것이 이른바 진실한 지성에 전념한다는 사상가들의 선전 구호다. 이 사상가들에게 시민의 권리, 표현의 자유, 민주 정부 등 그들이 가장 소중하게 여기는 신념은 사실 모두 다 헛소리일 뿐인데 정치적으로 편리하기 때문에 폐지되지 않는다고 말하면 그들은 어떤 반응을 보일까? 아마도 상상 가능한 반응이 나올 것이다. 프리드리히 니체는 뻔뻔스러운 대담성을 발휘해 문제가 되는 것은 신의 죽음이라기보다는 인간의 불신이라고 지적했다. 인간이 인지적 충돌로 인해 인간의 창조자를 살해하는 경악스러운 행동을 저지르고 나서 여전히 신이 살아 있다고 계속 이의를 제기하고 있다. 그래서 인간은 신의 장례식 중에 그들 자신을 재창조할 기회를 포착하는 데 실패하고 말았다.

　종교적 믿음이 사회 질서의 실존을 위한 일련의 근거를 제공하는 부담에서 자유로워진다면, 종교적 믿음은 정치의 비판자로서 진정한 목적을 자유롭게 재발견하게 될 것이다. 이런 의미에서 종교의 과잉성은 종교의 구원을 증명할 수 있다. 신약은 책임감 있는 시민 정신에 대해서는 거의 아무런 말도 하지 않는다. 성경은 절대 문명화된 문서가 아니며 사회적 합의에 대해 그 어떤 감흥이나 열정을 보이지 않는다. 그런 가치는 즉시 사라진다고 보는 입장이기 때문에 성경은 시민의 우수성이나 선행 강령의 기준으로 이용되지 않는다. 성경이 일상적 도덕성에 첨가하는 것은 초자연적 지원이 아니다. 그것은 우리 삶의 형태가 정의롭고 연민하는 공동체로 다시 태어나려면 반드시 급진적 소멸을 겪어야 한다는 상당히 불편한 소식이다. 가난하고 힘없는 자들과의 결속이 바로 그런 소멸의 징후다. 거기에서 새로운 형태의 믿음, 문화 그리고 정치가 탄생할 것이다.

주

1장 계몽주의의 한계

1. 세속화의 사회학은 이 책에서 내가 다루고자 하는 관심 주제는 아니다. 그러나 이 주제와 관련해 유용한 몇 가지 최근 연구가 있다. 다음을 참고한다. Talal Asad, *Formations of the Secular: Christianity, Islam, Modernity*(Stanford, 2003), Vincent P. Pecora, *Secularisation and Cultural Criticism: Religion, Nation, and Modernity* (Chicago and London, 2006), Charles Taylor, *A Secular Age*(Cambridge, Mass. and London, 2007), Steven D. Smith, *The Disenchantment of Secular Discourse* (Cambridge, Mass., 2010), and Bryan S. Turner, *Religion and Modern Society: Citizenship, Secularisation, and the State* (Cambridge, 2011).

2. Max Weber, 'Science as a Vocation', in H.H. Gerth and C. Wright Mills (eds), *From Max Weber: Essays in Sociology*(New York, 1946), p. 155.

3. Frank E. Manuel, *The Change of the Gods*(Hanover and London, 1983), p. 51.

4. James Byrne, *Glory, Jest and Riddle: Religious Thought in the Enlightenment* (London, 1966), p. 34 인용.

5. 계몽주의에서 종교의 중요성에 대해서는 다음을 참고한다. P. Harrison, *'Religion' and the Religion in the English Enlightenment*(Cambridge, 1990), and P.A. Byrne, *Natural Religion and the Nature of Religion: The Legacy of Deism*(London, 1989).

6. Jonathan I. Israel, *Enlightenment Contested: Philosophy, Modernity, and the Emancipation of Man 1670-1752*(Oxford, 2006), p. 102.

7. Manuel, *The Change of the Gods* p. xii. 화려한 문체를 참을 수 있는 사람은 Paul Hazard의 *European Thought in the Eighteenth Century*(Harmondsworth, 1954)에서도 유용한 관점을 찾을 수 있을 것이다. Frank E. Manuel의 (ed.), *The Enlightenment*(New Work, 1965)는 유명 계몽주의 사상가들이 쓴 고전 텍스트 몇 가지를 담고 있다.

8. J.G. Cottingham et al. (eds), *The Philosophical Writings of Descartes*(Cambridge, 1985), vol. 2, p. 19.

9. Israel, *Enlightenment Contested*, p. 65. 다른 논평가들이 여기에서 이즈리얼이 상정한 바에 대해 의문을 제기할 수 있다.

10. Ernst Cassirer, *The Philosophy of the Enlightenment*(Princeton, NJ, 1951), pp. 135-136. Alistair E. McGrath의 "독일 낭만주의의 가장 강력한 지적 원동력은 기독교 믿음을 거부하기보다는 재편하는 쪽으로 유도되었다"(The Blackwell Companion to the Enlightenment, Oxford, 1991, p. 448).

11. Malcolm Bull, *Anti-Nietzsche*(London, 2011), p. 8.

12. Ellen Meiksins Wood, *Liberty and Property*(London, 2012), p. 242 참조.

13. 본문에서 나는 약간 미심쩍은 상태로 단수로 '운동(movement)'이라는 표현을 썼다. 현재 계몽주의는 가끔 상호 일관적이지 못한 국가, 정치 그리고 지적 조류가 섞인 복잡한 사상으로 받아들여지고 있다. 앤 톰슨(Ann Thomson)은 계몽주의 시대의 생기론자 유물론에 대한 흥미로운 연구를 보여주는 *Bodies of Thought* (Oxford, 2008)에서 계몽주의의 여러 가지 특성에 대해 주장한다.

14. J.A.I. Champion, *The Pillars of Priestcraft Shaken: The Church of England and its Enemies, 1660-1730*(Cambridge, 1992), p. 9 참조.

15. 계몽주의의 보편성이 결코 문화적 차이의 현실에 완전히 눈이 어두웠던 것은 아니다. 몽테스키외의《법의 정신》은 헤르더가 했던 것처럼 좀 더 순혈주의적 방식으로 보편적 역사와 일정 수준의 문화적 다원주의를 결합시킨다. 항해, 무역, 탐험 그리고 식민주의는 모두 18세기 유럽의 세계적 시야를 나타내는 국면으로 이를 통해 보편적 이성은 원활하게 작동하는 매우 다른 문화를 접하게 되고, 그럼으로써 가장 필요한 순간에 유럽의 오만함이 약화될 위협을 받는다. 조너선 스위프트의《걸리버 여행기》는 이런 문제를 풍자적으로 다루는 계몽주의에 대한 내부 비판적 작품이다.

16. Lucien Goldmann, *The Philosophy of the Enlightenment*(London, 1973), p. 55.

17. 17. Israel, *Enlightenment Contested*, p. 669.

18. Jonathan Israel, *A Revolution of the Mind*(Princenton and Oxford, 2010), p. 177 참조.

19. Patricia B. Craddock, *Edward Gibbon: Luminous Historian*(Baltmore and London, 1989), p. 61, n. 3 참조.

20. Frederick C. Beiser, *The Fate of Reason*(Cambridge, Mass., 1987), Ch. 3 참조.

21. Frank E. Manuel, *The Eighteenth Century Confronts the Gods*(Cambridge, Mass., 1959), p. 81.

22. Alasdair MacIntyre, *After Virtue*(London, 1981), p. 38 참조.

23. John Gray, *Enlightenment's Wake*(London, 1995), pp. 162-3.

24. Jürgen Habermas, *Religion and Rationality: Essays on Reason, God and Modernity* (Cambridge, Mass., 2002) 참조.

25. Seneca, 'On the Happy Life', in *Moral Essays* vol. 2 (Cambridge, Mass. and London, 2006), p. 119.

26. Gotthold Ephraim Lessing, *The Education of the Human Race*(London, 1872), p. 32.

27. 레싱에 대한 이해를 도우려면 Barbara Fisher and Thomas C. Fox (eds)의 *A Companion to the Works of Gotthold Ephraim Lessing*(Rochester, NY, 2005) 참조.

28. Henry E. Allison, *Lessing and the Enlightenment*(Ann Arbor, 1966), p. 16.

29. David Cressy, *England on the Edge: Crisis and Revolution 1640-1642*(Oxford, 2006), p. 219에서 인용.

30. Lawrence E. Klein, *Shaftesbury and the Culture of Politeness*(Cambridge, 1994), p. 158 에서 인용.

31. David Hume, *Dialogue Concerning Natural Relition and The Natural History of Religion*(Oxford, 1993) 참조.

32. Francis Hutcheson, *Inquiry Concerning the Origin of our Idea of Beauty and Virtue* (London, 1726), p. 257. 허치슨은 '뉴 라이트New Light' 부류 또는 특이하게도 공공연하게 자유주의적 장로 교도였다.

33. David Simpson, *German Aesthetic and Literary Criticism*(Cambridge, 1984), p. 161. 쇼펜하우어의 염세주의에 대해서는 테리 이글턴의 *The Ideology of the Aesthetic* (Oxford, 1990), Ch. 6 참조.

34. Immanuel Kant, *Religion within the Limits of Reason Alone*(New York, 1960), p. 32.

35. Antonie Compagnon, *The Five Paradoxes of Modernity*(New York, 1994), p. 9 인용.

36. Michael Lowy, *Redemption and Utopia*(London, 1992), p. 112에서 인용.

37. Joseph Priestly, *An Essay on the First Principles of Government*(London, 1771), p. 5. 기념비적인 이 인물에 대한 포괄적인 전기는 Robert E. Schofield, The Enlightenment of Joseph Priestly (University Park, Pa. 1997)를 참조.

38. Antoine-Nicolas de Condorcet, *Sketch for a Historical Picture of the Progress of the Human Mind*(London, 1955), Ch. 10 참조.

39. 엘렌 메이킨스 우드Ellen Meiksins Wood는 *Liberty and Property*(London, 2012), p. 305에서 계몽주의의 어두운 밑면을 강조한다.

40. Hans Blumenberg, The Legitimacy of the Modern Age (Cambridge, Mass. and London, 1983), Part 1. 블루멘베르크는 세속적 진보의 개념은 역사에 내재되어 있다고 받아들여지는 반면 기독교의 종말 신학은 어떤 초월적 영역에서 역사 속으로 침입했다고 주장하며 세속적 진보 개념과 종말 신학의 차이점을 구분한다. 대부분의 기독교

신학자들은 종말은 내재하면서 동시에 초월적이라고 본다. 신약에 이와 관련된 묘사가 나오는데 바로 빵 속의 이스트와 밤에 찾아오는 도둑이 그것이다. 또한 블루멘베르크는 기독교도의 특징적 태도는 천국의 도래를 희망이 아닌 두려움으로 받아들이는 것이라고 잘못 주장함으로써 종말론과 계시 신앙을 혼동한다.

41. Carl Becker, *The Heavenly City of the Eighteenth-Century Philosophers*(New Heaven, 1932), p. 31.
42. 상동, p. 164.
43. 상동, p. 31.
44. Isaiah Berlin, *The Age of Enlightenment*(Oxford, 1979), p. 29.
45. Margaret C. Jacob, *The Radical Enlightenment*(London, 1981), p. 46.
46. Peter Gay, *The Enlightenment: An Interpretation*(New York, 1966), vol. 1, p. 9. 정확하게 어떤 의미에서 이 사상가들이 혁명가인지는 확실하게 밝혀지지 않았다.
47. Roy Porter, Enlightenment: Britain and the Creation of the Modern World (London, 2001), p. 10.
48. 내가 생각하는 이중 진리론은 우리가 주관적으로 진실이라고 믿는 교리와 혼동되지 않는다. 예를 들어 자유 의지는 그럼에도 불구하고 과학적으로 거짓으로 보일 수 있다. 이 주제에 관해서 다음을 참조하라. Karsten Harries, 'The Theory of Double Truth Revisited', in Ricca Edmondson and Karlheinz Hulser (eds), *Politics of Practical Reasoning*(Lanham, M., 2012).
49. Hume, *Dialogues Concerning Natural Religion and The Natural History of Religion*, p. 153. 파스칼은 종교가 아닌 정치권력의 기원에 관련된 것이기는 하지만 이중 진리론에 관한 논지를 설파한다. "찬탈에 대한 진실이 알려져서는 안 된다. 그것은 처음에는 이성적이지 못한 방식으로 만들어졌으나 지금은 정당한 것이 되었다. 없애버릴 생각이 아니라면 우리는 이것을 진정하고 영원한 것으로 간주하고 그 기원을 숨겨야 한다" (팡세, Harmondsworth, 1966, pp. 46-7).
50. Taylor, *A Secular Age*, p. 240.
51. Condorcet, *Sketch for a Historical Picture of the Progress of the Human Mind*, p. 109.
52. 상동, p. 175.
53. A.O. Lovejoy, *Essays in the History of Ideas*(Baltimore, 1948), p. 67.
54. Frederick C. Beiser, *Enlightenment, Revolution, and Romanticism*(Cambridge, Mass. and London, 1992), p. 109.
55. Karl Schlechta (ed.), *Friedrich Nietzsche: Werke*(Munich, 1954), vol. 1, p. 166.
56. Friedrich Nietzsche, *The Joyful Wisdom*(Edinburgh and London, 1909), pp. 355-8.
57. Becker, *The Heavenly City*, p. 31.

58. Manuel, *The Changing of the Gods*, p. 62 인용.

59. Hume의 '*Natural History of Religion*' in Antony Flew (ed.) 참조, *David Hume: Writings on Religion*(La Salle, Ill., 1992).

60. David Fate Norton, 'Hume, Atheism, and the Autonomy of Morals', in A. Flew et al. (eds) 참조, Hume's Philosophy of Religion (Winston-Salem, NC, 1986), p. 123. 이 와 관련된 흄의 견해에 대해서는 흄의 'Dialogue Concerning Natural Religion'에 나 오는 철학자 필로의 의견이 저자인 흄의 생각에 가깝다는 점에 주목할 필요가 있다. David O'Connor의 *Hume on Religion*(London, 2001)도 참조한다. J.C.A. Gaskin이 *Hume's Philosophy of Religion*(London, 1988)에서 이 주제를 철저하게 조사했다. 여 기에서 개스킨은 흄이 기독교의 신과 닮은 것이 아닌 어떤 일정한 형태의 우주의 지 적 디자인은 믿은 것 같다고 주장한다.

61. 프랑스 혁명에 관한 드 메스트르의 논쟁에 대해서는 이사야 벌린이 서문을 쓴 메스 트르의 *Considerations on France*(Cambridge, 1994)를 참조한다. 독재를 옹호한 극우 적 성향의 드 메스트르에 대한 벌린의 평가는 다른 저서에서 전제주의를 지지한 좌 파에 대한 평가와 비교하면 상당히 온건하다. 스타일리스트로서 드 메스트르의 성 향을 잘 이해할 수 있는 에세이는 Caroline Armentoeros와 Richard A. Lebrun (eds), *The New enfant du siecle: Joseph de Maistre as A Writer*(St. Andrews, 2010)에 나와 있다.

62. Edward Gibbon, *The Decline and Fall of the Roman Empire*(New York, 1932), vol. 1, pp. 25-6.

63. Jacob, *The Radical Enlightenment*, p. 25. 급진 계몽주의와 온건 계몽주의 사이의 갈등 에 대해서는 Israel의 *A Revolution of the Mind, passim*에 잘 나와 있다.

64. 톨런드의 이야기에 대해서는 톨런드에 박식한 Robert E. Sullivan의 *John Toland and the Deist Controversy*(Cambridge, Mass., 1982)를 참조한다. 자세하고 우수한 논문으 로 는 Robert Reed Evans 의 *Pantheisticon: The Career of John Toland*(New York, 1991), 간단한 묘사에 대해서는 J.G. Simms, 'John Toland(1670-1722), a Donegal Heretic', *Irish Historical Studies* vol. 16, no. 63 (March 1969)를 참조한다.

65. 톨런드의 개신교 승리주의에 대해서는 그의 *Anglia Libera*(London, 1701), a hymn of praise to English liberty를, 정치적 모순점에 대해서는 Philip McGuinness, 'John Toland and Eighteenth-Century Irish Republicanism', *Irish Studies Review*(Summer, 1997) and David Berman, 'The Irish Counter-Enlightenment' in R. Kearney and M. Hederman (eds), *The Irish Mind*(Dublin, 1984)를 참조한다. 내가 쓴 톨런드 관련 이 야기는 Terry Eagleton, *Crazy John and the Bishop*(Cork, 1998), Ch. 2를 참조한다.

66. G.W.F. Hegel, *The Phenomenology of Mind*(London, 1949), p. 582.

67. Frank M. Turner (ed.), John Henry Cardinal Newman, *Apologia Pro Vita Sua and Six*

Sermons(New Haven, 2008), p. 216.

68. Gerald Robertson Cragg, *The Church and the Age of Reason 1648-1789* (Harmondsworth, 1960), p. 161.

69. Isaiah Berlin, *The Roots of Romanticism*(London, 1999), p. 44. 하만에 대한 실용적인 연구는 동일한 저자의 *The Magus of the North: J. G. Hamann and the Origins of Modern Irrationalism*(London, 1993)과 *Against the Current*(Oxford, 1981), Ch. 1을 참조한다. 벌린이 지적하듯 하만은 키르케고르에게 강한 영향을 미쳤다.

70. 하지만 계몽주의 사상가들 중에는 합리주의자보다는 경험주의자가 많았으므로 그들은 이성의 기원을 경험에서 찾았다. Ernst Cassirer는 저서 *Philosophy of the Enlightenment*에 의하면 계몽주의는 전반적으로 합리주의자보다는 경험주의자가 더 많다.

71. George di Giovanni (ed.), Friedrich Heinrich Jacobi: *The Main Philosophical Writings and the Novel 'Allwill'*(Montreal and Kingston, 1994), p. 513.

72. Fredric Jameson, *Valences of the Dialectic*(London, 2009), p. 187.

73. 종교적 '열정'에 대해 이해를 돕는 연구로 Lawrence E. Klein과 Anthony J. La Volpa (eds)의 *Enthusiasm and Enlightenment in Europe*, 1650-1850 (San Marino, Calif: 1998)을 참조한다.

74. Ludwig Feuerbach, *The Essence of Christianity*(New York, 1989), pp. 10-11.

75. Louis Dupre, *The Enlightenment and the Intellectual Foundation of Modern Culture* (New Haven, 2004), p. 9.

76. Allen Wood (ed,), J.G. Fichte, *Attempt at a Critique of all Revelation*(Cambridge, 2010) 참조.

77. Shaftesbury, *Characteristics*(Gloucester, Mass., 1964), 'An Enquiry Concerning Virtue or Merit' in L.A. Selby-Bigge (ed.), *British Moralists*(Oxford, 1897) 참조. Stanley Grean, *Shaftesbury's Philosophy of Religion and Ethics*(Ohio, 1967); R.L. Brett, *The Third Earl of Shaftesbury*(London, 1951) and E. Tuveson, 'Shaftesbury and the Age of Sensibility', in H. Anderson and J. Shea (eds), *Studies in Aesthetics and Criticism* (Minneapolis, 1967) 참조.

78. Lawrence E. Klein, *Shaftesbury and the Culture of Politeness*(Cambridge, 1994), p. 55.

79. Max Horkheimer and Theodor Adorno, *Dialectic of Enlightenment*(Stanford, 2002), p. 19.

80. James P. Browne (ed.), *The Works of Larence Sterne*(London, 1873), vol. 3, p. 311.

81. Francis Hutcheson, *Thoughts on Laughter, and Observations on the Fables of the Bees* (Glasgow, 1758). 18세기 박애주의와 정서주의에 관해서는 Eagleton, Crazy John

and the Bishop, Ch. 3 와 Louis I. Bredvold, *The Brave New World of the Enlightenment* (Michigan, 1961), Ch. 3를 참조한다.

82. Di Giovanni (ed.), *Friedrich Heinrich Jacobi*, p. 517.

83. Richard Price, 'A Review of the Principle Questions in Morals', in Selby-Bigge (ed.), *British Moralist*, pp. 106-7.

84. Seamus Deane, *Foreign Affections*(Notre Dame, Indiana, 2005), p. 62.

85. 허치슨의 윤리 이론에 대해서는 Terry Eagleton, *Heathcliff and the Great Hunger* (London, 1995), Ch. 3를 참조한다.

2장 관념주의자

1. 대체된 신성 형태의 국가에 대해서는 19세기의 가톨릭 반동가 조제프 드 메스트르를 참조한다. "[국가]는 진정한 종교다. 국가는 그만의 특유한 독단, 신비로움, 성직자를 가지고 있다 (…) 국가는 오로지 국가의 판단(또는 이성), 즉 정치적 믿음을 통해서만 살아간다. 이것이 교리다" (Vincent P. Pecora, *Secularisation and Cultural Criticism*, p. 108에서 인용). 카를 슈미트는 저서 *Political Theology*에서 정치적 주권 개념에서 신학적 어원을 반영한다. 개인적 관계의 유사-신성에 관해서는 블룸즈버리 그룹(그와 같은 관계가 가장 고상한 인간의 가치라는 의견을 견지했다)이 복음주의 클래펌 파의 정신적 후예다. 이 분파에 버지니아 울프의 아버지 레슬리 스티븐도 관여했다. 이 부분은 Noel Annan, *Leslie Stephen: The Godless Victorian*(London, 1984), pp. 152-62를 참조한다. 두 그룹 모두 강한 엘리트주의를 특징으로 한다.

2. Fredric Jameson, *A Singular Modernity*(London, 2012), p. 163.

3. Peter Hallward, *Badiou: A Subject to Truth*(Minneapolis and London, 2003), p. 7. 바디우는 "신은 하나다"라는 문장이 수학적 명제라고 생각하는 일반적인 실수도 저지른다.

4. 이 점에 있어서 역사, 신학, 철학, 미학 그리고 자연과학을 합성한, 부분적으로 계몽주의자고 이후 사상 흐름의 전령인 헤르더의 방대한 작업을 전형으로 들 수 있다. Wulf Koepke, *Johann Gottfried Herder*(Boston, 1987), Ch. 1 참조.

5. Nicholas Boyle, *Who Are We Now?*(Notre Dame, Ind. and London, 1998), pp. 163 & 202.

6. Andrew Bowie, *An Introduction to German Philosophy*(Cambridge, 2003), p. 94.

7. Habermas, *Religion and Rationality*, p. 73.

8. M.H.J. Abrams, *Natural Supernaturalism*(New York, 1971) 참조.

9. Soren Kierkegaard, *The Sickness Unto Death*(London, 1989), p. 100.

10. John Neubauer, *Novalis*(Boston, 1980), p. 34 참조.

11. F.W.J. Schelling, *System of Transcendental Idealism*(Charlottesville, Va., 1978), p. 34.

12. 상동, p. 35.

13. F. W. J. Schelling, *Abyss of Freedom*(Ann Arbor, 1997), p. 93. 셸링의 사상에 대한 통찰력이 돋보이는 최근 연구로는 Matt Ffytche, The Foundation of the Unconscious (Cambridge, 2012)를 참조한다. 슬라보이 지제크의 The Indivisible Remainder (London, 1996)도 셸링에 대한 매우 독창적 읽기를 선사한다. 여기에서 지제크는 셸링을 마르크스 유물론을 이끈 선도자로 보고 있다.

14. Terry Eagleton, *The Ideology of the Aesthetic*(Oxford, 1990), Ch. 8 참조.

15. T.E. Hulme, *Speculations*(London, 1987), p. 118. M.H. Abrams가 논평한 낭만주의 이론은 "전통적 기독교 개념과 전통적 기독교도의 책략, 그러나 신화를 벗겨내고, 개념화된" 태도를 견지한다(*Natural Supernaturalism*, New York, 1971, p. 91).

16. 이 말은 David Simpson이 *German Aesthetic and Literary Theory*(Cambridge, 1984), 서문 15페이지에 나온다. Joseph L. Esposito의 *Shelling's Idealism and Philosophy of Nature*(Lewisburg, Pa. and London, 1977)의 서문은 셸링의 사상을 설명하는 중요한 역할을 한다.

17. Schelling, *System of Transcendental Idealism*, p. 8.

18. Fichte, *Science of Knowledge*(Cambridge, 1982), p. 248.

19. 피히테의 사상에 대해 Anthony J. La Volpe의 *Fichte: the Self and the Calling of Philosophy* 1762-1799 (Cambridge, 2001)는 피히테의 민족주의를 철저하게 경시한다. 무정부주의 사상가 막스 스티르너도 절대 자기중심주의 철학을 설파했다. 어떤 사람은 스티르너 부인이 이에 대해 어떻게 생각할지 궁금해 하기도 했다.

20. Fichte, *Science of Knowledge*, pp. 98 & 99.

21. Frederick C. Beiser (ed.), *The Early Political Writings of the German Romantics* (Cambridge, 1966), p. 5 (번역이 약간 수정됨).

22. 상동, p. 5.

23. Jürgen Habermas, *The Philosophical Discourse of Modernity*(Cambridge, 1987), p. 89.

24. Frederick C. Beiser, 'The Paradox of Romantic Metaphusics', in Nikolas Komprides (ed.), *Philosophical Romanticism*(London, 2006) 참조.

25. Johann Georg Hamann, *Writings on Philosophy and Language*(Cambridge, 2007), p. 63.

26. 상동, p.79. 하만의 중심성에 대한 주장이 다소 우쭐대는 면이 있지만 그에 대한 유용한 에세이는 John Milbank, 'The Theological Critique of Philosophy in Hamann and

Jacobi', in J. Milbank, C. Pickstock and G. Ward (eds), *Radical Orthodoxy: A New Theology*(London and New York, 1999)를 참조한다.

27. Max Horkheimer and Theodor W. Adorno, *Dialectic of Enlightenment*(Stanford, 2002), p. 8.

28. David McLellan (ed.), Karl Marx, *Grundrisse*(London, 1973), p. 31.

29. Horkheimer and Adorno, *Dialectic* p. 20.

30. F.W.J. Schelling, *The Philosophy of Art*(Minneapolis, 1989), p. 75.

31. McLellan (ed.) Marx, *Grundrisse* pp. 31-1.

32. Frank Kermode, *The Sense of an Ending*(New York, 1967), p. 41.

33. Jürgen Habermas의 *Legitimation Crisis*(London, 1976)가 이 문제와 어느 정도 관련이 있다.

34. F.R. Leavis (ed.), *Mill on Bentham and Coleridge*(London, 1950) 참조.

35. Benjamin Disraeli's *Coningsby trilogy*와 Carlyle's *Past and Present*가 각각 이런 환상의 전형적인 예다.

36. 예를 들면 Schelling, *The Philosophy of Art*를 참조.

37. Johann Gottfried von Herder, *Reflections on the Philosophy of the History of Mankind* (Chicago and London, 1968), p. 99.

38. David Hume, *Essays Moral, Political, and Literary*(Oxford, 1966), p. 170.

39. 이 질문에 대한 헤르더의 사상은 I. Evrigenis and D. Pellerin (eds), *Another Philosophy of History and Selected Poiltical Writings*(Indianapolis, 2004)를 참조한다. 'On the Modern Uses of Mythology', in *Johann Gottfried Herder: Selected Early Works, 1764-1767* (Pennsylvania, 1992)와 Hans Adler 와 Wulf Koepke (eds), *A Companion to the Works of Johann Gottfried Herder*(New York, 2009)에 수록된 헤르더의 작업에 대한 유익한 에세이도 참조한다.

40. 'Eckbert the Fair', in H. von Kleist, L. Tieck and E.T.A. Hofmann, *Six German Romantic Tales*(London, 1985) 참조. stories by Tieck in Carl Tilley (ed.). *Romantic Fairy Tales*(London, 2000)도 참조. 과하게 비판적이지 않은 티크에 대한 연구는 William J. Lillyman, *Reality's Dark Dream: The Narrative Fiction of Ludwig Tieck* (New York, 1979) 참조.

41. Herder, *Reflections on the Philosophy of the History of Mankind*, p. 31.

42. 헤르더의 계몽주의 사상 배경에 대해서는 A. Gillies의 *Herder*(Oxford, 1945)를 참조한다. 이 논평은 다소 무모하게 "인간 문제의 샘 속으로 깊이 침투해 들어간 인간은 없다"를 헤르더 논문의 주제로 본다(p. 91). 헤르더의 역사주의에 관한 중요 에세이는 A.O. Lovejoy의 *Essays in the History of Ideas*(Baltimore, 1948)를 참조한다.

43. Frederick C. Beiser, *Enlightenment, Revolution, and Romanticism*(Cambridge, Mass. and London, 1992), p. 196.

44. M. Chisholm (ed.), Johann Gottlieb Fichte, *The Vocation of Man*(Indianapolis and New York, 1956), p. 3. Robert Adamson, *Fichte*(Edinburgh and London, 1881)이 어떤 면에서 매우 명확하고 포괄적인 연구서다.

45. Georg Lukacs, *History and Class Consciousness*(London, 1971), p. 187.

46. G.W.F. Hegel, *The Phenomenology of Mind*(London, 1949), p. 143. 예술에 대한 헤겔의 견해는 그의 저서 *Aesthetics: Lectures on Fine Art*에 거의 모두 찾아볼 수 있다.

47. See Perry Anderson, *A Zone of Engagement* (London, 1992), p. 291.

48. David Roberts, *Art and Enlightenment* (Nebraska and London, 1991), p. 10.

49. Immanuel Kant, *Critique of Judgement*(Oxford, 1952), pp. 127-8.

50. 이 주제에 대해 멋지고 박식한 설명은 Nicholas Halmi, *The Genealogy of the Romantic Symbol*(Oxford, 2007)을 참조한다.

51. Friedrich Schiller, 'On the Necessary Limitations in the Use of Beauty of Form', in *Collected Works*(New York, n.d.), vol. 4, pp. 234-5 (번역이 약간 개정됨).

52. Terry Eagleton, *The Ideology of the Aesthetic*, Ch. 1 참조.

53. Terry Eagleton, *Heathcliff and the Great Hunger*(London, 1995), Ch. 2 참조.

54. Friedrich Schiller, *Collected Works*, vol. 4, p. 200.

55. Friedrich Schiller, *On the Aesthetic Education of Man*(Oxford, 1967), p. 25. 실러의 미학에 관한 유용한 연구는 Georg Lukacs, *Goethe and His Age*(London, 1968), Chs 6 & 7; S.S. Kerry, *Schiller's Writings on Aesthetics*(Manchester, 1961); and Margaret C. Ives, *The Analogue of Harmony*(Louvain, 1970) 참조.

56. Friedrich Schlegel, *'Lucinda' and the Fragments* (Minneapolis, 1971), p. 150.

57. 상동, p. 219.

58. Friedrich Schiller, 'On the Necessary Limitations in the Use of Beauty as Form', p. 245.

59. Schiller, *On the Aesthetic Eduction of Man*, p. 215.

60. 이 사례에 대한 반박은 Perry Anderson, 'The Antinomies of Antonio Gramsci', *New Left Review* no. 100 (November 1976-January 1977) 참조.

61. Nicholas Halmi, *The Genealogy of the Romantic Symbol*, (Oxford, 2007), p. 2.

62. 상동, p. 151.

63. 상동, p. 147.

64. 상동, p. 27.

65. Samuel Taylor Coleridge, *On the Constitution of Church and State*(Princeton, NJ, 1976), p. 43.

66. Johann Gottlieb Fichte, *Address to the German Nation*(Chicago and London, 1922).

67. H.C. Engelbrecht, *Johann Gottlieb Fichte*(New York, 1933), p. 34 참조.

68. John Colmer, *Coleridge: Critic of Society*(Oxford, 1959), pp. 158 & 148에서 인용. 콜리지의 후기의 다소 터무니없는 정치적 견해를 다룬 콜머의 설명은 불쾌한 부분을 제거해내 건전하게 보이게 꾸미고 있다.

69. Colmer, Coleridge: *Critic of Society*, p. 138에서 인용. 콜리지의 이론적 관심에 관련된 우수한 연구로 Paul Hamilton, *Coleridge and German Philosophy*(London, 2007)이 있다.

70. Halmi, *The Genealogy of the Romantic Symbol*, pp. 125-6에서 인용.

71. Philippe Lacoue-Labarthe and Jean-Luc Nancy, *The Literary Absolute*(New York, 1988), p. 68에서 인용.

72. David Lloyd and Paul Thomas, *Culture and the State*(New York and London, 1998), p. 65. 이 유용한 연구는 백인 중심주의 때문에 타격을 입었다. 피히테는 단 한 번만 언급되고 헤르더는 아예 언급되는 않는다.

73. 영국인에 의해 이루어진 민족주의 연구 두 가지를 주목할 만하다. 바로 Ernest Gellner의 *Nation and Nationalism*(Oxford, 1983), E.J. Hobsbawn의 *Nations and Nationalism since 1780*(Cambridge, 1990)다. 두 사람 다 유럽 중심부 출신으로 이 연구는 관념론자와 민족주의 사상의 낭만주의적 근원에 대해 거의 아무런 이의를 제기하지 않는다.

74. Proinsias Mac Aonghusa and Liam O Reagan (eds), *The Best of Pearse*(Dublin, 1967), p. 4. 문제의 4가지는 전통적으로 로마 가톨릭 교회 특유의 특성이다.

75. 마릴린 버틀러가《서정 민요집》에 나온 일반인들의 생활에 공감은 결코 낭만주의적 특징이 아니라고 지적한다. 본질적으로 18세기 대중 발라드와 간단하고 기본적인 삶의 신고전주의적 숭배에 속한다. 버틀러의 Romantics, *Rebels and Reactionaries*(Oxford, 1981), p. 58 참조. 신고전주의와 낭만주의 사이 독일에서의 지속성에 대해서는 Azade Seyhan, 'What is Romanticism and Where Did It Come From?' in Nicholas Saul (ed.), *The Cambridge Companion to German Romanticism* (Cambridge, 2009) 참조.

76. Beiser, *The Early Political Writings of the German Romantics*, p. 15에서 인용. 노발리스에 관한 혁신적 연구, 노발리스의 기호 이론과 그를 최초의 포스트모던주의자로 보는 견해를 원한다면 W.A. O'Brien, *Novalis: Signs of Revolution*(Durham, NC and London, 1995)를 참조.

77. Elie Kedourie, *Nationalism*(Oxford, 2000), p. 65. 케두리의 논평은 반드시 그가 연구하는 정치 현상에 대한 지칠 줄 모르는 적대감의 맥락에서 고려되어야 한다.

78. Andrew Bowie, *An Introduction to German Philosophy*, p. 48.

79. John Gray, *Black Mass*(London and New York, 2007).

80. Fredric Jameson, *Marxism and Form* (Princeton, NJ, 1971), p. 117.

81. Fredric Jameson, *The Political Unconscious*(London, 1981), p. 285.

82. Fredric Jameson, *Valences of the Dialectic*(London, 2009), p. 286.

83. Karl Korsch, *Marxism and the Philosophy*(London , 2012), p. 75.

3장 낭만주의자

1. 낭만주의와 종교에 대한 연구는 놀랄 만큼 자세한 Daniel White의 *Early Romanticism and Religious Dissent*(Cambridge, 2006)를 참조한다. Gavin Hopps & Jane Stabler (eds) *Romanticism and Religion from William Cowper to Wallace Stevens* (Aldershot, 2006)도 바이런 중심의 에세이 모음집이기는 하지만 유용하다.

2. Friedrich Schlegel, *'Lucinda' and the Fragments* (Minneapolis, 1971), p. 167.

3. Novalis, *Fichte Studies*(Cambridge, 2003), p. 168.

4. 상동, p. 167.

5. Margaret Mahoney Stoljar (ed.), *Novalis's Philosophical Writings*(Albany, NY, 1997), p. 23.

6. David Constantine, *Hölderlin*(Oxford, 1988), p. 315. 로널드 피콕의 간단한 연구 *Hölderlin*(London, 1938)은 휠덜린이 열망한 통일된 민중이 마침내 현실된 것으로 추정한다. 이 점에서 이 책의 출판일이 중요하다.

7. Beiser, *The Early Political Writings of the German Romantics*, p. 11에서 인용. 이 관점과 낭만주의 모순 사이에 관계가 있다. Azada Seyhan, *Representation and its Discontents* (Berkeley and Los Angeles, 1992), Ch. 3이 이 주제에 대해 조사했다.

8. Philip Barnard and Cheryl Lester (eds), Introduction to Philippe Lacoue-Labarthe and Jean-Luc Nancy, *The Literary Absolute* (New York, 1988), p. xv.

9. Terry Eagleton, *The Ideology of the Aesthetic*(Oxford, 1990), Ch. 6 참조.

10. 이에 관한 중요한 연구는 G. Molnar, *Novalis's 'Fichte-Studies': The Foundations of his Aesthetic*(The Hague, 1970)을 참조.

11. J.G. Fichte, *Science of Knowledge*(Cambridge, 1982), p. 93.

12. 이 문제에 관한 탁월한 설명은 Andrew Bowie, *Aesthetics to Subjectivity: From Kant to Nietzsche*(Manchester and New York, 1990), Ch. 3에 나와 있다. 특히 슐레겔에 대해서는 Leon Chai, *Romantic Theory*(Baltimore, 2006), Ch. 2를 참조.

주

13. George Eliot, *Adam Bede*(London, 1963), p. 154.

14. 슐라이어마허 작업의 일부는 Andrew Bowie (ed.), Friedrich Schleiermacher, *Hermeneutics, Criticism and Other Writings*(Cambridge, 1998) 참조.

15. M.H. Abrams, *Natural Supernaturalism*, p. 119.

16. 낭만주의 상상에 관한 설명은 James Engell, *The Creative Imagination: Enlightenment to Romanticism*(Cambridge, Mass. and London, 1981) 참조.

17. 중기 말기와 근대 초기에도 차이가 있음을 알 수 있다. Stuart Clarke, *Vanities of the Eye: Vision in Early Modern European Culture*(Oxford, 2007) 참조.

18. Geoffrey Hartman의 *Wordsworth's Poetry*(New Haven, 1964)를 참조한다. 지금까지 출판된 것 중 이 주제에 대해 가장 탁월한 연구서다.

19. Terry Eagleton, *Trouble with Strangers*(Oxford, 2009), pp. 208-11를 참조.

20. Beiser의 *The Early Political Writings of the German Romantics*, p. 9에서 인용.

21. Peter Gay, *The Enlightenment: An Interpretation*(London, 1966).

22. Butler, *Romantics, Rebels and Reactionaries*, p. 36.

23. Lawrence E. Klein, *Shaftebury and the Culture of Politeness*(Cambridge, 1994), p. 199에서 인용.

24. 고대 세상에 대한 새프츠베리의 견해는 상동, pp. 146-9 & 200-6 참조.

25. Frank M. Turner, *The Greek Heritage in Victorian Britain*(New Haven and London, 1981), p. 2. Harry Levin, *The Broken Column: A Study in Romantic Hellenism* (Cambridge, Mass., 1932); E.M. Butler, *The Tyranny of Greece over Germany* (Cambridge, 1935) 참조.

26. Samuel Henry Butcher, *Some Aspects of the Greek Genius*(London, 1891), pp. 45-6.

27. F.W. Schelling, *The Philosophy of Art*(Minneapolis, 1989), p. 41.

28. 'Pagan and Mediaeval Religious Sentiment', in R. H. Super (ed.), *Matthew Arnold: Lectures and Essays in Criticism*(Ann Arbor, 1962), p. 230.

29. 이 주제에 대한 이해를 돕는 논평은 Dieter Henrich, *The Course of Remembrance and Other Essays on Hölderlin*(Stanford, 1996)을 참조.

30. Turner, The Greek Heritage in Victorian Britain, p. 5.

31. Richard Jenkyns, *The Victorians and Ancient Greece*(Oxford, 1980), p. 43에서 인용.

32. 거의 완성된 묘사는 Frank Kermode, *The Romantic Image*(London and New York, 1957) 를 참조. 이 작품에 대한 비판적 평가는 Terry Eagleton, 'The Politics of the Image', *Critical Quarterly*(Spring, 2012)를 참조.

33. 움직임이 없는 움직임에 대해서 엘리엇은 다른 것보다 분명 자신의 직장 Faber & Faber에서 가장 가까운 러셀 스퀘어의 지하철 승강기를 떠올렸다.

34. Nicholas Boyle, Goethe: *The Poet and his Age*(Oxford, 2000), vol. 2, p. 68.

35. David Constantine, *Early Greek Travellers and the Hellenic Ideal*(Cambridge, 1984), p. 134. 제니퍼 월리스는 *Shelley and Greece: Rethinking Romantic Hellenism* (Basingstoke, 1997)에서 그리스 숭배에 대해 직관력 있는 평가를 한다.

36. Isaiah Berlin, *The Roots of Romanticism*, pp. 16-18. 이런 특정 안티테제는 벌린의 광 대학 목록을 소모하지 않는다.

37. Carl Schmitt, *Political Romanticism*(Cambridge, Mass. and London, 1986), p. 4.

38. 나는 낭만주의를 순전히 편의에서 운동 또는 흐름이라고 부른다. 낭만주의는 복잡 하고 다층적인 예술, 지적 동향이다.

39. A.O. Lovejoy, 'On the Discrimination of Romanticism', in *Essays in the History of Ideas* (Baltimore, 1948), p.231.

40. 낭만주의와 프랑스 혁명의 관계에 대해 느긋하고, 즐거우며, 어렵지 않은 설명은 *Howard Mumford Jones, Revolution and Romanticism*(Cambridge, Mass., 1974)를 참조.

41. 벌린의 *Against the Current*, p. 17에서 인용.

42. 윌리엄스의 연구에서 그가 정치적으로 불쾌하다고 생각하는 점을 대거 편집한 것 이 유감스럽다. 특히 콜리지, 칼라일 그리고 로런스에 관한 부문은 이렇게 선택적 인 시각을 드러낸 전형이다. 그 결과 탁월하고 혁신적이지만 심각하게 한쪽으로 치 우친 결과가 나왔다.

4장 문화의 위기

1. Bruce Robbins, 'Enchantment? No, Thank You!', in George Levine (ed.), *The Joy of Secularism*(Princeton and Oxford, 2011), p. 91.

2. Terry Eagleton, 'Eliot and a Common Culture', in Grahma Martin (ed.), *Eliot in Perspective*(London, 1970) 참조.

3. Burke, p. 112 참조.

4. Matthew Arnold, *Culture and Anarchy*(London, 1924), pp. 10-11.

5. Frederic Harrison, 'Culture: A Dialogue', *Fortnightly Review* (November, 1897).

6. Arnold, *Culture and Anarchy*, p. 33.

7. 상동, p. 7.

8. F.W. Bateson (ed.), *Matthew Arnold: Essays in English Literature*(London, 1965), p. 206.

9. 상동, p. 37.

10. 상동, p. 199.

11. 상동, p. 70.

12. 상동, p. 165.

13. 상동, p. 45.

14. Walter Kaufmann (ed.), *Basic Writings of Nietzsche*(New York, 1968), p. 111.

15. 상동, p. 112.

16. Matthew Arnold, *God and the Bible*(London, 1924), p. 6.

17. Matthew Arnold, *Literature and Dogma*(London, 1924), p. vi.

18. Arnold, *God and the Bible*, p. xi.

19. Park Honan, *Matthew Arnold: A Life*(New York, 1970), pp. 126-7 참조.

20. 대중적으로 접근이 용이한 종교에 대해 아널드는 특히 아시시의 프란체스코 성인에게 애정을 보였다. 아널드는 프란체스코 성인이 '교회 역사상 가장 인기 있는 사제 조직'을 설립했다고 생각한다(R. H. Super (ed.), *Matthew Arnold: Lectures and Essays in Criticism*, Ann Arbor, 1962, p. 223).

21. Arnold, *Literature and Dogma*, p. xiii.

22. 상동, p. xxvii.

23. 사실, 이렇지 않다. 1960년대 가톨릭 국가 아일랜드에서 피임에 대한 논쟁이 최고조에 이르렀을 때 약사들이 자연의 법칙을 자세히 설명하는 모습을 찾아볼 수 있었다.

24. 상동, p. 110.

25. 상동, p. xiv.

26. 바울의 정치학과 관련한 탁월한 연구는 Bruno Blumenfeld *The Political Paul: Justice, Democracy and Kingship in a Hellenistic Framework*(London, 2001)을 참조.

27. 상동, p. 81.

28. 상동, p. 18.

29. Arnold, *God and the Bible*, p. x.

30. 상동, p. 37.

31. Charles Taylor, *A Secular Age*(Cambridge, Mass. and London, 2007)에서 인용.

32. Arnold, *Literature and Dogma*, p. 51.

33. Arnold, *God and the Bible*, p. xii.

34. Quentin Skinner, *Machiavelli* (Oxford, 2000), p. 71.

35. Matthew Arnold, 'The Bishop and the Philosopher', *Macmillan's Magazine*(January, 1863).

36. Lionel Trilling, *Matthew Arnold* (New York, 1949), p. 211.

37. R. H. Super (ed.), *Matthew Arnold: On the Classical Tradition*(Ann Arbor, 1960), p. 4.

38. Friedrich Schlegel, *'Lucinda' and the Fragments*, p. 200.

39. *Marx and Engels on Religion*(Moscow, 1955), p. 42.

40. 포이어바흐의 저작에 대한 유용한 선집은 Ludwig Feuerbach, *The Fiery Brook: Selected Writings* (Londond, 2012)에서 찾아볼 수 있다.

41. Taylor, *A Secular Age*, p. 320.

42. Georg G. Iggers (ed.), *The Doctrine of Saint-Simon*(New York, 1972), p. 222. 이 작품 은 생시몽의 제자들이 한 강의 모음이다.

43. 상동, p. 241.

44. 이 운동에 대한 우수한 연구는 Frank E. Manuel, *The New World of Henri Saint-Simon* (Cambridge, Mass., 1956) 와 Georg G. Iggers, *The Cult of Authority: The Political Philosophy of the Saint-Simonians*(The Hague, 1970)을 참조.

45. Iggers (ed.), *The Doctrine of Saint-Simon*, p. 247.

46. Andrew Wernick, *Auguste Comte and the Religion of Humanity*(Cambridge, 2001), p. 100. 워닉의 연구는 이 불길한 주제를 다루기에는 너무 지적이고 이론적으로 세련 되었다.

47. Emile Durkheim, *The Elementary Forms of the Religious Life*(Oxford, 2001), p. 18. 나는 뒤르켐이 정치적으로 콩트와 어깨를 나란히 한다고 주장하려는 의도는 없다. 뒤르 켐 사상에 대한 연구는 Jeffrey C. Alexander, *The Antinomies of Classical Thought, vol 2: Marx and Durkheim*(Berkely and Los Angeles, 1982); Steven Lukes, *Emile Durkheim: His life and Work* (Stanford, 1985); and W.S.F. Pickering, *Durkheim's Sociology of Religion*(London, 1994)를 참조.

48. Israel, *Enlightenment Contested*, p. 678 참조.

49. Durkheim, *The Elementary Forms of the Religious Life*, p. 320.

50. Richard Dawkins, *The God Delusion*(London, 2006) 참조.

51. Louis Althusser, *For Marx*(London, 1969) and 'Ideology and Ideological State Apparatuses', in Louis Althusser, *Lenin and Philosophy*(London, 1971) 참조.

5장 신의 죽음

1. Arthur Schopenhauer, *The World as Will and Representative*(New York, 1969), vol. 2, pp. 581 & 349. 이 사상가에 대해 같은 독일 염세주의자 막스 호르크하이머가 특 이하게도 긍정적인 평가를 한 책이 있다. *Critique of Instrumental Reason*(New York,

주

1974), Ch. 4.

2. Max Weber, 'Science as a Vocation', in H.H. Gerth and C. Wright Mills (eds), *From Max Weber: Essays in Sociology*(New York, 1946), p. 155.

3. 스트라우스의 사상에 대해서는 *Natural Right and History*(Chicago, 1953), *What is Political Philosophy? and Other Studies*(Glencoe, Ill., 1959) 참조.

4. Gilles Deleuze, *Difference and Repetition* (London and New York, 1994), p. 58.

5. Ludwig Feuerbach, *The Essence of Christianity*(New York, 1989), p. 21.

6. Friedrich Nietzsche, *Daybreak*(Cambridge, 1982), p. 83 참조.

7. Slavoj Žižek and Boris Gunjević, *God in Pain*(London, 2012), Introduction 참조.

8. Wernick, p. 83.

9. Bruce Robbins, 'Enchantment? No Thank You!', in George Levine (ed.), *The Joy of Secularism*(Princeton and Oxford, 2011), p. 91.

10. 19세기 문학에서 신의 죽음을 주제로 다룬 대표적인 연구는 J. Hillis Miller, *The Disappearance of God*(Cambridge, Mass., 1963)을 참조. 제네바 학파의 정신현상학에 많은 영향을 받은 밀러의 연구는 그 당시 문예 작품 연구 중 가장 우수하고 독창적이다.

11. Walter Kaufmann (ed.), *Basic Writings of Nietzsche*(New York, 1968), p. 135.

12. 상동, p. 498.

13. *Beyond Good and Evil*, 상동, p. 307.

14. 이 니체식 목적론과 관련해 니체 작품의 포스트모던한 해석에 의해 거의 한쪽으로 밀려난 부분에 대해서는 *Terry Eagleton, The Ideology of the Aesthetic*(Oxford, 2000), Ch. 9를 참조.

15. Terry Eagleton, *Why Marx Was Right*(New Haven and London, 2011), Ch. 3 참조.

16. Friedrich Nietzsche, *The Gay Science*(New York, 1974), p. 35.

17. 이 말은 *Prisms*에서 아도르노가 한 말이다. (London 1967), p. 260.

18. Walter Benjamin, 'Eduard Fuchs, Historian and Collector', in *One-Way Street and Other Writings*(London, 1979), pp. 359-61

19. Georg Simmel, 'The Concept and Tragedy of Culture', in David Frisby and Mike Featherstone (eds), *Simmel on Culture: Selected Writings* (London, 1997) 참조.

20. Bowie, *Aesthetics and Subjectivity*, p. 224에서 인용.

21. Theodor Adorno, *Noten zur Literatur*(Frankfurt am Main, 1974), p. 423 참조.

22. 특히 Sigmund Freud, *Civilisation and its Discontents*를 참조. 프로이트의 본래 저작에서는 '문명'이 아닌 '문화'라는 용어를 사용한다. Norman O. Brown의 *Life Against Death*(London, 1968)도 참조한다.

23. Sigmund Freud, *The Future of an Illusion*, in Sigmund Freud, *Civilisation, Society and Religion*(Harmondsworth, 1985), p. 192.

6장 모더니즘 그리고 이후

1. Thomas Mann, *Reflections of a Nonpolitical Man*(New York, 1983), p. 364. 역사적 맥락에 서의 Kulturkritik 연구는 Fritz K. Ringer, *The Decline of the German Mandarins* (Cambridge. Mass., 1969) 참조.

2. Neil Turnbull, 'Wittgenstein's Leben: Language, Philosophy and the Authority of Everyday Life', in Conor Cunningham and Peter M. Candler (eds), *Belief and Metaphysics*(London, 2007) 참조.

3. 후기 비평에 대해, 'The Affirmative Character of Culture', in Herbert Marcuse, *Negations* (Harmondsworth, 1972) 참조. 문화적 악화에 대한 마르쿠제의 대표적 연구는 *One-Dimensional Man* (1964)이다.

4. Mann, *Reflections of a Nonpolitical Man*, p. 364 참조.

5. Sigmund Freud, *Civilsation, Society and Religion*, p. 184 참조.

6. Francis Mulhern, *Culture/Metaculture* (London, 2000), p. 28.

7. H.R. Klieneberger, George, Rilke, *Hofmannsthal and the Romantic Tradition* (Stuttgart, 1991) and Jens Rieckmann (ed.), *A Companion to the Works of Stefan George* (Rocher, NY, 2005) 참조.

8. Simon Critchley, *Ethics, Politics, Subjectivity*(London, 1999), p. 219.

9. 비극에 관한 이 보수적인 개념에 대한 비평은 Terry Eagleton, *Sweet Violence: The Idea of the Tragic*(Oxford, 2003), 특히 3장 참조.

10. F.W.J. Schelling, *Philosophy of Art*(Minneapolis, 1989), p. 251.

11. I.A. Richards, *Science and Poetry*(London, 1926), pp. 82-3.

12. F.R. Leavis, *Two Cultures? The Significance of C.P. Snow* (London, 1962), p. 23.

13. Wallace Stevens, *Opus Posthumous* (New York, 1977), p. 158.

14. Jacques Ranciere가 *Mallarme: La politique de la sirene*(Paris, 1996)에서 논의한 주제.

15. Salman Rushie, 'Is Nothing Sacred?', in *Imaginary Homelands: Essays and Criticism 1981-1991*(London, 1991)을 참조. 문학의 구원적 능력에 대한 연구는 Leo Bersani, *The Culture of Redemption*(Cambridge, Mass. and London, 1990)을 참조.

16. G.A. Pocock, *Virtue, Commerce, and History*(Cambridge, 1985)를 참조. 비판적 논평에 대해서는 Terry Eagleton, 'Deconstruction and Human Rights' in Barbara Johnson (ed.),

주

Freedom and Interpretation(London, 1993) 참조.

17. Wernick, *Auguste Comte and the Religion of Humanity*, Ch. 8 참조. 소셜의 종말에 대해서는 Jean Baudrillard, *In the Shadow of the Silent Majorities*(New York, 1973)를 참조.

18. Perry Anderson, *In the Tracks of Historical Materialism* (London, 1983), p. 54.

19. Søren Kierkegaard, *The Sickness Unto Death*(Harmonsworth, 1989), p. 126.

20. Friedrich Nietzsche, *The Joyful Wisdom*(Edinburgh and London, 1909), p. 287 참조.

21. 이 질문에 대한 토론은 Michel de Certeau, 'Believing and Making People Believe', in *The Practice of Everyday Life*, vol. 1 (Berkeley, 1984) 참조.

22. John Milbank, 'Only Theology Saves Metaphysics', in Peter M. Candler Jr. and Conor Cunningham (eds), *Belief and Metaphysics*(London, 2007), p. 475.

23. 종교적 호전성의 조건을 만들어내는 데 도움이 되는 신자유주의의 역할에 대해서는 David Harvey, *A Brief History of Neoliberalism*(Oxford, 2005) 참조.

24. Richard Dawkins, *The God Delusion*(London, 2006), Sam Harris, *The End of Faith: Religion, Terror, and the Future of Reason*(London, 2006), Christopher Hitchens, *God is Not Great*(London, 2007), and Daniel Dennett, *Breaking the Spell: Religion as a Natural Phenomenon*(London, 2007)을 특히 참조.

25. Harris, *The End of Faith*, p. 129 참조.

26. Simon Critchley, *The Faith of the Faithless*(London, 2012), pp. 24-5.

27. Alain de Botton, *Religion for Atheists*(London, 2012), p. 19.

28. 상동, p. 111.

29. 상동, pp. 63 & 66.

30. 상동, pp. 11-12.

찾아보기

신의 죽음 그리고 문화

1판 1쇄 펴냄 2017년 1월 25일
1판 3쇄 펴냄 2024년 11월 15일

지은이 테리 이글턴
옮긴이 조은경
펴낸이 안지미

펴낸곳 (주)알마
출판등록 2006년 6월 22일 제2013-000266호
주소 04056 서울시 마포구 신촌로4길 5-13, 3층
전화 02.324.3800 판매 02.324.3232 편집
전송 02.324.1144

전자우편 alma@almabook.by-works.com
페이스북 /almabooks
트위터 @alma_books
인스타그램 @alma_books

ISBN 979-11-5992-093-6 03100

알마출판사는 다양한 장르간 협업을 통해 실험적이고 아름다운 책을 펴냅니다.
삶과 세계의 통로, 책book으로 구석구석nook을 잇겠습니다.